MÉMOIRES
SECRETS
POUR SERVIR A L'HISTOIRE
DE LA
RÉPUBLIQUE DES LETTRES
EN FRANCE,
DEPUIS MDCCLXII JUSQU'A NOS JOURS;
OU
JOURNAL
D'UN OBSERVATEUR,

CONTENANT les Analyses des Pieces de Théâtre qui ont paru durant cet intervalle ; les Relations des Assemblées Littéraires ; les notices des Livres nouveaux, clandestins, prohibés ; les Pieces fugitives, rares ou manuscrites, en prose ou en vers; les Vaudevilles sur la Cour ; les Anecdotes & Bons Mots ; les Eloges des Savants, des Artistes, des Hommes de Lettres morts, &c. &c. &c.

TOME QUINZIEME.

. . . . huc propius me,
. . . . vos ordine adite.
Hor. L. II, Sat. 3, ℣. 81 & 82.

A LONDRES,
CHEZ JOHN ADAMSON.

MDCC. LXXXIV.

AVERTISSEMENT
DU LIBRAIRE.

Lorsque cet ouvrage parut pour la premiere fois, la crainte qu'il ne fut trop volumineux m'avoit fait supprimer beaucoup d'articles, croyant qu'ils ne causeroient point un vuide, & que le surplus n'en paroîtroit que mieux rempli ; mais plusieurs de mes lecteurs se sont apperçus de cette soustraction & s'en sont plaints. Ils ont trouvé que le principal mérite, le mérite caractéristique de cette collection, consistant dans une chronique exacte & non interrompue, il en résultoit un défaut qu'ils m'ont invité à corriger ; ce que je ne crois pouvoir mieux exécuter qu'en rétablissant les notices retranchées ; leur transposition, au ## AVERTISSEMENT

moyen de la méthode des auteurs de dater tous les faits, n'est que désagréable au coup-d'œil, & j'ai cru plus honnête de compléter ainsi l'ancienne édition, en épargnant au public les frais de l'acquisition d'une nouvelle.

Ce qui m'a rendu plus scrupuleux dans le rétablissement, c'est l'observation aussi que tel article nul, ce semble, soit par sa briéveté, soit par son annonce, devenoit nécessaire pour l'intelligence ou l'éclaircissement d'autres plus intéressants, qui se trouvoient plus loin; chaîne que tout le monde ne remarque pas, & qui n'en est pas moins réelle & sensible à ceux qui lisent avec attention & suivent la série des événements.

Les lecteurs ne seront pas fâchés, sans doute, de rencontrer d'autres articles omis par une raison contraire; comme trop forts, ou trop piquants. Les ménagements qui de-

DU LIBRAIRE.

voient avoir lieu, ayant ceſſé, rien ne m'empêche de communiquer ces anecdotes curieuſes aux amateurs.

Du reſte, les continuateurs me chargent d'avertir ici tous ceux qui auroient à ſe plaindre juſtement, de réclamer par la voix publique des Journaux & Feuilles hebdomadaires. On a dû s'appercevoir qu'ils ſe rétractoient d'eux-mêmes, dès qu'ils remarquoient leurs erreurs, & ils auront le même empreſſement lorſqu'on les leur fera découvrir. S'ils n'ont pas le goût ſûr & exercé de feu M. de Bachaumont, ils font profeſſion d'avoir autant de déſintéreſſement & d'impartialité; leur deviſe eſt comme la ſienne:

Nullius addictur jurare in verba Magiſtri.

Ce ſeroit ici le cas de ma part de me plaindre des contrefacteurs, de ces corſaires de Geneve, qui exercent leur brigandage avec une audace

vj AVERTISSEMENT

incroyable; mais c'est un mal si enraciné, sur-tout depuis qu'il vient d'être autorisé, encouragé publiquement en France par les réglements de la librairie, qu'il devient superflu d'en parler. J'avertirai seulement que les additions (1) *sont faites pour l'édition originale de* Londres, chez John Adamson, 1777 *& années suivantes, & n'embrassent encore que les deux premiers volumes : le temps n'a pas permis d'aller plus loin cette année.*

---

(1) Les volumes IX, X, XIII & XIV viennent d'être réimprimés avec des augmentations très-considérables & intéressantes, lesquelles ne peuvent pas trouver leur place dans l'édition de Geneve; ce qui, joint aux autres augmentations à ajouter encore au reste des volumes de mon édition, rend cette misérable contrefaction entiérement défectueuse & tout-à-fait indigne de l'attention du Public.

MÉMOIRES
SECRETS

Pour servir a l'Histoire de la République des Lettres en France, depuis MDCCLXII, jusqu'a nos jours.

ANNÉE M. DCC. LXXX.

Premier Janvier. M. Barthe est un auteur pétri d'amour-propre, & très-ignorant de tout ce qui n'a pas rapport au théâtre ou à la poésie. C'est un second Poinsinet, qui prête singuliérement aux mistifications. Un de ces jours derniers Mlle. Arnoux a voulu s'en amuser. Elle a formé un grand souper, dont il étoit ; elle avoit donnée le mot à Jeannot, qui se fait annoncer sous le titre de *Chevalier de Médicis*, qu'on a fait entendre à M. Barthe être un bâtard de la maison de ce nom. Ce seigneur a paru le distinguer entre tous les convives, l'a pris à l'écart, lui a parlé de ses ouvrages avec admiration ; ce qui a excité celle du poëte, auquel il a proposé de faire un poëme épique en l'honneur de sa maison. Cette farce a duré pendant tout le repas :

enfin au moment où M. Barthe étoit le plus enchanté de l'Italien, la maîtresse de la maison a demandé un verre, & regardant le prétendu chevalier,... *à ta fanté, Jeannot*... On peut juger combien M. Barthe en a été décontenancé; il est devenu le plastron de tous les quolibets, & Jeannot n'a pas été des derniers à le turlupiner. C'est l'histoire du jour, aux cercles des courtisanes, aux foyers, dans les coulisses & dans les sociétés des amateurs.

2 *Janvier*. M. d'Orvigny, l'auteur des *les Battus paient l'amende*, a fait jouer à la comédie une petite piece intitulée *les Etrennes*; elle est en un acte & en vers. Elle a été exécutée hier avec cette indulgence qu'on a pour les à propos, quand ils ne sont pas trop détestables. L'auteur a fait intervenir dans son ouvrage la *Nature*, l'*Amour* & l'*Amitié*. Un enfant qui vient, conduit par son précepteur, complimenter ses parents, a sur-tout été bien accueilli.

3 *Janvier*. Les ennemis de la société royale ne cessent de la désoler par des pamphlets; il en paroît deux fraîchement éclos. Le premier a pour titre *Nouveau Dialogue des morts*, ou *Critique de la comédie intitulée* Laffonne, *ou la Séance de la société royale de médecine*.

Il est daté des champs Elysées, le 21 décembre 1779. Le second est: *Lettre de M. Andry, à M. le Vacher de la Feutrie, doyen de la faculté de médecine de Paris*, datée de Paris le 1 décembre.

3 *Janvier*. Un nouveau mémoire de Me. *Prévôt de Saint-Lucien*, avocat, servant de suite à celui supprimé par arrêt du conseil, dont on a parlé, se répand & fait grand bruit. Celui-ci est pour le *sieur Bruer, marchand mercier, prisonnier ès pri-*

sons du grand châtelet, contre M. le procureur-général. Il est suivi d'une consultation du 22 novembre 1779, & il mérite qu'on le développe dans toute son étendue. C'est un écrit patriotique, où respire l'amour des loix, de l'ordre & de l'humanité : il ne peut que faire infiniment d'honneur à l'écrivain, auquel il ne manquera pas d'attirer de vives persécutions.

4 *Janvier*. M. Andry, dans sa *Lettre au doyen de la faculté*, lettre fictive, où l'on le fait parler, lassé de se voir honni, semble vouloir venir à résipiscence ; il avoue sa coulpe, & par cette tournure révèle beaucoup de turpitudes de ses confreres. On lui fait justifier les *Ecrits Clandestins* nécessaires, puisqu'on ôte à la faculté le moyen de se défendre autrement.

On le turlupine sur son goût pour la chymie, & on lui fait mettre au creuset la société entiere. Cette allégorie soutenue est assez méchante. Le premier produit est *Ambition*, *Intérêt*, *Intrigue*, *Calomnie*.

Le second est l'*Esprit de la société*. Il se décompose en trois parties, indiquant les trois especes de gens qui forment la société : 1°. *Adresse*, *Fausseté*, *Malhonnêteté* : 2°. *Honnêteté mélangée de foiblesse* : 3°. *Fermeté*, *Honnêteté*, *mélangées d'entêtement*, *d'aveuglement*.

Le troisieme est une *flamme brillante & pure essence* du gros in-4°., premier volume des mémoires de la société ; mais elle sort d'un pesant amas de cendres.

Le quatrieme est la *Gloriole*, produit le plus frivole, le plus difficile à fixer & le plus abondant.

Enfin il analyse les divers membres : ce qui donne lieu à une foule d'anecdotes nouvelles, concernant les sociétaires. Le docteur Lassonne ouvre la marche, & est représenté comme un gros scarabée, dont on parcourt les diverses métamorphoses. On ne sait dans quelle classe ranger le docteur Géoffroi. Le docteur Vicq est comparé par l'auteur à Cromwel, comme lui, génie vaste & détestable. On parle des soupers grecs du docteur Lorry, c'est-à-dire, de certaines fêtes scientifiques, où il se vantoit que ses convives & lui ne parloient que grec. Tous les autres sont ainsi caractérisés successivement, & cette plaisanterie n'est point sans sel.

Elle est terminée par un prétendu *Procès-verbal & interrogation de Pierre Cruchot, appariteur de la faculté*. Parodie vraisemblablement de quelque incursion de la police, faite chez cet officier, pour en tirer des renseignements sur la composition, impression & distribution des pamphlets, dont on innonde Paris contre la société.

4 Janvier. Les comédiens italiens ne sont point chiches de nouveautés ; ils ont donné hier encore la premiere représentation d'*Aucassin & Nicolette, ou les Mœurs du bon vieux temps*, comédie en quatre actes en vers, mêlée d'ariettes. Les auteurs sont MM. Sédaine & Gretry. Ces grands noms en opéra-comique en ont imposé à la troupe, qui a fait beaucoup de dépenses pour les décorations, habillements & spectacle, mais il est à craindre que leurs frais ne soient en pure perte. En général, l'ouvrage est froid & triste ; il y a des choses charmantes dans la musique : il faut avant d'en parler plus au long, voir quel effet produira la seconde représentation.

5 Janvier. La liberté des maîtrises favorisée par M. Turgot n'ayant servi, comme on l'avoit prévu, qu'à introduire un plus grand despotisme par l'édit de rétablissement d'août 1776 ; tout a été soumis à payer des droits suivant les différentes classes, & l'on prétend que les nouvelles maîtrises ont rendu trois millions. Quoiqu'il en soit, la moindre étoit celle de ceux qui n'étant pas en état d'avoir une boutique, veulent tenir une échoppe ou étalage couvert, dans les rues, places, marchés, &c.

Quelques-uns étaloient l'été dernier sur les boulevarts. Le sieur Dubois, commandant du guet, s'avisa un jour de les chasser de sa propre autorité. Après beaucoup de retards & de vexations, une ordonnance du bureau de la ville les rétablit le 3 septembre.

Depuis l'hiver il leur a cherché une autre chicane, il ne veut pas qu'ils étalent dans la nuit & aient de la lumiere ; c'est sous ce prétexte qu'a été arrêté le sieur Bruer, le 16 novembre, & conduit chez le commissaire Saint-Pere, qui l'a envoyé en prison.

D'après l'exposé du fait, M. Prévôt de Saint-Lucien estime :

1°. Que la distinction du sieur Dubois, qui se fonde sur ce que l'édit ne spécifie pas la permission d'étaler dans la nuit, est chimérique.

2°. Qu'il excede ses fonctions, en chassant les marchands.

3°. Que le commissaire Saint-Pere a excédé ses pouvoirs, en envoyant le sieur Bruer en prison.

4°. Que son expulsion & son emprisonnement sont des actes de violence publique.

5°. Que c'est au parlement que le sieur Bruer doit porter sa demande, à fin d'élargissement & de réintégrande.

Ce procès, qui intéresse l'existence & la liberté de trois ou quatre mille étaleurs, devient très-grave par cette raison, & produit une grande sensation. L'avocat connoissant la nécessité d'instruire tous les citoyens, a fait répandre en profusion son mémoire; il y en a eu à toutes les portes.

Il y rend en outre un compte particulier des obstacles qu'a essuyés cette affaire, & des persécutions qu'on lui a suscitées personnellement. Le sieur Dubois avoit porté des plaintes à d'Outremont, bâtonnier de l'ordre des avocats, & demandoit une réparation d'honneur. Il trouva l'ordre inflexible.

On a vu la suppression de son premier mémoire, ordonnée par un arrêt du conseil. On le fit annoncer dans le *Journal de Paris*, qui ne parle jamais de ces contestations particulieres; il en donna un extrait avec la note de la disposition, portant injonction à M. le prévôt de Saint-Lucien d'être plus circonspect : il se plaint, & demande qu'on insere l'arrêt dans tout son contenu, pour instruire le public du motif de la suppression : on lui répond que la note a été insérée telle *par ordre*.

Enfin le lieutenant-général de police prévenu contre cet avocat des opprimés, s'exprime indécemment sur son compte. Ce qu'on voit dans deux lettres de M. le prévôt de Saint-Lucien, adressées à ce magistrat, en date des 5 & 17 décembre dernier, qu'il a fait imprimer à la suite de son mémoire. Elles sont du ton le plus ferme, quoique honnêtes, & même respectueuses pour le magistrat abusé.

6 Janvier. Le nouveau *Dialogue des morts* se passe entre *Moliere* & *Michel*. Ce dernier est un jeune docteur péri à la fleur de l'âge depuis peu, au moment où il venoit d'être reçu docteur-régent. On profite de cet événement pour lui mettre sur le corps la comédie intitulée *Laſſonne*, &c. Elle est la matiere du dialogue. Moliere lui montre comment il auroit pu tirer meilleur parti de son sujet, & l'autre s'excuse en assurant qu'il a voulu peindre le vice dans toute sa difformité, & non rire des ridicules des humains. Il part de-là pour révéler plusieurs anecdotes plaisantes, qui auroient fort égayé sa piece : quelques-unes concernent le docteur Lorry, & la maniere dont l'auteur charge, prouve qu'il auroit pu marcher avec quelque succés sur les traces du grand maître avec lequel il cause : son dialogue court, vif & saillant, vaut infiniment mieux que toute la comédie critiquée, & l'on ne peut se persuader qu'elle soit de la même main.

6 Janvier. Par une ingratitude affreuse malheureusement trop commune chez les femmes, Mlle. Raucoux, si accueillie depuis son retour, si fêtée, si prônée par Mlle. Arnoux, a fini par lui enlever le prince d'Hénin, pour le mettre dans ses fers. Celle-ci a été furieuse : pour se soustraire à son courroux, le seigneur, ainsi que son amante, se sont réfugiés à Bagatelle chez M. le comte d'Artois. On ne doute pas même que S. A. R. n'ait voulu tâter de ce morceau, dont le prince aura été bientôt rassasié, car il n'est rien moins que friand aujourd'hui.

7 Janvier. On a déjà commencé quelque répétitions d'*Atys*, opéra de Quinault, mis en musique par M. Piccini, on en dit beaucoup de bien.

8 Janvier. Le projet de la translation des Quinze-Vingts à l'hôtel des Mousquetaires noirs va s'exécuter enfin. Les lettres-patentes du roi données à cet effet, ont été enrégistrées au parlement le 31 décembre. Les droits, privileges, franchises, immunités & exemptions, tant ecclésiastiques que laïques, attachés à cet hôpital, le suivent au lieu où il va.

Le roi vend à cet hôpital l'hôtel des mousquetaires noirs la somme de 450,000 livres. Le terrain de l'ancien doit être vendu à ceux qui voudront l'acheter, en s'asservissant à un plan fixe pour la commodité du quartier & l'embellissement de la ville.

8 *Janvier.* Par un concours de circonstances uniques, le jour des Rois on a été obligé de psalmodier à Notre-Dame les louanges du Seigneur, tous les chantres gagés pour les chanter étant enrhumés. Le vendredi on devoit reprendre à l'opéra l'*Amadis de Gaule* de M. Bach, & il n'y a point eu de spectacle à ce théâtre, attendu la grande quantité de sujets malades, tant dans le chant que dans la danse. Les amateurs ne se rappellent pas y avoir vu jamais pour pareille cause une cessation de service. C'est la suite d'une espece de *grippe* épidémique, comme il en court de temps en temps, & celle-ci, moins violente, que la précédente de 1775, se nomme *la coquette.*

9 *Janvier.* La fermentation élevée dans l'ordre des Francs-Maçons s'augmente; & l'on est encore à la veille de voir publier un *factum* qui, répandu chez les profanes, ne peut que scandaliser les zélés. On a vu que la loge des Neuf-Sœurs déchargée de l'accusation intentée contre elle, & réintégrée dans toutes ses fonctions, avoit voulu poursuivre son accusateur, un sieur

Bacon de la Chevalerie, orateur du grand Orient: elle a récriminé avec tant de succès, que ce calomniateur a reçu injonction de venir faire des excuses à la loge. C'est un personnage fort vain, fort altier; il a été furieux d'avoir succombé; il ne veut pas reconnoître ce jugement, & se dispose à en appeller à toutes les loges par un mémoire en forme de manifeste. Cette affaire cause beaucoup de rumeur, & divise Paris, où l'ordre a pupullé merveilleusement.

9 Janvier. On a déjà parlé du *Carmen saeculare* d'Horace, ou le Poëme séculaire, un des chefs-d'œuvres de l'antiquité, que le sieur Philidor a hasardé de mettre en musique. Il a obtenu la permission de faire exécuter cet ouvrage par voie d'abonnement, dans la salle du concert spirituel au château des Tuilleries. En conséquence il invite les savants, les gens de goût, les amateurs des productions nouvelles à venir, pour leur argent, juger ce nouveau genre de musique. Comme il compte beaucoup sur les régents & les écoliers, il a choisi un mercredi, jour de vacance pour toutes les personnes qui tiennent à l'université. Les billets seront de 6 liv. Dans l'incertitude d'avoir un auditoire, il a pris la tournure de la souscription, afin d'estimer avant s'il sera assez nombreux pour satisfaire aux frais. C'est au 19 de ce mois que le jour est indiqué.

10 Janvier. Un confiseur de la rue des Lombards, ayant pour enseigne le *Grand Monarque*, a imaginé de faire exécuter en sucrerie la conquête & le combat naval de la Grenade. Cette machine immense, où tout est représenté dans le plus grand détail, ne peut satisfaire ses connoisseurs, qui n'y trouvent ni proportions, ni dessin, ni vérité; mais elle en impose à ceux qui n'ont jamais vu ni la mer, ni des vaisseaux, ni des combats, ni des ports, ni des sieges. On doit d'ailleurs admirer la patience du compositeur. Le concours est si grand, qu'il a fallu mettre des gardes pour faire circuler la foule.

10 *Janvier*. La présentation ministérielle du comte d'Estaing, qui devoit avoir lieu le jour des Rois, à manqué, quoique ce général ait été vu à Versailles dans l'œil de bœuf, & y ait attendu long-temps. On ne sait pourquoi, & cela donne occasion de conjecturer à perte de vue.

11 *Janvier*. Voici les circonstances singulieres de l'apparition du comte d'Estaing a Versailles le jour des Rois, pour sa présentation de cérémonie, qui n'a cependant eu lieu que le dimanche.

A onze heures trois quarts ce vice-amiral est venu dans l'œil de bœuf, où il s'est assis & a été bientôt entouré de tous les badauts qui y étoient; mais chacun est resté dans un silence d'admiration. Le comte d'Aranda, le prince de Soubise & le duc de Nivernois sont les seuls courtisans qui lui parlassent. A midi & demi environ, M. le duc de Fleury, gentilhomme de la chambre, faisant le service pour le maréchal duc de Richelieu, d'année & malade, est venu prendre le comte d'Estaing & l'a introduit dans la chambre à coucher du roi, où il est demeuré debout, à cause du lit: après un quart d'heure d'attente, il a déclaré être trop fatigué, que fa bleffure ne lui permettoit pas de refter plus long-temps dans cette attitude ; alors le duc de Fleury l'a fait paffer dans le cabinet du roi, où il a pu s'affeoir. A une heure M. de Sartines a paru enfin ; il eft venu à eux, a dit quelques mots au comte, & l'on a remarqué qu'un rouge de colere lui montoit au vifage. Ils font fortis tous trois pour aller chez le comte de Maurepas : M. d'Eftaing a difparu abfolument: le duc de Fleury eft revenu feul, qui a déclaré que la préfentation n'auroit pas lieu ; que M. de Sartines l'avoit oublié. On a préfumé de là qu'il faifoit des excufes fur cet oubli au vice-amiral, lorfqu'il lui a parlé d'une façon qui fembloit l'indiquer.

11 *Janvier.* Il eft venu ici depuis quelque temps un médecin nommé *Mefmer*, qui fe dit de la faculté de Vienne. Ce pays eft le théâtre de tous les charlatans : celui-ci prétend avoir le magnétifme animal, c'eft-à-dire, une faculté de la communication d'un principe analogue, dont les corps animés font fufceptibles. En conféquence de ce galimatias, il promene fon doigt fur un individu, qui veut connoître le fiege de fon mal, & lorfqu'il approche de la partie affectée, le fujet y reçoit une commotion femblable à celle que caufe l'électricité. Il a été en vogue pendant quelque temps, & a gagné beaucoup d'argent ; mais cette mode n'a pas duré : il en eft réduit aujourd'hui à écrire, & à publier un ouvrage fur la *Découverte du magnétifme animal.*

12 *Janvier.* Une montre, vu fon utilité, eft moins une chofe de luxe que de befoin ;

mais on la rend telle par les accessoires magnifiques, dont on enrichit souvent un très-mauvais mouvement. On a poussé cette folie plus loin; les agréables aujourd'hui portent deux montres, & ceux qui ne peuvent les avoir réellement, les font soupçonner en laissant passer un cordon à chaque gousset. Le maréchal duc de Richelieu, un de ces vétérans de la fatuité, si bien dépeints par Gresset, malgré son âge, plus qu'octogénaire, est trop petit-maître, trop frivole pour n'avoir pas adopté cette élégance : un de ces jours, comme il s'habilloit, & que ces deux montres étoient étalées sur sa cheminée, quelque adulateur le félicite sur ces jolis bijoux, lui demande la permission de les voir de plus près, de les examiner, de les comparer : comme il les tenoit, il craint qu'une ne lui échappe, & sans la pouvoir retenir, laisse tomber l'autre : les voilà toutes deux à terre. Honteux de sa gaucherie, il demande mille pardons au maître, qui le rassure : « Pourquoi vous désespérer, lui » dit le maréchal, je ne les ai jamais vu aller » si bien ensemble. »

13 *Janvier.* Depuis la déroute des Jésuites en France, un père Chapellain, prédicateur du roi, s'étoit réfugié dans les Pays-Bas, où il avoit acquis le titre de prédicateur de leurs majestés impériales & royale : le 26 décembre, comme il entroit dans l'église métropolitaine de Malines, pour y dire la messe, il a été frappé d'une apoplexie foudroyante, à l'âge de 70 ans. En 1767 on avoit publié six volumes de ses sermons, précieux pour les bibliothèques des amateurs de ces sortes d'ouvrages.

14 *Janvier.* Les Montmorenci ne laissent pas oublier un bon mot du duc de Laval en donnant sa démission. *Monsieur* lui répondant séchement : « Vous ne prenez pas le meilleur chemin. » — Non, *Monsieur*, mais c'est celui de l'honneur. »

14 *Janvier.* On parle encore d'un descendant de la famille du grand Corneille, qui est dans le besoin. Celui-ci, différent de l'autre, n'est point indigne de sa naissance par son esprit. On assure que M. d'Alembert a vu ses titres & les a jugés authentiques ; qu'en conséquence il a fait bien des démarches en faveur de cet infortuné, auquel il voudroit procurer une place ; mais sans succès jusqu'à présent. On publie qu'il a des talents, auxquels il ne faut qu'un loisir honnête pour se développer. On ne conçoit pas comment les comédiens ne se piquent point d'honneur, & négligent de donner quelque représentation en sa faveur.

15 *Janvier.* C'est au jeudi 20 qu'est fixée la cérémonie de la réception de M. de Chabanon à l'académie françoise.

15 *Janvier.* C'est samedi 15 de ce mois, c'est-à-dire, aujourd'hui que doivent commencer au parlement de Rouen les plaidoiries qu'on a annoncées dans l'affaire de la réhabilitation de la mémoire du comte de L.. M. d'Epremesnil s'y est rendu, & doit plaider le premier.

16 *Janvier.* On se plaint depuis quelques années de la malpropreté des rues de Paris, qui semble augmenter. M. le lieutenant de police, touché de ces reproches, invite toutes les personnes qui voudront s'occuper de projets relatifs à cet objet, à les lui communiquer. Il des-

tine un prix de 600 livres pour le mémoire qui renfermera de meilleures vues. Il faut que les projets soient adressés avant la fin du mois de mars prochain au sieur Puissant, chef des bureaux de M. le Noir. On prévient les spéculateurs de ne pas se donner trop de carriere pour la dépense, qui est déjà très-forte, & qu'on ne peut augmenter beaucoup. Les concurrents ne doivent avoir pour objet que la forme des tomberaux, la maniere de les charger, les moyens de resserrer les tas de boues, soit en les mettant dans des séaux, des auges, &c. au moment du balayage.

16 *Janvier. Aucassin* & *Nicolette*, est un ouvrage que le sieur Sédaine convient avoir tiré d'un fabliau, qui a pour le moins 500 ans d'antiquité, dont M. de la Curne de Sainte-Palaye a fait part au public en 1756 par la voie de l'impression. L'opéra comique, dans lequel le poëte l'a fondu, a été exécuté d'abord à la cour le 31 décembre avec peu de succès, & a été suspendu ici après la seconde représentation, sous prétexte d'indisposition de quelque acteur, mais vraisemblablement pour se donner le temps d'y faire des corrections considérables. Quant aux mœurs du bon vieux temps, qu'il prétend avoir peintes, on peut assurer que c'est tout le contraire; que du moins dans son tableau il en a omis les nuances intéressantes, pour ne les présenter que sous le point de vue le plus défavorable. Il faut voir s'il aura l'art de les changer & d'y restituer ce charme de bonhommie, de naïveté, de simplesse, de loyauté & d'héroïsme gaulois, qui fait le mérite du conte original.

17 Janvier. Extrait d'une lettre de Bordeaux du 8 janvier..... Des enthousiastes du comte d'Estaing ont fait une association d'environ 200 personnes, à deux louis par souscription, & ont donné jeudi, jour des rois, une fête en son honneur. Le matin 115 ou 118 matelots, dont quelques-uns revenus sur le *Languedoc*, ont été conduits à la messe au bruit d'une décharge d'une petite artillerie placée dans le jardin public. Sortis de la messe dans le même ordre, & accompagnés d'instruments de musique, ils se sont rendus sous un péristile du jardin public qu'on avoit clos avec des planches, & où étoit dressée une table, sur laquelle on leur a servi un dîner; après lequel ils ont passé sur une terrasse, & ont dansé au bruit d'une nombreuse symphonie, & le public s'est joint à eux; ensuite on leur a offert un spectacle de marionnettes, terminé par un feu d'artifice à la chûte du jour.

A six heures du soir a commencé le bal des deux cents associés, où il y avoit 400 femmes priées. Le goût & la magnificence, ainsi que le bon ordre, en ont été admirés; mais le curieux, c'étoit un tableau allégorique, placé dans la salle où l'on dansoit : on y avoit représenté le vice-amiral commandant sur son vaisseau, Minerve à son côté, & la Renommée venant lui poser une couronne. L'Envie & la Calomnie s'efforcent de l'en empêcher; mais Neptune indigné contre elles sort du fond des eaux & les terrasse de son trident. Un jeune officier, auteur des couplets, qu'on a trouvés fort jolis, monte sur l'échaffaudage dressé pour la musique, les chante, & hommes & femmes les répètent en chorus. On a dansé ensuite.

Il n'y a pas eu de jeu : ce qui a déplu en cette ville, dont c'est la passion dominante.

17 *Janvier*. Cette année le quart des pauvres des spectacles forains s'est monté à 200,000 liv. ; ce qui donne d'abord un produit général de 800,000 livres, & au moins d'un million, si l'on évalue la recette cachée, & dont on ne compte pas avec eux. *Les Variétés amusantes* ont rendus à elles seules plus de la moitié de ce bénéfice.

17 *Janvier*. Il court une facétie nouvelle, intitulée *les Petites Affiches*; c'est une parodie de cette feuille, où sous les divers titres qu'elle embrasse, on parle de toutes les actrices célèbres de l'opéra, des comédies & des courtisanes du haut style. On assure que dans ce cadre, qui n'est pas nœuf, on trouve une galerie de portraits très-étendue, d'une grande vérité, curieuse & piquante, par une méchanceté rare & des anecdotes uniques : comme c'est long & manuscrit, cela perce difficilement.

18 *Janvier*. M. Bastard vient de mourir, & quoiqu'il se soit alité, qu'il ait été visité même des gens de l'art, & qu'on attribue cet événement à une fluxion de poitrine provenant d'un rhume négligé, on présume assez généralement qu'il a avancé ses jours. La crise où il étoit, les efforts incroyables qu'ils a faits inutilement pour se soustraire au parlement, soit afin d'être jugé par ses pairs, les conseillers d'état, ce qui auroit été sans exemple, & contre toutes les regles dans une affaire criminelle, soit pour que le roi évoquant l'affaire à son conseil privé, suivît les erremens de son aïeul dans le procès de M. de la Charlotais, & enveloppant même

le Bel dans sa clémence, déclarât qu'il ne trouvoit point & ne vouloit pas trouver de coupable ; le secret gardé sur sa mort pendant plus de vingt-quatre heures, ainsi que plusieurs autres circonstances, concourent à le faire croire : dans presque toutes les sociétés on fait son oraison funebre courte & énergique, & l'on dit *que c'est un grand fripon de moins*.

19 *Janvier*. M. Philidor excite de son mieux le public, par lui, ou par des amis, à souscrire pour le spectacle qu'il se propose de donner aujourd'hui ; il s'est fait écrire une lettre par un de ses partisans, insérée au *Journal de Paris*, N°. 17, où l'on renouvelle l'annonce du succès prodigieux qu'a eu dans la capitale d'Angleterre son *Carmen saculare* ; il a réuni les suffrages des trois cabales qui divisent les amateurs.

La premiere est celle des *Antiquaires*, qui revient à la cabale des Lullistes à Paris : ils ne connoissent d'autre musique que celle de Handel, regardé chez eux comme le fondateur de cet art. Auditeurs constants de ses *oratorio*, & du concert antique, à peine se sont-ils permis quelques battements à l'*Artaxerce* du docteur Arne.

La seconde est la secte *Ausonienne* : son cri est *Italiam ! Italiam !* Pour réussir auprès d'elle, il faut à toute force être né au sein de l'Italie. Madame Todi, qui est Portugaise, l'a éprouvé malgré son talent supérieur : ce sont les Bouffonistes de chez nous.

La troisieme est celle des Allemands, qui équivaut aux Glukistes ici.

Malgré la difficulté de plaire à des goûts si

opposés, les *Antiquaires* en leur qualité de savants on applaudi M. Philidor, d'avoir bien rendu le sens du poëme latin; les Italiens ont souri gracieusement à son chant & à l'esprit qui regne dans les détails. Les Allemands ont frappé des pieds, des mains, & ont crié *bravo* à son harmonie; les Anglois même ont oublié qu'il étoit François.

20 *Janvier*. Le *Carmen Saeculare*, ou le *Poëme Séculaire*, est une hymne qu'on chantoit à Rome au renouvellement du siecle, en action de graces pour les faveurs qu'on avoit obtenues des dieux tutélaires, & en prieres pour leur en demander la continuation.

Horace composa celui-ci l'an 736 de la fondation de Rome, à la sollicitation d'Auguste.

Tout fut solennel dans cette cérémonie centénaire; & l'antiquité ne nous a rien transmis de plus varié, de plus noble & de plus achevé, que le poëme d'Horace.

Les jeux séculaires duroient trois jours & trois nuits, qui s'employoient à des danses, des chants, des spectacles & des sacrifices. Ce fut le dernier des trois que vingt-sept jeunes filles & autant de jeunes garçons chanterent le poëme d'Horace dans le temple d'Appollon, sur le Mont-Palatin.

C'est le pere Sanadon, qui le premier a rassemblé les parties diverses de ce beau poëme, où la barbarie avoit introduit le désordre: il en a retrouvé le prologue, les trois divisions & l'épilogue; on ne sait pourquoi on a déterminé M. Philidor à intervertir de nouveau cet arrangement, & à réunir le prologue & l'épilogue, c'est-à-dire, la tête & la queue: quoi-qu'il qu'il en soit, ce musicien a eu le plus grand succès hier, & cette nouveauté doit faire époque dans notre musique.

21 *Janvier*. M. le comte d'Estaing a eu l'honneur de souper un de ces jours derniers avec leurs majestés : on raconte qu'il avoit la jambe sur un tabouret, & que la reine a daigné lui approcher elle-même de ses augustes mains cet appui. Cela fait croire aux courtisans que le vice-amiral est dans la plus haute faveur, & l'on s'attend que d'après ses insinuations il pourroit survenir bien des changements dans l'ordre des choses.

21. *Janvier*. M. Linguet a fait distribuer enfin à ses souscripteurs le cadeau qu'il leur avoit promis ; il a pour titre : *Appel à la postérité*. C'est tout ce qu'il a de neuf. Du reste, ce n'est qu'un recueil de ses mémoires & plaidoyers contre *la Communauté* (c'est son expression) des avocats du parlement de Paris ; il l'a augmenté seulement d'une épître à la comtesse de Bethune, sa cliente. L'auteur l'a datée de son château de Waarbeck, le 20 octobre 1779 ; il y compare avec son emphase souvent très-ridicule cette cliente à Clorinde, parce qu'elle s'est opiniâtrée long-temps à ne point prendre d'autres défenseurs. Un *Dialogue entre un François & un Anglois*, où il quintessencie toutes les injures répandues dans ses volumineux ouvrages contre ses confreres, lui sert de préface.

L'objet de ce présent seroit d'engager les souscripteurs du journal à le devenir du recueil de ses œuvres, dont ce volume fait le premier ; mais on doute qu'il séduise beaucoup de gens par ces libelles du palais, que la fermentation du moment faisoit lire, & dont on est aujourd'hui rassasié jusqu'au dégoût, depuis trois ans qu'il les délaie sans cesse dans ses prétendues annales du dix-huitieme siecle, qui ne sont au fond que celle de ses aventures.

On ne sait pourquoi son portrait, qu'il avoit promis, n'est pas joint à cette collection, dont il devoit orner le frontispice.

22 *Janvier*. Le sieur de Sauvigny, auteur d'une tragédie intitulée *Hirza*, ou *les Illinois*, qui eut un succès médiocre dans son temps, a jugé à propos d'y ajouter des morceaux relatifs aux circonstances. La scene, qui se passe chez une des nations sauvages de l'Amérique Septentrionale, lui a permis ces interpolations, où il a aussi amené l'anecdote du chevalier d'Assas. Elle doit être remise aujourd'hui, & il s'en promet le plus brillant succès.

23 *Janvier*. Ce poëme séculaire, ou piece Saturnienne sur les jeux séculaires, dans la composition formée pour l'arrangement & la musique du Sr. Philidor, est divisé en un prologue, suivi de quatre parties.

Dans le prologue Horace saisit l'attention de ses auditeurs par la grandeur du sujet qu'il entreprend de traiter.

Dans la premiere partie, qui étoit autrefois l'épilogue, & qui n'est à proprement parler ici qu'une suite du prologue, ou un second prologue, le poëte exhorte les jeunes garçons & les jeunes filles à bien chanter les hymnes suivantes.

La seconde partie est un hymne à Apollon, où les deux chœurs, après un long éloge du dieu, le supplient d'accorder ses faveurs aux vers qu'ils vont chanter : on pourroit appeller cette partie un troisieme prologue.

C'est dans la troisieme partie que la jeunesse entre véritablement en matiere. Distribuée en deux chœurs, elle s'anime à chanter les louanges d'Apollon & de Diane, elle célebre à l'envi ces deux divinités.

La quatrieme est une priere pour la conservation de l'empire & de l'empereur.

Quoique cette composition musicale, renfermant trente-cinq strophes du poëte latin, parût à tout le monde devoir être monotone & ennuyeuse, on s'est fait un honneur d'assister à un pareil spectacle : il est rare de voir une assemblée aussi nombreuse & aussi bien composée ; une foule de cordons bleus, rouges & autres la décoroient ; les loges étoient remplies de femmes les plus qualifiées, & pour la premiere fois peut-être les filles en ont été exclues.

On a été trompé agréablement, en remarquant que cet ouvrage, dont l'exécution a duré plus d'une heure & demie, même deux heures, à quelques endroits près un peu froids, a été accueilli avec une attention soutenue & souvent avec des accès d'enthousiasme. L'invocation au soleil, dans le genre sublime, & celle pour la prospérité des biens de la terre, dans le genre champêtre, gai & même dansant, ont sur-tout transporté l'auditoire, au point qu'on a crié *bis* & qu'il a fallu le satisfaire en le recommençant.

23 *Janvier*. Il y avoit un monde prodigieux à la derniere audience de monsieur de Marbœuf : quelqu'un étonné de ce concours en a demandé la raison au secrétaire, qui lui a répondu qu'il y avoit pour près de deux millions

de bénéfices à donner : il lui a montré de ces porcs engraissés de la dixme de Sion, n'étant pas encore rassasiés, & sollicitant comme des curés à portion congrue.

23 *Janvier*. Me. Duvaudier, ancien avocat qui avoit acquis une certaine réputation, plus par ses intrigues que par un mérite supérieur, & s'étoit poussé à différentes places qui l'avoient tiré de la foule & rendu fort insolent, vient de mourir. Il étoit à la tête des conseils de plusieurs grandes maisons, & laisse une défroque considérable, après laquelle courent ses confreres.

23 *Janvier*. Le petit nombre des partisans de M. Bastard assurent qu'il a fait une très-belle fin, qu'il a protesté de son intégrité & de son innocence, & qu'il a chargé sa famille de poursuivre la réparation de son honneur avec un zele infatigable.

Du reste, on rapporte un bon mot de Bouvard, qui l'a conduit dans sa maladie, qui ne l'aimoit & ne l'estimoit pas, ce que ne pouvoit ignorer le malade, & dit à cette occasion : *Il ne se seroit jamais douté que ce seroit moi qui l'auroit tiré d'affaire.*

24 *Janvier*. La séance publique de l'académie françoise, du jeudi 20, pour la réception de monsieur de Chabannon, n'a pas été courue avec la fureur ordinaire. Il étoit même à craindre qu'elle ne fût très-peu garnie & M. d'Alembert s'y attendoit tellement qu'il n'avoit rien préparé & n'a rien lu. Cependant une circonstance unique & sans exemple y a rendu l'affluence & trompé le sécrétaire. Une princesse du sang, madame la duchesse de Bourbon,

& honoré ce spectacle de sa présence. On ne peut guere attribuer la démarche de cette altesse qu'à son amour des lettres & sur-tout de la musique. Le récipiendaire, plus renommé dans cette carriere que dans celle de l'éloquence, aura obtenu cette faveur de la princesse. C'est le maréchal duc de Duras qui a répondu comme directeur. Le premier a très-bien lu son discours, dont il a relevé la médiocrité par son élocution ; le second a très-mal lu sa réponse, ce qui l'a rendue ainsi plus mauvaise & qui gagnera peut-être à la lecture.

Le reste de la séance a été rempli par un dialogue de M. Chabannon sur ces hommes aimables qu'on appelle des *Roués*; il a discuté s'il falloit les admettre, ou les exclure de la société; & il a fini par prêcher la tolérance. Ce petit ouvrage en vers, qu'on croiroit assez être tiré de quelque comédie entreprise par l'auteur, est une sorte de tribut qu'il a voulu payer à la philosophie pour son initiation à la secte encyclopédique, qui ne le voyoit pas de bon œil.

M. de la Harpe a terminé & lu des extraits d'un ouvrage qu'il a sur le métier. Après avoir fait un premier éloge de Voltaire sur la scene, après en avoir fait un second en vers dans son dithyrambe, il a entrepris ce troisieme en prose, mais où il doit tenir plus sévérement la balance, & où il annonce par son épigraphe, qu'il faut éviter de donner également dans l'excès du dénigrement & de l'adulation. Pour se faire applaudir plus surement, il y avoit adapté un morceau postiche, relatif à l'histoire du jour, aux réformes de M. Necker ; & l'orateur s'est trouvé ainsi enveloppé adroitement dans les battemens de mains interminables, accordés au directeur-général des finances.

24 Janvier. La piece de *Hirza* ou *les Illinois*, n'a pas eu le succès que s'en promettoit monsieur de Sauvigny : les morceaux qu'il a adaptés ont paru postiches, & l'on a trouvé sur-tout très-mauvais que dénaturant le trait de l'héroïsme du chevalier d'Assas, qui appartient à notre histoire, il l'attribuât à un sauvage. Ainsi la reprise de cette tragédie, qui n'avoit pas attiré excessivement de monde, ne la fera pas sortir de la classe des ouvrages médiocres, où elle étoit rangée dès son origine.

24 Janvier. Le sieur de Beaumarchais, foudroyé dans la carriere de la politique par la lettre du duc de Choiseul & sur-tout par celle du duc de Praslin, en date du 17 décembre, cherche actuellement à faire bruit d'une autre maniere ; il est venu trouver les comédiens & leur a annoncé qu'il alloit reprendre le travail commencé par le bureau de législation dramatique. Ceux-ci qui le redoutent toujours, ont promis de faire assembler les avocats de leur conseil, & de les autoriser à s'arranger à l'amiable, pour terminer ce différent entr'eux & les auteurs.

25 Janvier. Il paroît que le supplice de Desrues, bien loin d'effrayer ses semblables, a produit une école d'empoisonneurs d'une espece nouvelle, qui ont cherché seulement à raffiner sur sa scélératesse, en la rendant moins atroce, plus facile & aussi utile. Ces éleves dans l'art des poisons, sortis pour la plupart de l'épicerie ou de la pharmacie, ont imaginé d'employer une plante peu connue, appellée *stramonium*, qui mélangée, ou avec du tabac, ou avec les aliments solides, ou liquides, a la vertu de produire presque subitement un sommeil profond, pendant lequel aucun bruit, aucun mouvement, aucune agitation ne peut procurer le réveil. Depuis plusieurs mois on racontoit des effets merveilleux de ces *endormeurs*, ressemblant assez à des contes de vieilles ; mais enfin divers arrêts rendus à leur sujet ne permettent plus d'en douter : on sent en effet à combien de tours de filouterie ingénieux peut donner lieu un tel secret possédé par des esprits actifs & exercés à toute espece de ruses.

Jusqu'à présent le plus plaisant est celui d'un prétendu chevalier de St. Louis, qui voyant dans la rue un porteur d'argent courbé sous le faix, n'en convoite que plus ardemment ce fardeau précieux. Il l'accoste sous prétexte qu'il le croit frere de son laquais, avec lequel il lui trouve une grande ressemblance ; tout en causant il prend pitié de lui, qui n'a pas la main libre pour prendre du tabac. Il lui en offre : le sommeil commence à venir, il l'invite à entrer dans un petit café, il le conduit sous le bras, l'introduit, & demande un verre d'excellente liqueur pour reconforter son porteur d'argent qui se trouve mal ; il glisse adroitement une nouvelle dose de stramonium dans le verre & voilà mon homme comme mort. Le chevalier de St. Louis est effrayé, & prie qu'on donne un lit à ce malheureux pour le faire coucher, qu'on appelle un chirurgien pour le saigner ; il laisse un écus de six francs, & poussé d'aller faire son paiement, il prend un autre Savoyard pour porter le sac : il va venir. On voit la suite de l'histoire, qui se termine par reconnoître la supercherie & par le désespoir du malheureux porteur.

25 *Janvier*. Entre plusieurs concurrents pour la place de chancelier de M. le comte d'Artois, on est surpris de voir M. de Monthion, celui dont ce prince fit sauter la perruque il y a quelques années ; il paroît cependant que c'est lui qui l'emporte.

25 *Janvier*. Les comédiens italiens toujours féconds en nouveautés, annoncent pour demain *Mina*, comédie nouvelle en trois actes, mêlés d'ariettes. L'auteur des paroles & celui de la musique sont également inconnus.

26 *Janvier*. Le fameux Levret vient de mourir. Il étoit né en 1703. Samuel Bernard se l'étoit attaché en qualité de chirurgien & à sa mort lui donna 100,000 livres de la main à la main en billets des fermes, avec 300 livres de rentes, le seul avantage que la loi lui permettoit de faire par testament, reversibles jusques au dernier de ses descendants & hypothéquées sur tous les biens du donateur.

Cette fortune mit M. Levret en état de se livrer sans distraction à son état ; il choisit la partie des accouchements. Il est auteur d'ouvrages sur son art, traduits dans toutes les langues. C'est lui qui a substitué la méthode de lier les polypes à leur arrachement. Il n'y a peut-être pas d'acoucheur célebre en Europe qui ne soit venu prendre de ses leçons. Il étoit acoucheur de la cour & fut vivement affecté de voir la reine lui préférer le sieur Vermont. On le dit dignement remplacé par M. Destremeau, son éleve.

27 *Janvier*. Madame Denis, niece de monsieur de Voltaire, vient de faire une sottise dans son genre, à peu près aussi forte que celle de la veuve de Jean-Jacques Rousseau : elle s'est remariée à un certain M. Duvivier, qui a commencé par être soldat, a été occupé ensuite en qualité de copiste à la secrétairerie du comte de Maillebois, a plu à ce seigneur qui se l'est attaché, en a fait son secrétaire en titre, & lui a fait avoir une charge de commissaire des guerres de maréchaux de France.

Madame Denis a 68 ans ; elle est laide, grosse comme un muid & d'une mauvaise santé. Malgré la considération de son oncle, qui se réfléchissoit sur elle, elle désiroit depuis long-temps d'en être débarrassée, pour devenir maîtresse de sa fortune & de ses actions. A peine jouit-elle de ces deux biens & la voilà qui se remet sous la tutelle d'un maître impérieux, dur, sans complaisance, & qui ne peut guere même lui procurer les plaisirs qui excitent ordinairement les veuves à se remarier. Il a 58 ans & est estropié d'un bras, qui lui a été mal remis après une chûte ; on dit qu'il est aimable quand il veut, mais qu'il ne le veut déjà plus vis-à-vis de sa femme ; qu'à peine le mariage a-t-il été déclaré, il s'est rendu le maître ; qu'il a forcé madame Denis, accoutumée à dîner, à n'avoir personne le soir & à se coucher de bonne heure, à changer de train de vie ; qu'il lui procure beaucoup de monde à souper, la fait veiller & jouer, & semble vouloir s'en débarrasser promptement, à force d'excès.

Du reste, sottise des deux parts : ceux qui connoissent M. Duvivier assurent qu'il avoit quinze ou vingt mille livres de rentes, & qu'il pouvoit fort bien rester garçon avec cette fortune, sans s'exposer à devenir le fleau d'une femme & l'horreur de sa famille. Madame Denis proteste qu'elle ne lui a donné que part d'enfant; mais on se doute bien que la cupidité seule ayant pu être le motif de l'époux, il va la dépouiller de son mieux. Toute sa famille est furieuse; l'abbé Mignot, que sa sœur avoit engagé à venir demeurer chez elle, l'a quittée dès le matin, où il a appris cette nouvelle; il n'a pas même voulu dîner. M. d'Hornoy n'est pas moins outré, & en général le public se moque d'elle, sans la plaindre. Elle faisoit un si mauvais usage de sa fortune, même envers les gens de lettres, qu'on est peu touché du malheureux sort qu'elle se prépare.

17 *Janvier.* La piece de *Mina* n'a point eu de succès hier, & l'auteur des paroles en conséquence reste dans l'incognito. La musique, d'un M. Champein, jeune débutant dans la carriere, a trouvé plus d'indulgence. On y a remarqué du chant, des traits de sensibilité, des morceaux d'accompagnement bien traités; si elle n'a pas frappé par de grands effets, elle donne du moins des espérances du compositeur novice.

18 *Janvier.* M. le chevalier d'Elbée répand un long prospectus d'un projet de son invention, concernant un *Ordre de chevalerie pour les Dames, qui mettroit à même de venir au secours des pauvres meres, femmes ou veuves d'officiers, sans être à charge à l'Etat.*

Après une épître dédicatoire aux dames, l'auteur fait un parallele des ordres de chevalerie qui exiſtent, avec celui qu'il propoſe ; il en regarde & démontre comme néceſſaire l'établiſſement : il en trace le plan, en aſſigne les revenus ; il réſout les objections & les réponſes, & conclut par aſſurer que ſon idée, qui ne ſemble qu'une plaiſanterie au premier coup-d'œil, eſt très-ſuſceptible d'exécution ; qu'elle n'a point déplu à la cour, & que *Madame* l'a entre ſes mains, & n'eſt point éloignée de l'honorer de ſa protection.

28 *Janvier*. On regarde comme décidé que M. de Monthion ſuccede en effet à monſieur Baſtard.

26 *Janvier*. Le miniſtre qui avoit arrêté l'an paſſé l'impreſſion de *l'Etat des officiers de la marine du roi*, après pluſieurs délais a permis enfin de le publier cette année, & on le répand depuis quelques jours. L'ennemi doit être effrayé de cette multitude de défenſeurs, plus que doublée depuis la derniere guerre, & triplée depuis Louis XIV. On y voit, ſans compter les officiers retirés & penſionnés, 3 vice-amiraux, 14 lieutenants-généraux, 29 chefs d'eſcadre, 184 capitaines de vaiſſeau, 61 capitaines de vaiſſeau & de port, 395 lieutenants de vaiſſeau, 17 lieutenants de vaiſſeau & de port, 25 capitaines de brulôt, 235 enſeignes de vaiſſeau, 25 enſeignes de vaiſſeau & de port, 58 lieutenants de frégate, 8 capitaines de flutte, & 279 gardes du pavillon & de la marine.

26 *Janvier*. Entre les bons mots du maréchal de Richelieu qui ont amuſé la cour, on en cite un comme plus fin & plus remarquable que les autres. Le roi, depuis ſon dernier

cident, le félicitoit fur le rétabliſſement de ſa ſanté ; « car vous n'êtes pas jeune, lui diſoit S. M., vous avez vu trois ſiecles. Pas tout-à-fait, Sire, répondit-il, mais trois regnes. — Soit : hé bien ! qu'en penſez-vous ? — Sire, ſous Louis XIV on n'oſoit dire mot : ſous Louis XV on parloit tout bas : ſous votre majeſté on parle tout haut. »

29 *Janvier.* Me. Duvaudier étoit ſi vain qu'il eſt mort bardé de ſon cordon rouge ; il le portoit toujours au lit, il le portoit à la chaſſe & même dans le bain : il en avoit fait peindre un de fer blanc pour cet uſage. Par une ſuite de cette même vanité, il a ordonné que ſon corps, comme celui des grands ſeigneurs, fût tranſféré à Groſley, terre qui ne lui appartenoit pas mais dont le fermier-général Dangé lui avoit laiſſé l'uſufruit en mourant. — Au reſte, ce ridicule étoit racheté par une bienfaiſance rare envers ſes vaſſaux. — Le vicaire de Saint-Meri, chargé d'eſcorter le cadavre, & de le préſenter au curé du lieu, a rapporté que tous les payſans y étoient en pleurs, & que ce paſteur lui avoit dit que ce n'étoit pas ſans raiſon ; que quelque grand ſeigneur que ce fût qui vînt dans cette terre, il ne pourroit y faire le bien qu'y opéroit cet avocat, & de ſes conſeils, & de ſa plume, & de ſa bourſe.

29 *Janvier.* On ne ſauroit rendre l'indignation publique du mariage de madame Denis avec Nicolas Troupet, ſobriquet reſté au ſieur Duvivier, depuis qu'il eſt parvenu, parce qu'il étoit frater de ſon métier, & que c'eſt lui qui accommodoit, étant ſoldat, ceux de la chambrée. Comme il eſt fort inſolent, on n'a pas

oublié cette dénomination. Il avoit été envoyé à Saint-Domingue, commissaire des guerres, du temps que M. de Clugny y étoit intendant; il s'étoit lié avec lui, & il passe pour avoir porté souvent le caducée; ce qui l'a fait parvenir, & lui a valu les bienfaits de ce ministre pendant le peu de temps qu'il a été contrôleur-général. Tel est l'homme dont madame Denis s'est engouée.

30 *Janvier.* Le sieur Dumont, autrement *val-de-choux* du nom de son pays, appellé le *Rebouteux*, vient de mourir. C'est un homme qui, par un instinct naturel & une grande routine, étoit parvenu à remettre les dislocations: il n'avoit aucun principe de l'art, & étoit le fleau des chirurgiens, accusés d'avoir voulu plusieurs fois attenter à ses jours, mais qui du moins ont fait l'impossible pour l'empêcher de rendre à l'humanité les services qu'il lui rendoit.

31 *Janvier.* M. d'Epremesnil n'a dû commencer à plaider pour son oncle, M. de Leyrit, que le mardi 25 au parlement de Rouen. C'est M. Mouchard, conseiller de grand'chambre, juge lumineux & integre, qui est chargé du rapport du grand procès, où est intervenu ce membre du parlement de Paris. Il avoit déjà commencé & tenu plusieurs audiences, lorsqu'il a été interrompu au milieu de son rapport par l'incident qu'a élevé M. d'Epremesnil.

Quant à M. de Tollendal, bâtard de M. de Lally & de madame de Maulde, mais qui, encouragé par la faveur que les Dillons lui ont valu à la cour, a trouvé un acte de célébration de mariage de son pere & un extrait baptistaire prouvant sa légitimité, il se propose aussi de riposter lui-même. A peine s'est-il connu, qu'enflammé de la noble ardeur de justifier son pere, il s'est enfermé pour étudier les codes criminels de l'Europe, il a travaillé lui-même ses mémoires, & il en résulte aujourd'hui trois gros volumes in-4°. qu'il a déjà distribués à Rouen.

M. de Tollendal, outre un mérite personnel & une grande facilité à s'énoncer, a pour lui la protection éclatante de la reine, qui l'appelle *son petit martyr*, qui l'a reconnu comte de Lally & fait reconnoître pour tel par le roi & la famille royale, qui lui a obtenu le brevet de colonel & procuré 40,000 livres, afin de le mettre en état de poursuivre le procès à Rouen, à compte des 200,000 livres qu'il recouvrera, s'il le gagne.

31 *Janvier*. Le Docteur Bucquet vient de mourir, victime de *l'alkali volatil fluor*, dont il faisoit un continuel usage. Ce jeune disciple d'Esculape s'étoit déjà fait une réputation : il étoit de l'académie des Sciences & professeur d'histoire naturelle & de chymie. Malheureusement il avoit terni sa gloire en voulant en jouir trop tôt. Sa désertion de la faculté de médecine pour passer dans la société royale est une tache à sa mémoire. C'est à un souper chez lui qu'un M. le Long, maîtres des comptes, se mêlant de médecine & d'accouchement, avoit dit qu'il voudroit connoître l'auteur des pasquinades contre la société ; qu'il prétexteroit une maladie, le feroit appeller, se tiendroit caché, & lui donneroit des coups de bâton. Ce propos n'a fait qu'encourager le plaisant à tourner en ridi-

cule monsieur le Long, qui y prête beaucoup, & par sa figure, & par sa qualité, & par son esprit.

31 *Janvier*. Les comédiens françois ont donné hier la premiere représentation des *Noces housardes*. On juge aisément au jour & au titre que c'est une farce de carnaval.

1 *Février* 1780. Les *Noces housardes* sont si mauvaises qu'on n'a osé les hasarder une seconde fois; c'est du galimatias double, que le spectateur & le poëte n'entendent pas davantage, & d'autant plus insuportable que cela dure pendant quatre actes. Il faut que l'auteur, M. d'Orvigny, retourne aux boulevarts avec ses pieces: c'est le seul champ de bataille qui lui convienne.

On est fâché, au contraire, de voir M. Caperonnier le fils, se produire en pareil lieu: son coup d'essai, intitulé *le Naufrage de l'Amour*, petite piece remplie de gentillesse & de délicatesse, seroit digne d'un meilleur théatre que celui des *Eleves de l'opéra*.

2 *Février*. Le gouvernement attentif & éclairé sur les besoins de l'état, a accueilli & encouragé la préparation du charbon de terre, comme un moyen d'arrêter la dégradation sensible des forêts du royaume, occasionnée par les coupes forcées qu'exige l'excessive consommation de bois dans les feux domestiques & des arts.

Le sieur Ling a imaginé un nouveau combustible, qui est un charbon épuré, pouvant suppléer à tous les autres, avec de très-grands avantages: suivant l'auteur du secret, les consommateurs ne seroient point incommodés par la fumée, ni exposés aux incendies & aux accidents de l'asphixie, parce que ce charbon épuré a singuliérement la propriété de ne point causer de fumée, par conséquent de ne pas produire de suie, de ne jamais éclater ni pétiller, comme le bois, en brûlant, de s'éteindre lorsqu'il est isolé de n'exhaler aucune vapeur délétaire, enfin de ne répandre aucune mauvaise odeur.

Du reste, il est calculé que ce combustible doit revenir aux trois quarts moins que le charbon ordinaire.

On en fera des essais en différents lieux, pour mettre le public à portée d'en juger, entre autres à l'hôtel-de-ville.

3 *Février*. Ces jours derniers on a donné sur le théâtre *des variétés* la premiere représentation du *Gage Touché*. Dès le commencement, le public a montré des dispositions peu favorables, les murmures & les huées ont suivi, enfin on en est venu à demander l'auteur par dérision. L'auteur, qui étoit dans la coulisse, prend son parti sur le champ, s'élance sur la scene : « Messieurs, dit-il aux spectateurs, vous demandez l'auteur ; le voilà. J'ai eu le bonheur de vous amuser par des *proverbes*. Mettez que ceci en soit un autre : <u>Qui compte sans son hôte, compte deux fois</u>. » Il a tiré sa révérence : le public a applaudi l'auteur ; & la piece a eu grand succès.

4 *Février*. Toutes les femmes de la cour & celles de militaires applaudissent au projet du chevalier d'Elbée, en ce qu'indépendamment de la décoration dont elles seroient susceptibles, il se formeroit une caisse à leur profit, où les

plus pauvres d'entre elles pourroient puiser sans honte. Cet ordre de chevalerie qu'il est question d'établir en leur faveur, tiendroit lieu de cordon bleu aux dames de qualité, & de croix de St. Louis aux femmes de chevaliers de St. Louis; pour assurer des revenus à cet ordre, on imposeroit une petite taxe sur le rouge & même sur le blanc dont le sexe fait quelquefois usage, & l'auteur calcule qu'en supposant un excédent de dépense sur ces matieres de cinq livres par femme, il en résulteroit un million de bénéfice.

Outre cet avantage pécuniaire & de décharge pour l'état, le chevalier d'Elbée en trouve un autre, dont les heureux effets ne peuvent se déterminer ; comme celui de faire faire de meilleurs mariages aux officiers par la vanité des filles riches, qui aspireroient à cette distinction flatteuse, comme d'empêcher les militaires de quitter avant d'avoir la croix, excités par leurs femmes, qui ne voudroient pas y renoncer pour leur compte.

Pour augmenter les revenus de l'ordre, l'auteur propose d'établir la ferme du rouge & du blanc à leur profit, ainsi que celle des croix & des rubans. Cette idée, dont on s'occupe à la cour, cause une grande fermentation dans la capitale, où d'autres femmes seroient très-fâchées que le projet eût lieu.

5 *Février.* Ce n'est point à l'auteur qu'il faut s'en prendre, si les François ont donné sur leur théâtre *les Noces housardes* : c'est aux comédiens eux-mêmes qui, suivant leur privilege de passer toutes les nouveautés dramatiques des boulevarts en revue, ont jugé celle-ci susceptible d'être jouée chez eux, & ont vaincu la

modestie du poëte, auquel ils ont valu le désagrément d'être sifflé. Ils ne veulent pas en démordre, ils continuent à la jouer, & ce sont les meilleurs acteurs qui y figurent.

6 Février. M. Necker favorise beaucoup le charbon épuré qu'on a annoncé, parce qu'il sent l'utilité dont il peut être. En conséquence il y aura peu de droits sur cette matiere.

Par les épreuves, on trouve qu'il chauffe plus qu'aucun autre combustible. Il est beau, ardent, durable, il suffit de le ranimer deux fois par jour, ou trois au plus fort de l'hiver. Mais pour qu'il puisse produire tous ses effets, il faut qu'il soit employé dans des foyers d'une construction particuliere, & qu'il lui soit propre. Au reste, le prix de la construction de ces nouvelles cheminées n'excede pas 36 livres : elles peuvent s'adapter aux autres, même être placées dans des chambres ou cabinets, où il n'y en a pas.

Les expériences doivent se multiplier dans des maisons, où les magistrats, les curés de Paris & autres personnes sont invitées de se rendre. On en doit faire aussi en présence des administrateurs d'hôpitaux, principaux de college, maîtres & gardes de tous les corps & communautés de Paris, n'y ayant pas un seul feu d'artiste & d'artisan, où le charbon épuré ne procure une économie considérable.

7 Février. Un grand procès occupe la noblesse de France. Le Marquis de Crequy, chef du nom & des armes de Crequy, conteste cet illustre nom au comte de Crequy, & veut qu'il ne soit que M. *le Jeune de la Farjonniere*. Il a répandu en profusion un mémoire, où il établit deux propositions. La première, que MM. le Jeune, très-bons & très-anciens gentilshommes, ne prouvent pas leur descendance de la maison en question : la seconde, qu'il leur prouve qu'ils n'en descendent pas.

Suit une consultation du 9 janvier, très-favorable & péremptoire.

Le comte de Créquy a répondu à ce mémoire, mais on trouve sa défense foible : cette affaire ne tardera pas à se juger.

8 Février. Il paroît à la lecture du programme de *Médée & Jason*, ballet remis a l'opéra le dimanche 30 janvier, que M. Noverre le regardant comme son ouvrage le plus sublime, a été jaloux de le remettre lui-même ; voici ce qu'il dit : « De tous les maîtres de ballet » qui ont copié *Médée*, M. Vestris est, sans » contredit, celui qui en a saisi le plus par» faitement les grands traits, & qui en a dessiné » les caractères avec plus de goût & d'intelligence. » Il suit de ce compliment, ce que le public ignoroit, que le ballet de *Médée & Jason*, composé dans le principe pour la cour de Wurtemberg, n'a pas été donné à Paris de l'aveu & d'après les idées de l'auteur. Quoiqu'il en soit, on a observé que les principaux tableaux de la pantomime dont il s'agit, avoient été fidellement copiés par le chorégraphe imitateur, & que les changements de l'original ne tombent que sur les accessoires, sur les fêtes de la cour de *Créon*, sur le rôle de celui-ci, qui aujourd'hui du moins n'est point étranger à l'action. Du reste, on reviendra sur ce superbe ballet, exécuté actuellement avec toute la magnificence qu'exigeoit un sujet aussi noble & aussi intéressant.

9 *Février*. Extrait d'une lettre d'Amsterdam, du 3 février.... *Les lettres Hollandoises* dont parle M. Linguet, sont défendues ici. On dit que le manuscrit s'en compose à l'hôtel de l'ambassadeur de France, & qu'on l'imprime à Louvain. Elles contiennent beaucoup de critiques contre le prince Stadhouder, & quelquefois les résolutions secretes qui se prennent dans les assemblées des Etats-Généraux. C'est une brochure qui paroît chaque semaine ; elle se soutient par les deux factions qui agitent aujourd'hui notre république : celle que fomente M. de la Vauguyon, & qui propage l'écrit en question, & l'autre qui le combat. Avec tout cela, ce journal ne vaut pas la peine quelquefois d'être lu, & vous pouvez juger du vuide où il se trouve souvent, puisqu'il est obligé de s'occuper du dithyrambe de M. de la Harpe.

9 *Février*. On sait que M. le comte de Crequy a épousé mademoiselle de Souzi, fille de la sous-gouvernante des enfants de France ; qu'en conséquence il est fort protégé par la reine. S. M. a trouvé très-mauvais que la marquise de Grequy, femme de celui qui a intenté le procès, s'en mêlât & se répandît en mauvais propos sur le compte de sa rivale. Elle en a été réprimandée, lorsqu'elle est venue faire sa cour à la souveraine, & a reçu ordre d'être plus circonspecte.

10 *Février*. La dénonciation du livre de M. de Buffon, intitulé : *Histoire naturelle, générale & particuliere, contenant les époques de la Nature,*

avoit été faite en Sorbonne par un docteur, auquel la faculté en théologie n'a pas grande confiance; cependant le syndic Riballier n'avoit pu se dispenser de la recevoir & de nommer des commissaires pour l'examiner. Ils étoient d'avance, ainsi que tous les théologiens, bien convaincus des erreurs répandues dans l'ouvrage : mais, vu la vieillesse de l'auteur, vu la considération dont il jouit, vu la protection de la cour, vu l'espece d'hommage qu'il a rendu au dogme par des tournures dont ils ne sont point dupes, ils ont cru devoir fermer les yeux sur ce nouvel attentat contre la foi, & regarder le système du philosophe comme un radotage de sa vieillesse ; en conséquence, sans aucune approbation du livre, il ne sera donné aucune suite à la censure.

10 *Février.* Il y a dans Paris une madame Rooth, jeune & jolie, veuve d'un Irlandois de ce nom, autrefois attaché au service de la compagnie des Indes, qui est mort il y a quelques années, durant un voyage qu'il y avoit entrepris depuis la suspension du privilege. La suite de ses spéculations a été de déranger beaucoup ses affaires, & en mourant de laisser sa femme peu à l'aise, & chargée de plusieurs enfants. Le bruit général de cette capitale est, que le maréchal duc de Richelieu en est devenu si amoureux qu'elle l'a déterminé à l'épouser ; & comme l'âge de ce vieillard ne lui permet pas d'attendre, on veut que cet hymen doive avoir lieu incessamment, quoique dans le carême.

11 *Février.* Les partisans de Mlle. Sainval aînée, suivent tous ses mouvements, & se

perdent aucune occasion de nous en entretenir. On écrit de Montpellier, que durant son séjour dans cette ville, elle y a produit le même enthousiasme qu'à Bordeaux : si l'on en croit même ces relations, elle a découvert un nouveau talent qu'on ne lui connoissoit pas, & auquel sa figure, son organe & son âge répugnent également, c'est qu'elle brille non-seulement dans les rôles de reine, mais dans ceux d'amoureuse. Enfin que la tendresse est plus son genre que la fureur. On lui a prodigué aussi des couronnes dans *Ariane*, *Amenaïde*, &c. Elle est partie de cette capitale du Languedoc, le 3 janvier, aussi contente des habitans qu'ils l'ont été d'elle, & elle va parcourir Avignon, Aix, Marseille, &c.

Quoiqu'il en soit, les adversaires de cette actrice dans la troupe comique de Paris, ne conviennent point de tout cela ; ils ne conviennent pas même qu'elle laisse aucun vuide parmi eux; & si le public déserte leur théâtre, ils disent que c'est le mauvais goût du jour, qui a fait la bonne compagnie s'engouer de Jeannot, & les réduit *aux ouvriers endimanchés*. C'est ce Jeannot qui est leur fléau & qui les désole.

Au reste, la fermentation qu'occasionne madamoiselle Sainval, subsistant depuis près d'un an d'absence, dans ce pays, où tout s'oublie si aisément, doit lui faire beaucoup d'honneur, & l'on n'a pas été aussi long-temps à perdre de vue l'auguste Clairon.

11 *Février*. Rien de plus certain que le mariage du maréchal de Richelieu, dont la famille de la future ne disconvient pas. Le problème est de savoir s'il est fait ou non. Beaucoup de

gens assurent que oui, les Rooth prétendent que les articles ont été seulement signés le mercredi des cendres. Quoiqu'il en soit, ils disent que les assiduités du maréchal duroient depuis quatre ans, & que les choses parvenues à un certain point de maturité, il faut qu'elles aient une conclusion. Ce propos sembleroit indiquer qu'il y a de la grossesse sur le tapis; outre cet acte vigoureux de la part d'un vieillard de 84 ans, peu croyable, il est encore à présumer qu'il ne s'est déterminé à épouser cette veuve que parce qu'elle l'a tenu toujours éloigné d'elle & irrité ses désirs sans les satisfaire. On veut, du reste, que le mariage ne soit pas si disproportionnée pour la naissance. Madame de Rooth se nomme Mlle. Lavaux; elle est fille de condition de Lorraine, parente des Choiseuls, & étoit chanoinesse de Remiremont avant son premier mariage. Quant au surplus c'est différent; elle n'a guere que 35 ans, cinq enfants, & environ 10,000 livres de rentes. On prétend que le maréchal lui reconnoît 150,000 livres de dot; lui assure 25,000 livres de rentes, & qu'elle aura la pension de 12,000 livres du roi; traitement que S. M. fait aux douairieres de maréchaux de France.

Le président de Gasq est expulsé de l'hôtel, & le maréchal a pris congé de madame Rousse, sa maîtresse.

12 *Février*. Depuis qu'on n'a parlé du procès du comte Desgrée contre la maréchal duc de Duras, il a éprouvé divers incidents, & il a paru plusieurs mémoires & consultations, qui ont été suivis d'un arrêt.

On voit d'abord une replique du premier à

la réponse du second, dont voici le précis en une phrase.

« Une gratification honorable se prouve par le reçu ou l'aveu de celui qui n'a pas à en rougir. Un don fondé sur un motif mal-honnête est un crime, & l'imputation, si elle n'est pas justifiée, est une calomnie. Or la gratification de 1500 livres n'étoit pas honorable, puisque le comte Desgrée n'en a pas donné de reçu, & l'a désavouée. Le maréchal de Duras a dit avoir donné cette gratification pour faire passer une délibération, c'est-à-dire, que le comte Desgrée lui a vendu son suffrage; ce qui seroit un crime de la part de celui-ci. Enfin le maréchal n'a pas prouvé son imputation ; donc c'est un calomniateur ; donc le calomnié a droit de le poursuivre en justice , & de demander, ou qu'il justifie ce qu'il avance, ou qu'il porte la peine de son crime. »

Ce mémoire, de M. Gohier, est lumineux & plein d'une logique irrésistible.

Suit une consultation en date du 25 novembre, où les jurisconsultes soussignés estiment sur la requête du 16 novembre 1779, par laquelle le maréchal demande incidemment la suppression du premier mémoire de son adversaire calomnieux, que l'action du maréchal n'est ni recevable ni fondée.

Dans une autre consultation co-relative à une nouvelle tournure du maréchal, qui demandoit à être reçu opposant à la permission d'informer, accordée au comte Desgrée, & à la reception de la plainte dirigée contre lui, on décide qu'une pareille opposition à l'arrêt du 23 août 1779, est non-seulement fort extraordinaire,

traordinaire, mais même absolument inouïe. Cette consultation est datée du 26 janvier dernier.

Enfin on a imprimé le plaidoyer même de Me. Gohier pour le comte Desgrée.

Le 18 janvier, M. l'avocat-général Loz de Beaucour, conclut d'une façon très-favorable à M. Desgrée; & il intervint arrêt, par lequel le parlement, sans supprimer le mémoire comme le demandoit le maréchal, ayant égard à la cassation du conseil, a *rapporté*, c'est-à-dire, retiré son arrêt, & remis les choses dans l'état où elles étoient avant.

On mande de Rennes que *les conclusions* ont été applaudies à diverses reprises par des battements de mains; qu'il n'en a pas été ainsi de l'arrêt. On ajoute que le premier président, qui s'étoit reculé suivant le vœu de M. Desgrée, craignant les pasquinades, avoit fait défenses ce jour-là aux comédiens de jouer *les battus paient l'amende*, mais que le lendemain le parterre avoit demandé *la précaution inutile*.

13 *Février*. Monsieur le maréchal duc de Duras, trompé par ses gens d'affaires, ou voulant se tromper lui-même, quoiqu'il ait succombé dans ses deux demandes, & de faire supprimer le mémoire du comte Desgrée, comme illégal, injurieux, calomnieux, & de faire déclarer cet accusateur non-recevable dans sa plainte, a écrit une lettre circulaire aux maréchaux de France, ses confreres, pour leur faire part de son triomphe.

Du reste, il continue à interposer toute son autorité & celle de ses amis, pour empêcher que les nouveaux mémoires de son adversaire

Tome XV.   C

ne percent dans le public. L'inquisition est si forte, qu'ils ne passent ni aux barrieres ni à la poste ; ils ne transpirent que par des amis, qui veulent bien s'en charger, & les mettre dans leurs poches.

13 *Février*. M. de Maizeroi, lieutenant - colonel d'infanterie, chevalier de Saint Louis & membre de l'académie des belles - lettres, vient de mourir. C'étoit un de ces savants obscurs, qui vivent & disparoissent sans qu'on s'en apperçoivent.

Un monsieur de Saint - Aubin vient de mourir aussi : c'étoit le plus fécond dessinateur qu'on ait peut - être jamais vu. On ne le rencontroit que le crayon à la main.

14 *Février*. Le plaidoyer pour le comte Desgrée, intitulé *Réplique*, est sanglant contre le maréchal de Duras. On y détruit d'abord ses premieres conclusions, tendantes à faire supprimer le mémoire du premier comme illégal, injurieux & calomnieux. On y détruit ensuite son opposition à l'arrêt du 23 août, qui permet au comte Desgrée d'informer des faits de sa plainte, & l'on prouve que cette plainte, que le maréchal voudroit qu'on rejetât comme n'y ayant pas lieu, est une des mieux fondées qu'on puisse porter.

Outre la vigueur du raisonnement, l'orateur y atterre son adversaire d'une éloquence foudroyante. Il s'y éleve avec la noble audace qui sied si bien en pareil cas contre tout l'appareil imposant de titres pompeux, de dignités éminentes, de services prétendus, rendus pendant quarante ans, dont paroît escorté le maréchal, & dont il s'entoure. On y remarque un persifflage ingénieux, si bien amené qu'il ne dépare point ce plaidoyer vigoureux.

« Qu'importent les titres accumulés de M. le
» maréchal, s'écrie l'avocat ? Est-ce par mo-
» destie qu'on a omis celui d'un des quarante
» de l'académie françoise, ou a-t-on cru
» inutile de le rappeller, puisqu'on ne pouvoit
» le méconnoître à la magie de son style &
» sur-tout à la pureté de ses expressions ? Le
» comte Desgrée rend hommage à ses talents »...
On sentira tout le sel de ce sarcasme, si l'on se rappelle ce qu'on a dit dans le temps du pitoyable, inintelligible, ennuyeux & barbare mémoire de cet académicien.

Quant au sieur Mesnard de Conichard, le défenseur du comte ne daigne pas refuter directement son écrit apologétique, il en fait seulement mention dans une note, où il le houspille d'importance.

14 *Février*. Extrait d'une lettre de Ferney, le 6 février 1780... On n'a pas fait un récit exact de la *chambre du cœur*. (C'est ainsi qu'on appelle celle de ce château, où a été élevé le monument dont on a parlé.) On auroit d'abord dû rendre hommage au talent de l'artiste qui l'a exécuté, qu'on n'a pas même nommé. C'est monsieur Racle, qui a, pour ainsi dire créé le marbre dont il a revêtu cet ingénieux & savant ouvrage. Il est le résultat de ses longs & dispendieux travaux : c'est lui qui a bâti Ferney & le port de Versoy. Voltaire connoissoit bien les talents d'un si habile homme ; il avoit baptisé *argile marbre* la composition dont se sert monsieur Racle. Il en revêt actuellement une campagne auprès de Ferney, qui sera

digne de la curiosité des étrangers, par son éclat, sa solidité & le peu de frais qu'entraîne ce nouveau genre de luxe.

Quant à la chambre du cœur, on l'a ornée non-seulement des portraits trouvés dans le château, mais de ceux des divers personnages les plus illustres qu'a célébrés Voltaire. Ils sont tous classés dans l'ordre qui leur convient: *Benoît XIV*, *Ganganelli*, *Quirini*, *Fenelon* sont d'un côté; les dames *de Sevigné*, *de Lambert*, *Tencin*, *Geoffrin*, *de Boufflers*, *du Deffand*, *de Genlis*, en face de ces prélats; d'autre part, est le canton des beaux-esprits; les *Saint-Lambert*, *Chatellux*, *Thomas*, *Tressan*, *Marmontel*, *Raynal*, *de Lille*. On lit au bas du portrait de celui-ci: *Nulli flebilior quàm tibi, Virgili*. Les amis sont les plus voisins du cœur: c'est au milieu de cette auguste assemblée qu'est placée l'inscription qui déplaît à l'envieux Linguet.

14 *Février*. Enfin jeudi dernier 10 de ce mois l'académie françoise, dans son assemblée particuliere, a décerné le legs annuel dont le comte de Valbelle a laissé la disposition à cette compagnie, à monsieur Court de Gebelin, le savant auteur du *Monde Primitif*. Il y en a neuf mois d'échus au premier janvier dernier.

14 *Février*. M. de Choiseul Gouffier, auteur du *Voyage pittoresque de la Grece*, vient d'être nommé membre de l'académie des inscriptions & belles-lettres; quoique son nom le mît dans le cas de postuler une place d'honoraire, il a cru plus honorable pour lui d'avoir une de celles qui sont censées ne se donner qu'au mérite.

14 Février. On parle beaucoup d'une statue de Voltaire, qu'on voit au Louvre, où ce grand homme est représenté dans le costume antique ; elle est groupée avec un autre de grandeur naturelle, d'une nymphe qui le couronne. Ces deux morceaux destinés au marquis de Villette, sont l'ouvrage d'un artiste sourd & muet de naissance : ce qui en rend le mérite plus recommandable aux yeux des connoisseurs.

15 Février. L'ouverture des plaidoyers dans le procès du comte de Lally, qui devoit avoir lieu le 15 janvier, a été différée encore ; les deux rivaux se sont trouvés enrhumés. C'est renvoyé au commencement de ce carême ; & monsieur d'Epremesnil, qui étoit revenu, est reparti de nouveau pour entrer en scene. On écrit de Rouen que l'affluence attirée pour ce singulier spectacle est considérable.

16 Février. Des mémoires du comte Desgrée contre le maréchal duc de Duras, & de tous les éclaircissements auxquels cette discussion a donné lieu, il résulte la connoissance d'un abus d'administration, que corrigera sans doute le grand réformateur. Il paroît constant que ces fonds du Port-Louis, sur lesquels les 1500 livres reprochées au gentilhomme Breton devoient être prélevées, étoient en effet prodiguées en gratifications arbitraires, au gré du commandant de la province ; que souvent même, pour masquer les véritables gratifiés, on désignoit des personnages qui n'en savoient rien. Car le comte Desgrée ne nie plus qu'il ne soit employé sur ces états, mais il nie avoir rien touché de cette somme, il nie en avoir eu connoissance & il défie le maréchal de lui prouver, soit qu'il ait reçu l'argent, soit qu'il ait été aucunement participant de l'attribution qu'on lui en a faite sur cet état.

16 *Février*. Le mariage du maréchal duc de Richelieu a eu enfin lieu hier dans sa chapelle: M. l'archevêque de Paris, qui s'intéressoit vivement à la conclusion, dans l'espoir que ce vieux libertin feroit une fin honnête, devoit donner la bénédiction aux conjoints à l'archevêché, si sa santé le lui eût permis. Il y a eu illumination & feu d'artifice à l'hôtel de Richelieu.

Le maréchal a désiré purifier son hôtel avant d'y recevoir madame de Rooth; il en a chassé tous les roués, tous les entremetteurs, toutes les coquines dont il étoit infecté. Madame de Rousse a pleuré; il lui a répondu qu'il étoit accoutumé à ce manege, & lui a dit impitoyablement adieu. Elle se retire aux Capucines, où elle a loué l'appartement que la marquise de Pompadour s'y étoit fait bâtir.

On varie sur la maniere dont le duc de Fronsac a pris cet événement. Il paroît cependant qu'il n'en est pas content. On dit que son pere est allé lui-même lui en faire part, en lui ajoutant: « Je suis plus honnête que vous; vous ne m'avez » pas annoncé votre mariage: je vous préviens » du mien; je vous préviens aussi que, mal- » gré mes quatre-vingts-quatre ans, je compte » avoir un enfant & qu'il sera meilleur sujet » que vous. »

On excuse la folie de ce seigneur sur ce qui lui est arrivé dans le dernier accident qu'il a éprouvé; on prétend qu'on a eu très-peu de soin de lui, & qu'il en a été indigné.

Du reste, on raconte la maniere dont il a fait connoissance de madame de Rooth, il y a quelques années: il alloit à Versailles; son carosse casse, il se trouve fort embarrassé; cette dame qui ne le connoissoit pas, survient dans sa voiture; elle voit un cordon bleu, elle lui fait ses offres de services; il les accepte & de là leur liaison.

17 *Février.* Les directeurs du spectacle des *Variétés amusantes*, par une résistance mal entendue, refusant de donner à Jeannot ce qu'il exige, l'ont déterminé à les quitter absolument, à tenter du moins son début à la comédie Italienne sous son nom de *Volange*: il a choisi pour premiere piece *les trois freres jumeaux Vénitiens*. On connoît déjà le mérite de cet ouvrage, & afin de le mettre plus à la portée de tout le monde, il est aujourd'hui dialogué en françois d'un bout à l'autre. Il paroît que les comédiens italiens, de leur côté, sentant combien ce renfort pourroit leur être utile, ont mis plus d'égard & de liant dans leur second accueil à ce nouveau confrere. Le jour du début étoit indiqué à demain vendredi, mais on le croit reculé.

18 *Février.* Extrait d'une lettre d'Avignon, du 10 février.... Les trophées en l'honneur de mademoiselle Sainval l'aînée, s'accumulent dans tous les endroits où elle passe, & son exil la couvre d'une gloire dont elle n'auroit jamais joui à Paris. Après une représentation de *Médée* sur notre théâtre, une colombe est venue lui apporter une couronne, à laquelle étoient attachés les vers suivants:

Illustre ornement de la scene,
Toi ! dont l'ame porte en nos sens
Tous les sublimes mouvemens,
Dont s'énorgueillit Melpomene ;
Sainval, reçois le juste encens
Que nous devons à ton génie ;
Et revois ici ta patrie,
Puisqu'on y chérit les talens.

19 *Février*. Les bouts rimés sont sans doute, un jeu puéril, dont ne s'occupent pas les bons littérateurs ; cependant il en est quelquefois d'assez heureux pour mériter une exception : tels sont ceux-ci, impromptu de table par M. Feutry, membre de la société philosophique de Philadelphie.

On découvre souvent dans les antiques . . fables,
   De consolantes . . . . . vérités,
   Même au présent siecle . applicables.
   Rappellons-nous d'Augias les . étables :
D'abord les environs en furent . . . . infectés ;
Ces mortelles vapeurs empoisonnoient . . l'Elide.
Arrive un demi-dieu, c'étoit le preux . Alcide :
   Du fleuve Alphée il détourne le . . cours,
   L'onde emporte les . immondices ;
   Par ces travaux pénibles & . propices,
   D'un peuple entier il conserve . les jours.
Tels on voit chez un autre, à ce qu'on dit . volage,
   Du Necker (1) les flots . introduits
Enlever les abus par le vice . . . . . produits.
   Hé bien ! l'Alphée en fit-il d' . avantage !

On voit que cette allégorie est aussi ingénieuse que vraie.

―――――――――

(1) Riviere d'Allemagne, qui se jette dans le Rhin, &c.

10 *Février*. Jusqu'à présent monsieur le comte d'Estaing, malgré l'ardeur de la nation à le prôner & à le regarder comme son héros, s'étoit tenu dans la retraite : voyant que le ministere s'occupoit peu de lui, il a essayé de le forcer en quelque sorte à l'employer par le cri public. En conséquence vendredi dernier il s'est montré à l'opéra, où il s'étoit mis dans la loge du duc de Chartres. Un bruit de guerre s'est aussi-tôt fait entendre dans l'orchestre ; un brouhaha non moins considérable de la part du parterre & des loges : mais les applaudissements ont redoublé au troisieme acte du ballet de *Médée*, où le sieur d'Auberval est venu lui présenter une couronne de laurier. On présume que tout cela s'est arrangé dans les conciliabules tenus entre le duc de Chartres, M. le comte d'Estaing, M. de Bougainville & les autres mécontents.

20 *Février*. On parle d'un duel arrivé entre le duc de Fronsac, & M. le comte de Coigny, à l'occasion d'une querelle élevée entr'eux vendredi à un bal du prince de Guemené. On dit que le sujet étoit peu de chose ; on présume que ce sera quelque mauvaise plaisanterie relative au mariage du maréchal de Richelieu. Quoi qu'il en soit, les suites n'en sont pas plus considérables, & il n'en a résulté que deux légers coups d'épée, qu'a reçus le comte de Coigny.

21 *Février*. Le fameux procès entre M. de Briqueville de la Luzerne & M. de la Maugerie, pour un cheval de 150 l., qui dure depuis le 18 février 1764, & qui, après une instruction énorme, une foule de jugements contradictoires, & remis

encore en jugement, doit être décidé de nouveau par les requêtes de l'hôtel au souverain, les quartiers assemblés. M. de la Maugerie est déjà venu se constituer prisonnier à la conciergerie, & M. de la Luzerne qui n'avoit pas paru depuis six ans, s'est enfin remontré & en a fait autant, ainsi que Noël son domestique, agent si essentiel dans l'affaire. Il a été séparé de son maître & envoyé au Fort-l'Evêque.

21 Février. Dans l'assemblée publique de la société royale de médecine, tenue le mardi 15 de ce mois, il a été question de plusieurs choses intéressantes.

Un militaire distingué désirant exciter l'émulation des médecins & des chirurgiens sur tout ce qui a rapport à la conservation des soldats, est dans l'intention de proposer, sous la forme de programmes, une suite de questions relatives à cet objet important, de sorte que de la collection des mémoires qui auront été couronnés, il puisse résulter un ouvrage utile à la santé des gens de guerre.

La société entrant dans des vues si louables, a commencé à proposer pour cette année d'indiquer *Quelles sont les maladies qui regnent le plus communément parmi les troupes pendant la saison de l'automne? quels sont les moyens de les prévenir, & quelle est la méthode la plus simple, la plus facile & la moins dispendieuse de les traiter?*

M. Vicq d'Azyr a lu l'éloge de M. Barbeu du Bourg, qui a paru très-bien faits à l'occasion de la correspondance physique qu'il y avoit entre ce médecin & le docteur Franklin, il n'a pas manqué d'amener l'éloge de celui-ci présent, qui a reçu les applaudissements ordinaires.

M. Jeauroi a lu un précis historiques de l'épidémie qui a regné à Dinan parmi les prisonniers anglois; maladie qui a fait périr un médecin, plusieurs chirurgiens employés à son traitement & dont ce docteur a lui-même été très-gravement attaqué. Il a résulté de ce calcul que la proportion des morts sur la totalité étoit d'un sixieme. On auroit désiré apprendre les détails plus intéressants encore concernant l'épidémie de Brest; mais les apôtres de la société en ce port n'étant pas de retour, il n'en a pu être question.

Le fameux Tissot, qui est à Paris depuis quelque-temps assistoit à cette séance.

11 *Février*. Enfin après beaucoup de délais & de répétitions, on donne demain à l'opéra l'*Atys*, refondu par M. Marmontel en trois actes & remis en musique par le sieur Piccini: on en dit beaucoup de bien.

22 *Février*. Le début du sieur Volange à la comédie italienne, a eu lieu aujourd'hui & certes ce sera l'époque la plus singuliere des annales dramatiques. On a vu sans doute des acteurs prônés exciter l'enthousiasme national, & attirer la cour & la ville; mais celui-ci traînoit encore à sa suite toute la canaille des boulevarts & de la foire. Ces bandits furieux de se voir enlever leur idole, sembloient vouloir r'avoir leur Jeannot, & le ramener aux traiteaux. Ils obsédoient les portes & les guichets; ils remplissoient la rue. La garde trop-peu nombreuse, commise à la distribution des billets, s'est vue forcée, & ç'a été un désordre

dont il n'y a pas d'exemple. Pour empêcher que cette populace effrenée ne fût foulée aux pieds des chevaux, moins brutes qu'elle, les prieres, les bourrades & les roues ne pouvant l'écarter, il a fallu que des escouades du guet, placées aux deux bouts de la rue, arrêtassent les voitures, priassent ceux qui étoient dedans de descendre, pour fendre comme ils pourroient les flots tumultueux.

Au milieu de ce concours il s'en est peu fallu que le spectacle n'eût pas lieu, par un événement qui auroit plus réjoui les malins que la présence du héros forain. Il avoit choisi pour son premier début *les trois freres jumeaux Vénitiens*, piece italienne de feu Colalto, le pantalon, qui ne l'avoit d'abord composée qu'en cannevas, suivant l'usage de ce théatre: le succès prodigieux dont elle fut accueillie, l'avoit déterminé à la travailler davantage & à l'écrire toute entiere en françois. C'est celleci qui devoit se jouer, & qu'avoit étudiée le sieur Volange. L'auteur étant mort, messieurs Cailhava & d'Hele, les deux coryphées de ce théatre, l'avoient dirigé dans ses études & même, pour le mettre plus à son aise, dans son jeu; avoient jugé à propos d'altérer le texte & d'y introduire de nouvelles caricatures. Le sieur Gaillard, ci-devant acteur de ce spectacle & aujourd'hui directeur de la troupe de Lyon, gendre de Colalto & son héritier, mécontent qu'on eût changé, mutilé, retourné ainsi l'ouvrage de son beau-pere, sans sa participation, & ses camarades n'ayant pas tenu grand compte de sa réclamation, est allé consulter des gens d'affaires, qui ont trouvé sujet d'un bon procès de Dieu ; & pour donner plus de force & d'authenticité à l'opposition du sieur Gaillard, ont conseillé à celui-ci d'attendre le jour même du début pour la mettre. Il paroît que les comédiens ont eu peur, car les *trois freres jumeaux* ont été exécutés sous leur premiere forme, c'est-à-dire, avec la bigarrure Italienne ; ce qui a de beaucoup refroidi l'assemblée, & mis des entraves au sieur Volange, mal préparé à ce changement.

La foule étoit si considérable, que l'orchestre des musiciens a été rempli d'amateurs, ainsi que les coulisses du théâtre. Quand on a levé la toile, le parterre a vu avec peine cet arrangement, & reprenant ses antiques droits a fait un tel vacarme qu'on n'a pu commencer avant de le satisfaire ; il a fallu nettoyer le théâtre, ce qui a encore retardé le plaisir du public : il s'est trouvé des mutins obstinés à rester ; entre autres un grand homme noir, qui a fait la plus belle défense : on a su que c'étoit le bâtonnier des avocats, ce qui a beaucoup réjoui Me. Linguet ; car il est à Paris, & l'on assure qu'il étoit au parterre, & excitoit le tumulte contre son ancien confrere.

Cette représentation ne pouvoit être que très-bruyante de toute maniere ; il y avoit en outre plusieurs cabales, se croisant, se disputant & augmentant la rumeur : cabale des directeurs des *Variétés amusantes*, fâchés de se trouver abandonnés de Jeannot ; cabale des comédiens italiens, qui sacrifiant leur intérêt à leur amour-propre étoient furieux de voir un bateleur devenir leur camarade ; cabale des comédiens françois, désirant fort faire tomber le débutant pour qu'il ne remontât pas ce théâtre rival ; enfin les Jeannotistes, disposés à faire face à tout, & à étouffer par leur battements de mains tous les sifflets de l'envie.

Il faut avouer que le sieur Volange ne méritoit ni cette haine, ni ce zele acharnés. Si l'on fait abstraction de la haute réputation dont il étoit précédé, son début doit être regardé comme capable de donner de lui les plus belles espérances ; mais un grand nom est un pesant fardeau, & à le prendre de ce côté il ne l'a pas soutenu. Ses partisans même, engourdis pendant les trois premiers actes, ont paru laisser prévaloir ses ennemis : on a vu l'instant où le parterre, faisant une allusion humiliante à un passage de la piece, prononçoit cruellement sur son sort, en lui conseillant de retourner d'où il venoit : heureusement au dernier acte, sans qu'il y eût rien de merveilleux, de vigoureux battoirs ont donné l'impulsion, & des applaudissements incroyables ont décidé de son triomphe. On l'a demandé après la piece, & il a été obligé de venir recevoir les acclamations de l'assemblée.

On ne peut rien détailler sur son jeu mal assuré ; les deux qualités qu'il ait imperturbablement sont la vérité & le naturel : pas un passage faux, mais aucun de supérieur.

23 *Février.* M. l'abbé Coster est un ex-Jésuite, prédicateur travaillant dans la province de Bourgogne : l'ardeur de se signaler l'avoit fait venir à Paris, & il avoit été nommé par le feu grand-aumonier, peu connoisseur, pour prêcher devant le roi le carême de 1780. En conséquence il avoit eu la station des Quinze-Vingts, afin de se

préparer à fournir sa nouvelle carriere : avant le temps M. le cardinal de Rohan lui a insinué qu'il feroit bien de se désister de sa prétention ; qu'averti par le peu de sensation qu'il avoit produite aux Quinze-Vingts, il devoit craindre de mal réussir à la cour ; & que pour ménager son amour-propre on prendroit la tournure de le supposer incommodé. M. l'abbé Coster n'a point eu égard à ce sage conseil ; il a voulu jouir de son droit ; il est entré en chaire, & dès le commencement a balbutié, a resté court, au point que S. M. s'est levée & s'est en allée : elle a déclaré qu'elle ne reviendroit plus au sermon, si l'on ne lui donnoit un autre prédicateur. C'est le pere Elysée qui remplit aujourd'hui ce grand ministere.

24 *Février*. De la premiere représentation d'*Atys* il ne peut encore résulter un jugement définitif : on s'accorde à trouver les changements faits au poëme par le sieur Marmontel détestables ; on s'accorde sur la beauté de quelques morceaux de musique : mais l'effet général n'est pas décidé, soit en bien, soit en mal. Le premier acte a paru horriblement long.

25 *Février*. M. de Sauvigny se promettoit le plus grand succès de la reprise de sa tragédie d'*Hirza ou les Illinois*, au point d'avoir préféré de la voir jouer plutôt que sa nouvelle tragédie de *Gabrielle d'Estrée*, qui étoit sur le répertoire pour être mise la premiere à l'étude. Il a perdu ainsi son tour, & son *Hirza* n'a pu avoir que trois représentations : les changements qu'il avoit adaptées à la guerre présente, n'ont fait aucune sensation, pas même ces six vers adressés à un traître par un François.

Courons nous préfenter plus généreux, plus fiers
A ce héros François, dominateur des mers :
De la France indignée il venge les injures ;
Tu le verras couvert d'honorables bleffures.
Pour laver tes forfaits fous fes hardis drapeaux
De ton fang dans le fien vas confondre les flots.

M. le comte d'Eftaing lui a joué le mauvais tour de ne pas y affifter. On a pris le prétexte des *Noces houfardes* pour interrompre *Hirza* durant le carnaval, mais on ne l'a pas reprife depuis.

25 *Février*. Les comédiens italiens doivent donner demain *Cécile*. On dit beaucoup de bien de cette nouveauté, comédie en trois actes qui a été exécutée chez madame de Montefon avec un grand fuccès. La mufique eft du fieur Defaides.

26 *Février*. Le fieur Volange n'a pas attiré moins de monde à la feconde repréfentation des *trois freres jumeaux* : on n'a remarqué aucune amélioration dans fon jeu. Les trois freres font des perfonnages très-différenciés. L'un eft un jeune amoureux bien élevé, & rempli de cette aménité que donne le commerce du grand monde. L'autre un marin groffier, brutal, fauvage. Le dernier un niais. Le débutant n'a ni la nobleffe, ni le fentiment qu'exige le premier rôle ; mais cependant il n'y met rien de bas, & fa voix même a par fois des inflexions douces, tendres & paffionnées : il n'a pas forcé le fecond comme il devoit l'être ; & cependant l'on juge qu'il eft très-en état de le rendre, quand il l'aura parfaitement étudié & faifi : enfin le troifieme eft fon élement, & il y

excelle, quoique d'une façon moins amusante, si on le compare à son jeu des boulevarts, au gré de ceux qui l'ont vu sur les deux théâtres. Peu d'enthousiasme encore à cette seconde représentation, & toujours des applaudissements excessifs à la fin, où il a fallu le traîner de nouveau sur la scene & le montrer à l'assemblée. Les filles sur-tout, qui étoient en plus grand nombre hier que le premier jour, formoient une puissante cabale en sa faveur. Il doit jouer demain dimanche dans *les fausses confidences* & *le Tonnelier*. C'est-là que l'attendent les détracteurs.

27 *Février*. Il paroît que M. Necker, ne trouve pas de grandes facilités à exécuter son plan de réforme de la maison du roi. M. le prince de Condé, M. le prince de Lambesc, M. le duc de Coigny & autres, ont présenté des mémoires pour soutenir leurs droits respectifs. Madame la comtesse de Brionne a mis tous ses charmes en avant; mais a été, dit-on, très-mal reçue du roi. Quant au comte de Maurepas, sur ce qu'elle lui a représenté qu'il étoit bien indécent que des personnes de la maison impériale fussent soumises à rendre compte à certaines personnes qui n'étoient pas faites pour prétendre à cette subordination, on ajoute que ce vieux goguenard lui a répondu, que si ces personnes de la maison impériale n'étoient pas contentes du traitement que le roi leur faisoit, elles pouvoient retourner à leur souche.

28 *Février*. La premiere représentation de *Cécile*, donnée hier aux Italiens, a été fort applaudie, quoique tout le monde soit convenu

de l'excessive longueur de cet ouvrage, de son peu d'intérêt & du vice du sujet, qui ne comportant aucune gaieté, a obligé l'auteur de le surcharger d'accessoires qui étouffent le fond. Le poëme en prose est de M. Mabille, commissaire des guerres, & premier commis de l'Intendance. La musique du sieur Desaides, quoique ayant plusieurs contresens, a fait passer sur la médiocrité de la piece. Madame Trial y a reparu avec de grands applaudissements; mais malgré son goût & la légereté de son organe, on a remarqué avec peine qu'elle n'avoit plus de voix, & qu'on ne pouvoit l'entendre.

Le sujet est tiré du Roman de Mad. Riccoboni, intitulé *Lettres de Milady Juliette Catesby*, où il falloit le laisser, & où il est beaucoup mieux, graces au talent & à la plume facile de cette femme aimable.

28 *Février*. Extrait d'une lettre de Bordeaux, du 22 février.... Il y a ordre du roi de jouer à la superbe salle de la comédie qu'on construit ici, le 3 avril prochain. Il est assez plaisant de voir un ordre du roi pour pareille chose: quoiqu'il en soit, il paroît donné en faveur du maréchal duc de Richelieu, qui lorsqu'il commandoit ici, a bouleversé toute la ville & vexé tous les habitants pour cette belle imagination. Il est pressé de jouir, & veut, dit-on, venir à l'ouverture. Il a fait annoncer son mariage aux Jurats......

Un autre événement plus grave met le Parlement en combustion. Vous connoissez le célebre M. Dupaty, ci-devant avocat-général, & qui a acheté, il y a un an, une charge de président à mortier. On persiste à ne point vouloir le recevoir, & voici ce qui s'est passé à la séance du seize.

Les chambres s'assemblerent, pour entendre le rapport des provisions de M. Dupaty. Le nombre des messieurs étoit de quarante. Le Premier président & plusieurs autres n'entrerent pas ; de sorte que M. le président Lavie tenoit l'assemblée.

Ceux qui donnerent les premiers leur avis, furent pour l'exclusion ; & comme cela alloit vite, M. le président Lavie représenta que le refus sans motif, que l'on opposoit aux services honorables que M. Dupaty avoit pendant long-temps rendus à la cour, avoit lieu d'étonner, & il continua son éloge. Alors les présidents se leverent & dirent à M. Lavie, que dans la place dont il faisoit les fonctions, il devoit laisser parler chacun suivant sa conscience, recueillir les avis & non les gêner, &c.

Ils se suivirent les uns pour, les autres contre. Quand on en fut à M. Luc d'Arche, il dit que puisqu'il sembloit qu'on désirât les motifs du refus qu'il faisoit de M. Dupaty, dont l'éloquence mensongere n'avoit séduit qu'un instant la cour, il déclaroit que l'esprit de cabale & d'intrigue qu'il avoit montré, principalement contre le chef de la compagnie, & dont les preuves étoient consignées, suffisoit pour le faire rejeter, non seulement de la présidence où il vouloit atteindre, mais encore de toute société, & qu'il devoit rentrer dans l'état, &c. d'où il étoit sorti.

M. Dupaty eut 15 voix, & 25 furent contre. Ensuite on fit un arrêt de réglement, qui prescrit qu'à l'avenir personne ne sera reçu président sans prouver sa noblesse, ou qu'il ait au moins trois générations de magistrature.

29 *Février*. M. d'Epremesnil ayant commencé son plaidoyer au parlement de Rouen, a envoyé ici des ballots imprimés de cette premiere partie ; & vendredi dernier, jour où les chambres étoient assemblées, il en a fait distribuer des exemplaires à tous messieurs. Quelques curieux du palais en ont eus. Si l'on en croit la rumeur, cet ouvrage est vigoureux & a fait plaisir à ses confreres de Paris.

29 *Février*. Comme l'on avoit perdu de vue depuis long-temps l'intéressante & singuliere affaire entre M. de la Maugerie & M. de la Luzerne, voici l'état où elle est actuellement, & les différents jugements intervenus.

1°. Par la premiere sentence de la connétablie, du 13 mai 1766, qui n'étoit qu'une sentence interlocutoire, il est ordonné contre toutes les parties & toutes charges tenantes, que le sieur de la Luzerne & Noël garderont prison, & que le sieur de la Maugerie sera élargi.

2°. Par arrêt du parlement de Paris, du 12 août 1766, rendu sur l'appel de cette sentence, elle est confirmée à l'égard du sieur de la Luzerne & Noël ; elle est infirmée à l'égard du sieur de la Maugerie : il est sursis à faire droit tant sur l'accusation intentée contre le sieur de la Maugerie : que sur sa demande en dommages-intérêts jusques après l'expiration du plus amplement informé contre le sieur de la Luzerne & contre Noël ; & le sieur de la Maugerie, qui s'étoit remis en prison, est encore élargi.

3°. La sentence définitive de la connétablie, du 29 janvier 1768, qui déclare le Sr. de la Luzerne duement atteint & convaincu d'avoir, le 18 février 1764, en la ville de Saint-Lô, excédé de plusieurs coups d'épée le Sr. de la Maugerie ; pour réparation de quoi il est condamné en 160 livres, &c. Par la même sentence le Sr. de la Maugerie renvoyé de l'accusation, &c.

4°. Les choses semblent changer de face : Arrêt du parlement, du 13 juillet 1769, qui décharge de l'accusation le Sr. de la Luzerne & Noël, & qui ordonne à l'égard du Sr. de la Maugerie un plus amplement informé d'un an, gardant prison.

5°. Au bout de l'année, le 4 août 1770, le parlement prononce encore un plus amplement informé indéfini ; & par un *retentum* le Sr. de la Maugerie est condamné à une prison perpétuelle.

Il est à observer que même dans ce dernier jugement, les magistrats semblent n'avoir trouvé que des moyens de sauver le Sr. de la Luzerne, aucun de condamner le Sr. de la Maugerie ; qu'enfin tous ces jugements sont cassés & que le seul subsistant est la sentence définitive de la connétablie, qui le décharge de toute accusation.

Il est à observer que le maréchal de Biron, depuis la sentence de la connétablie, croit avoir trouvé la cause de M. de la Maugerie si bonne, qu'il est depuis ce temps son plus zélé protecteur.

Enfin il est à observer que depuis six ans, que l'instruction du procès est renvoyée définitivement aux requêtes de l'hôtel, le sieur de la Maugerie n'a cessé de solliciter, d'importuner ses juges pour obtenir un jugement, offrant de se remettre en prison ; qu'il s'y est même rendu, il y a deux ans, dans l'espoir d'être jugé : qu'au contraire, M. de la Luzerne ne cesse de voyager, & qu'il a retardé autant qu'il étoit en lui la conclusion.

Premier Mars 1780. Les directeurs du spectacle des *variétés amusantes*, empressés de remplir le vuide que laisse à leur théâtre le sieur Volange, se flattent d'avoir trouvé un excellent personnage, pour le remplacer, en la personne du sieur d'Orvigny. Cet auteur ne craignant pas de descendre au rôle de baladin, doit débuter incessamment dans une piece de sa composition où excelloit Jeannot, celle intitulée *Chacun son métier*, & l'on assure qu'il ne craint pas la comparaison & est fort en état de la soutenir.

2 *Mars*. La lenteur que nous mettons à toutes nos opérations maritimes, a donné lieu derniérement à un bon mot de la part du Duc de Choiseul, qui, en général assez ami de M. de Sartines, n'a pu s'empêcher de se le permettre avec sa gaieté ordinaire, en parlant de ce qui vient d'arriver à Gibraltar : « Je ne » sais, dit-il, comment fait ce ministre ; mais » sa pendule retarde toujours. »

3 *Mars*. Il paroît que la troisieme représentation d'*Atys* en a décidé le succès. Au moyen de quelques retranchements le poëme & la musique ont produit plus d'effet. On sait que tout le sujet consiste dans l'amour de *Cybele* pour *Atys*, son grand-prêtre ; que celui-ci

indifférent jusque-là en apparence, est secrètement amoureux de *Sangaride*, nymphe que doit épouser *Celenus*, Roi de Phrygie. L'amour & la jalousie de ces quatre personnages nouent toute l'intrigue, dont la fureur de la mere des Dieux amene la catastrophe. Sans doute, M. Piccini auroit beaucoup mieux fait d'imiter M. Gluck & de laisser l'*Atys de Quinault* dans toute sa pureté, ainsi que son rival a laissé *Armide*, tous deux étant regardés comme les chefs-d'œuvres les plus parfaits du poëte pour les paroles. Quoiqu'il en soit, sous prétexte de resserrer cette tragédie lyrique & d'y répandre plus d'intérêt & de chaleur, M. Marmontel l'a réduite en trois actes; mais au lieu de se contenter de faire des retranchements, il y a fait des additions, & voulant le raccourcir, l'a allongée. Il est fâcheux que le peu d'usage que le musicien italien a de notre langue, l'oblige à se laisser trop servilement conduire par son guide, qui se trouve faire ainsi presque le poëme & la musique.

Il y a encore des longueurs & des fadeurs dans le premier acte. Le second est divin, rempli d'oppositions, qui produisent beaucoup d'effets. Le troisieme est horrible, en ce qu'on déteste une déesse qui jouit à plaisir du spectacle de sa vengeance, qui s'en repaît & se dégrade en l'exerçant sur un mortel que sa foiblesse rend le jouet de sa fureur : d'ailleurs *Celenus* y joue un sot rôle & il est puéril de le faire courir après *Atys*, lorsqu'il veut percer *Sangaride* & de le ramener au désespoir de n'avoir pas paré le coup.

On admire dans la derniere scene des morceaux de force du musicien, qui produiroient peut-être plus d'effet, s'ils étoient plus simples & s'il n'y avoit pas dans les accompagnements un luxe d'harmonie déplacée.

3 *Mars*. La qualité de M. de Lally Tollendal, capitaine de cavalerie au régiment de cuirassiers, n'étant pas encore établie ou reconnue au parlement de Rouen, il n'y procede que comme nommé le 21 décembre 1778, par arrêt de ce parlement, Curateur à la mémoire du feu comte de Lally. Et c'est en cette qualité que M. d'Epremesnil l'attaque.

Son premier plaidoyer imprimé n'est encore qu'une espece d'introduction à la cause. On y voit que le 7 août dernier ce magistrat fit faire une sommation extraordinaire à M. de Tollendal, de déclarer dans le jour s'il entend persister dans ses imputations contre le sieur de Leyrit, son oncle, inférées aux mémoires qu'il a produits pour la défense du comte de Lally ?

Sur le refus de répondre, M. d'Epremesnil a présenté le 9 dudit mois sa requête d'intervention, pour qu'il soit ordonné que lesdits mémoires seront supprimés, comme faux & calomnieux, en ce qui concerne la mémoire du feu sieur de Leyrit.

Cette requête a été renvoyée à l'audience & a ouvert un vaste champ à l'éloquence du magistrat orateur: il a cherché à établir le droit & le motif de sa demande: il finit par offrir encore à son adversaire de sortir de la lice, s'il veut donner à la mémoire de son oncle la satisfaction demandée, ou à entrer dans la discussion de cet incident, qui ne peut avoir lieu qu'en remontant à la source du procès & en rappellant

rappellant tout ce qui concerne les accusations intentées contre le feu comte de Lally.

Dans une lettre au rédacteur du *Courrier de l'Europe*, en date du premier juillet 1778, M. de Tollendal porte à qui que ce soit le *défi de produire la preuve d'un seul crime, l'ombre d'une seule preuve* contre le comte de Lally qu'il défend. M. d'Epremesnil récrimine à son tour, & porte le défi à son adversaire en faveur de M. de Leyrit, son oncle; il lui annonce en même-temps qu'il l'accepte le premier combat, & attend sa réponse sur le second : si M. de Tollendal veut encore désavouer les calomnies avancées dans les mémoires du feu comte de Lally & les siens, contre l'ancien gouverneur de Pondichery, son neveu convient qu'il n'a ni le droit ni la volonté d'attaquer la mémoire du comte de Lally. C'est le point où en est aujourd'hui la contestation.

On lit avec beaucoup de curiosité & d'intérêt le plaidoyer de M. d'Epremesnil, où il y a des morceaux très-brillants, mais qui manque de ce bel ordre, de cette marche claire & méthodique, de cette aisance noble & simple le sceau des productions des orateurs consommés.

4 *Mars*. On écrit de Rennes qu'il est intervenu un arrêt définitif dans le procès du maréchal de Duras, arrêt à l'ordinaire ambigu, où l'on ménage les deux partis & qui ne termine rien pour la vindicte & la satisfaction publique : le voici.

« La cour faisant droit sur le tout en exécu-
» tion de l'arrêt du 29 janvier dernier, sur les
» conclusions du procureur-général du roi,
» a rejeté du procès les originaux d'exploits

Tome XV. D

» à témoins, les cinq requêtes préfentées, tant
» à la cour qu'à MM. Huart, Charette &
» Bonamour, confeillers en icelle, & les infor-
» mations vifées par ledit procureur-général
» du roi; ordonne que lefdites pieces feront
» fupprimées au greffe; a décerné acte audit
» procureur-général du roi de fa déclaration
» de ne pouvoir continuer l'inftruction ordon-
» née par l'arrêt du 16 novembre 1778; en
» conféquence ayant aucunement égard à la
» requête dudit Defgrée, du 16 février préfent
» mois, que la cour a jointe au procès, l'a
» déchargé de l'accufation intentée par ledit
» procureur-général du roi, d'avoir reçu une
» fomme de 1500 livres pour faire paffer une
» délibération contraire aux intérêts de la pro-
» vince; & fur le furplus de ladite requête,
» enfemble fur celles du 16 novembre 1778
» & 17 août 1779, au-deffus des déclarations
» & affirmations dudit de Duras, qu'il n'y a
» jamais eu ni pacte ni convention entre ledit
» Defgrée & lui, pour faire paffer la delibé-
» ration du 5 Mars 1759, & qu'il n'eft point au-
» teur du bruit qui s'en eft répandu, dit qu'il
» n'y a lieu à plainte en calomnie ni informa-
» tion; ayant aucunement égard à la requête
» dudit de Duras du 16 Novembre 1779, fai-
» fant droit fur les conclufions du procureur-
» général du roi, ordonne que tout l'état du
» procès reftera fupprimé au greffe; & fur toutes
» les autres demandes, requêtes & déclarations
» des parties, tant par écrit que verbales, les a
» renvoyées hors de procès, fans dépens.
» Fait en parlement, à Rennes, le 28 février
» 1780. »

5 *Mars.* La coiffure des dames eſt devenue un objet ſi important, que l'ordre des coiffeurs s'eſt multiplié exceſſivement, qu'il a pris une grande conſiſtance & s'énorgueilliſſant de ſon art, mépriſoit les perruquiers ou faiſeurs de perruques, & vouloit s'aſſimiler aux corps ſcientifiques. Cette rivalité & les plaintes de ces derniers ont excité la vigilance du gouvernement. Il eſt intervenu un arrêt du 24 janvier, qui fixe le nombre des coiffeurs à 600, leur fait défenſes de faire plus d'un apprenti tous les trois ans, de tenir claſſes & écoles de coiffure & ſur-tout de mettre dans leurs enſeignes: *Académie de coiffure.*

6 *Mars.* C'eſt en 1762, que M. Noverre compoſa & fit jouer le ballet de *Médée* à la cour de Wurtemberg; des talents en tout genre & ſur-tout ceux de Veſtris dans tout l'éclat de la jeuneſſe, embellirent cette production par les charmes de l'exécution la plus brillante. MM. Servandoni & Colomba furent chargés des décorations; M. Bocquet le fut du coſtume; & M. Rodolphe compoſa la muſique. Cette pantomime de génie parut ſucceſſivement ſur tous les grands théatres de l'Europe, à Varſovie, à Vienne, à Paris; mais on peut aſſurer qu'elle n'a jamais été donnée avec la pompe, l'enſemble & la perfection qu'elle a reçus cette fois-ci : on ne reviendra pas ſur le développement de ce ballet, déjà écrit deux fois & où les additions conſiſtent ſur-tout dans le décore. Cependant on ne peut s'empêcher d'y critiquer une imagination ridicule, à force d'être outrée, c'eſt d'avoir perſonnifié le feu, le fer & le poiſon. « *Médée*, eſt-il dit dans le programme,

» ordonne au *Feu* de renfermer dans un coffret,
» qu'elle destine à *Créon*, les matieres les plus
» combustibles & les flammes les plus actives :
» elle commande au *Poison* de répandre ses
» venins mortels & ses vapeurs empestées sur un
» bouquet de diamants que sa cruauté réserve à
» *Créuse* : enfin elle demande au *Fer* un instru-
» ment propre à assouvir sa rage ; il tire de son
» sein un poignard. »

Les acteurs sont ici les mêmes que la derniere fois : Mlle. Heinel remplit le rôle de *Médée*, avec une chaleur dont on ne la croiroit jamais susceptible : *Jason*, en poésie & en peinture, a toujours été fort difficile à rendre ; il ne sauroit produire aucun intérêt ; il n'est pas étonnant que le sieur Vestris, pere, en excitant l'admiration des connoisseurs par la beauté de sa danse, par ses positions nobles, par ses heureux développements ne reussisse pas mieux que les poëtes & les peintres. Le sieur Dauberval, dont la taille n'est pas majestueuse, à beaucoup près, tire infiniment plus parti du personnage de *Créon*. Quand à Mlle. Guimard, elle est dans son vrai genre, en faisant *Créuse*; qui cherche par l'art de la coquetterie la plus raffinée à séduire *Jason* & à l'enlever à son épouse. Il faut convenir cependant que plus de figure, de jeunesse & de fraîcheur ajouteroit beaucoup aux graces surannées de cette danseuse, qui ne sont plus que des mines & de l'afféterie. Cette production ne peut que donner la plus grande envie de voir les ballets d'*Armide*, des *Danaïdes*, de *Psyché*, d'*Alceste*, d'*Orphée*, d'*Hercule*, &c. dont les plans sont dans le porte-feuille de M. Noverre.

7 Mars. Vues générales de l'affaire du soi-disant comte de Solar, où l'on laisse à l'écart tout ce qui, dans l'instruction antérieure à l'arrêt de la cour du 20 avril 1779, concourt à prouver l'innocence du sieur Cazeaux, & discussion de l'information faite en Languedoc en exécution de cet arrêt; suivies d'une *Lettre de Me. Prunget des Boissieres*, ancien avocat au parlement, relative aux fausses assertions insérées dans plusieurs gazettes contre le sieur Cazeaux, avec consultations d'anciens avocats au parlement.

Tel est le titre du nouveau mémoire très-volumineux, ayant 136 pages, de Me. Elie de Beaumont, auquel on assure cependant qu'il ne met que son vernis & sa signature, & que le sieur Cazeaux, étudiant en droit, compose lui-même.

On a produit en tête l'extrait de l'arrêt du parlement, qui ordonne par provision que le sieur Cazeaux sera élargi des prisons, où il est détenu, par l'huissier de la cour de service, à la charge de se représenter en état de décret de prise-de-corps, &c.

Dans ce mémoire, plus spécialement dirigé contre l'abbé de l'Epée, on le ménage moins & l'on menace de l'attaquer & d'intenter contre lui une action en dommages-intérêts, s'il n'ouvre enfin les yeux à la lumiere & ne met un terme à son zele meurtrier.

8 Mars. On parle depuis long-temps d'une aventure très-singuliere, arrivée à un M. Vannier, capitaine au régiment de Rohan-Soubise, le 31 décembre 1770; dont le résultat seroit, qu'ayant eu l'étourderie de se battre contre un quidam, rendez-vous donné, aux Champs-Elyſées & au jour tombant, celui-ci l'auroit aſſaſſiné en lui plongeant ſon épée dans le corps, de la longueur de onze pouce ; que ramaſſé par des garçons chirurgiens pour le diſſéquer, ces fraters l'auroient heureuſement reconnu en vie, lui auroient donné des ſecours & l'auroient guéri tant bien que mal. Tout cela eſt aſſez biſarre & romaneſque : la ſuite ne l'eſt pas moins & ſemble rendre plus néceſſaire de remonter à l'origine & de reconnoître le quidam, que M. Vannier a cru avoir raiſon de regarder comme un homme de conſidération ; il a prétendu que depuis ce quidam informé des recherches qu'on faiſoit, avoit écrit qu'elles étoient inutiles, qu'il ſe repentoit de ſon lâche forfait & qu'on n'entendroit plus parler de lui.

Préciſément dans le temps un M. de la Châtre a quitté ſon régiment pour raiſon de ſanté, a pris le petit collet & eſt entré au ſéminaire de Saint-Sulpice. On n'a pas manqué de jeter des ſoupçons ſur lui : M. le comte de la Châtre, ſon frere, a voulu éclaircir la choſe ; il a confronté M. Vannier avec le nouvel eccléſiaſtique, ſans que le dernier en fût prévenu ; & l'autre l'a méconnu abſolument, ou plutôt a reconnu que ce ne pouvoit être lui : mais les rumeurs malignes s'étendent facilement & la juſtification de l'innocence ne perce pas avec la même rapidité.

D'un autre côté, car tout eſt merveilleux dans cette anecdote, la reine ſait qui c'eſt ; mais a exigé de M. Vannier, par égard, non pour le coupable qu'elle abandonne, mais pour sa famille, que dans le cas où il viendroit à le reconnoître, il ne l'avouât pas & gardât le silence.

Les la Châtre, avec raison, s'indignent de cette réticence; veulent que M. Vannier s'explique; doivent supplier S. M. de ne plus lui imposer silence, & demander même que le procureur-général informe.

Ce qui est très-rare & non moins remarquable, c'est que cette anecdote assez compliquée se raconte généralement de la même maniere, quant au fond & aux circonstances; exactitude même qui la rend suspecte à beaucoup de gens, d'autant qu'une aventure d'une autre genre, mais non moins unique & non moins merveilleuse, est déjà arrivée à Lille au même officier.

9 Mars. Le second mémoire pour le sieur Cazeaux est divisé en quatre parties.

1°. Le départ de Toulouse du jeune Solar & du sieur Cazeaux est fixé d'une maniere si précise & si invariable au 4 septembre 1773 par les uns, aux premiers jours de septembre par les autres, que de là résulte l'impossibilité physique, que le jeune Solar qui a passé à Toulouse tout le mois d'Août & les premiers jours de septembre, soit l'individu trouvé à *Cuvilly* le premier août.

2°. La méconnoissance de Joseph par l'universalité morale des témoins digne de fois, & la méconnoissance de la part de Joseph des personnes & des lieux que le vrai Solar auroit dû reconnoître, établissent démonstrativement que Joseph n'est pas le comte de Solar.

3°. Les variations, les tergiversations, les fausses reconnoissances de la part de Joseph &

même ses mensonges volontaires le rendroient digne d'une punition légale, si son état ne sollicitoit pour lui la clémence de la justice.

4°. Les reconnoissances données par quelques personnes à Joseph & celles prétendues faites par lui, sont le fruit, ou de l'obstination, ou de la mauvaise foi, ou des manœuvres les plus criminelles, & ne peuvent mériter aucune croyance aux yeux de la justice.

Suit une consultation du 14 février 1780, où les plus habiles jurisconsultes déclarent que sans attendre d'autres instructions, l'innocence du sieur Cazeaux est si clairement défendue par le moyen d'impossibilité physique, que les juges ne peuvent hésiter à lui accorder dès-à-présent sa pleine & entiere justification.

Me. Linguet, qui s'immisce dans tout, souvent avec beaucoup de légereté, de précipitation & d'inconsidération, en parlant de ce procès, avoit décidé dans ses annales, numéro 38, que dans tous les cas M. l'abbé de l'Epée étoit à couvert des dommages & intérêts dus au sieur Cazeaux.

On a été alarmé du ton tranchant de ce journaliste & dans la crainte que son assertion n'égarât ses lecteurs & ne donnât une impression défavorable à la cause & au droit du sieur Cazeaux, un Me. *Prunget des Boissieres*, avocat au parlement, dans une lettre datée du 14 juin 1779, refute l'auteur paradoxal, & pour ajouter plus de force à la réfutation, on l'a fait suivre d'un mémoire à consulter du sieur Cazeaux & d'une consultation du trente janvier, où le conseil est d'avis que l'impression de cet écrit, en lui donnant de la publicité, arrêtera le cours du préjugé, qui pourroit s'établir ou s'accréditer au préjudice de l'accusé, par l'effet des journaux & autres papiers publics, ainsi que par celui des insinuations, particuliers qu'on répand dans les cercles.

On voit par cette consultation *ad hoc*, & par d'autres précautions semblables, que les journaux & gazettes qui jusqu'à présent ne jouoient pas un grand rôle au palais, ont pris une telle consistance, sont devenus un aliment si nécessaire à la curiosité publique, qu'on les cite fréquemment & qu'on recherche ou redoute leur suffrage.

Ce sont les gazettes des Deux-Ponts & des Pays-Bas, qui sont spécialement désignées ici.

10 *Mars*. Il est singulier que malgré le despotisme reproché à notre gouvernement & trop souvent à si juste titre, aucune de ses résolutions ne puisse cependant s'effectuer dans les moindres choses, sans beaucoup de lenteurs, d'incidents, de réclamations, de contradictions, & d'écrits, qui dévoilent au grand jour les ressorts secrets & quelquefois odieux que les instigateurs de projets font mouvoir. Il est vrai que lorsqu'il veut persévérer, après avoir, avec la douceur qui le caractérise, laissé se plaindre & fermenter les mécontents, il n'atteint pas moins son but. Quoi qu'il en soit, depuis plus de dix ans la suppression tentée des Célestins n'est pas encore consommée radicalement & la translation des Cordeliers en leur place souffre depuis quinze mois des obstacles sans cesse renaissants. Un des plus considérables est venu de la part de M. l'archevêque, qui a interdit les six premiers religieux nommés par le supérieur

pour desservir le couvent vuide, & a rendu depuis une ordonnance en date du 8 septembre dernier, portant défenses aux Cordeliers de se transférer dans la maison des Célestins pour y vivre en conventualité, jusqu'à ce qu'il ait prononcé s'il y a lieu, la suppression & extinction de la premiere communauté, &c. A cette difficulté s'est jointe une opposition des freres d'Aquitaine & des autres provinces de l'ordre, pour lesquels on a publié un mémoire. C'est ce mémoire qui donne lieu à un autre à consulter, pour *frere Favereau*, gardien & commissaire-général du grand couvent des Cordeliers de Paris, & *frere Bonhomme*, religieux conventuel dudit couvent. Il est suivi d'une consultation d'habiles jurisconsultes, en date du 8 janvier 1780, où il y a des détails savants & curieux sur les moines.

11 *Mars*. Dans la consultation donnée aux freres Favereau & Bonhomme, après un récit historique sur la naissance du monachisme, sur ses progrès & son état actuel, les avocats établissent quelques principes.

1°. Le pape peut seul aujourd'hui approuver une regle & ériger un ordre religieux.

2°. Cet ordre une fois érigé, ne peut s'introduire dans les états d'un souverain, que par son autorité & avec sa permission.

3°. Lorsqu'il s'agit d'établir, de fonder une maison religieuse dans un diocese, l'évêque doit y donner son approbation ou son consentement; mais il n'est presque jamais arrivé qu'il y ait procédé par voie de décret ou par un acte de jurisdiction.

4°. Cette maison doit également être autorisée par la puissance civile.

5°. Les mêmes formes doivent s'obferver pour une maifon religieufe ; c'eft-à-dire, qu'établie par le concours des deux autorités, elle ne peut être anéantie que par la même voie.

Enfin, à l'égard de la tranflation d'une maifon religieufe, il faut diftinguer trois genres de tranflation d'un monaftere ; ou d'un diocefe dans un autre diocefe, ou d'une ville dans une autre ville, ou d'un lieu dans un autre lieu de la même ville. Nul doute que le concours de l'Evêque ne foit néceffaire dans les deux premiers cas ; mais il eft décidé en même temps qu'il eft inutile dans le troifieme.

Les Cordeliers font dans cette derniere efpece de tranflation ; donc M. l'archevêque de Paris leur fait une mauvaife difficulté.

Du refte, le confeil eftime que la province d'Aquitaine n'eft pas fondée à former fon oppofition, puifqu'elle y a d'autant moins d'intérêt que l'arrangement conclu avec le roi eft très-avantageux aux Cordeliers. Enfin il eft d'avis que, quoique très-fondés à fe plaindre du mémoire qui a paru contre eux, les freres Favereau & Bonhomme feront très-bien de méprifer un ouvrage anonyme, que perfonne n'ofe avouer.

12 *Mars*. Le roi a été très-affligé de la nouvelle de la prife du convoi de l'Orient. Le foir après les parties, la reine toujours aimable & folâtre, pour diffiper S. M. a propofé de jouer à *Tire-en-jambe*. C'eft un jeu d'enfant, où l'on fe met à cheval fur un bâton & chacun combat dans cette attitude. Le roi qui n'avoit point envie de rire, s'eft laiffé

aller à la fin & a montré beaucoup d'adresse. Cette anecdote rappelle le trait à-peu-près pareil d'un roi de Lacédémone.

M. le comte de Maurepas conserve aussi toute sa présence d'esprit dans ces revers, & n'en est pas moins gai & fécond en bons mots.

12 *Mars*. Le chevalier Gluck a écrit à M. de Chabannon & se plaint du peu de cas qu'on fait de ses œuvres en les faisant jouer par des acteurs médiocres ; il paroît dégoûté de travailler désormais pour notre opéra. Le succès d'*Atys* ne contribuera pas à nous le ramener : cependant on présume que ce n'est qu'un moment d'humeur passagere, un véhicule pour exciter le zele de ses enthousiastes. Aussi les chefs craignant sa disgrace, ont-ils tâché de caresser son amour-propre en donnant uniquement pour la capitation des acteurs deux de ses tragédies. Au reste, c'est une justice & une reconnoissance qu'on lui doit : il étoit calculé au premier janvier 1780, que ses cinq opéra, savoir : *Iphigénie en Aulide*, *Orphée*, *Alceste*, *Armide* & *Iphigénie en Tauride*, depuis pâques 1774, que ce grand homme est venu causer la révolution de notre théâtre lyrique, avoient rapporté 1,500,000 livres ; & depuis ce temps, comme l'on a joué fréquemment de ses pieces, on peut bien y joindre 100,000 livres. Il n'y a point d'exemple qui approche en rien d'une recette pareille en un espace de temps semblable.

13 *Mars*. M. d'Epremesnil dans son plaidoyer cherche à infirmer le suffrage de Voltaire en faveur du comte de Lally, & à la suite de sa tirade contre cet écrivain ajoute........

« Vers la tombe de M. de Voltaire s'avance à
„ pas lents, mais sûrs, la postérité, qui dans
„ l'écrivain le plus vanté cherchera vainement
„ un *homme de bien.* »

M. de Dampierre d'Hornoy neveu de M. de Voltaire, est nommé en ce moment précisément président de la premiere chambre des enquêtes, dont est M. d'Epremesnil; il a trouvé très mauvais que ce magistrat s'exprimât dans un écrit imprimé & distribué au parlement d'une façon aussi injurieuse pour la mémoire de son oncle, & l'on assure qu'il vouloit argumenter de cette phrase pour intenter à son tour un procès à l'orateur indiscret; mais que celui-ci a appaisé son confrere par une lettre de satisfaction; lettre qui, si elle existe, doit être rendue publique, autant que l'est l'injure.

On écrit de Rouen que la réponse de M. de Tollendal est beaucoup plus réservée que le plaidoyer de son adversaire, qu'elle lui a ramené beaucoup de magistrats, mais qu'il se refuse à lui donner aucune publicité par l'impression.

13 *Mars.* Entre tous les compliments que madame la comtesse de Genlis a reçus au sujet de son *Théâtres pour les jeunes personnes,* celui qui l'a le plus flattée est la lettre de M. de Buffon, qu'elle répand avec complaisance & qui mérite d'être conservée, comme marquée à un point d'originalité rare. Il lui écrit:

« Je ne suis plus amant de la nature, je la
„ quitte pour vous qui faites plus & méritez
„ mieux; elle ne sait que former des corps, &
„ vous créez des ames. Que la mienne n'est-

« elle de cette heureuse création ! J'aurois ce qui me manque pour plaire & vous jouiriez avec plaisir de mon infidélité. Pardonnez ce moment de délire & d'amour, je vais maintenant parler raison.

» Votre charmant théâtre, madame la comtesse, me fait autant de plaisir que si j'étois encore dans l'âge auquel vous l'avez consacré. Vieux & jeunes, grands & petits, tous doivent étudier ces tableaux touchants, où les vertus dominées par l'éducation triomphent des vices & des ridicules : pris dans la société, chaque trait porte l'empreinte de votre ame céleste : vous l'avez peinte à toutes les scenes sous un emblême différent. Un tact exquis, une philosophie saine, la morale la plus pure, une connoissance parfaite du monde, toutes les graces de l'esprit & du style ont conduit, animé vos pinceaux ; &, quoique vous n'ayez pas parlé du bon Dieu, je crois néanmoins fermement aux anges ; vous êtes un de ceux qu'il a le mieux doués. Recevez-en cette qualité toutes mes adorations ; nul mortel ne peut vous en offrir de plus sinceres & de mieux senties. »

14 *Mars*. Il paroît que le résultat de l'énorme fracas qu'a causé Jeannot, sera de se refugier en province. Il a tellement aigri contre lui tous ceux qui ne sont pas ses enthousiastes aveugles, qu'on l'a déprimé beaucoup plus qu'il ne méritoit. Il a par son audace, il est vrai, à se charger de toute espece de rôle, même chantant, prêté le flanc à la critique & s'est tellement décrédité qu'on ne le recevroit peut-être plus aux boulevarts.

On lui fait cependant encore l'honneur de s'en entretenir, mais c'est pour le rendre plus méprisable & plus ridicule. On le dit fils d'un notaire de Nantes; entraîné par son libertinage, suivant la vocation de presque tous les comédiens, il s'est jeté dans cette profession, & a passé aux colonies: par une suite trop ordinaire aussi de cet état, il est devenu fort insolent. Il est spadassin. On raconte que jouant à Saint-Domingue au Cap, il fut sifflé; que dans son dépit il prit une piastre, la jeta au milieu du parterre, & défia le critique de la lui rapporter. A l'instant il fallut l'enlever pour le soustraire à l'indignation générale & empêcher qu'il ne fût écharpé. On le mit au cachot & on le fit repartir pour l'Europe sur quelque bâtiment, où l'on l'embarqua secrétement.

Echappé de ce danger, la correction a bientôt été oubliée, & le sieur Volange a continué son ancien métier; il a même dégénéré: il est devenu baladin, histrion, & est ainsi tombé aux boulevarts, où il a fait la fortune que l'on sait. Le fâcheux, c'est que les sociétés même qui le recherchoient autrefois pour s'en amuser, ne s'en soucient plus; une insolence qu'il a eue depuis peu lui a porté le dernier coup. On raconte que le marquis de Brancas ayant voulu en régaler ses convives à un grand souper, l'avoit invité à venir: on avertit le maître qu'il est arrivé, il va le prendre, l'amene à l'assemblée & dit: « Mesdames, voilà Jean-
» not, que j'ai l'honneur de vous présenter.
» —— Monsieur le marquis, dit l'histrion se
» rengorgeant, j'étois Jeannot aux Boule-

» varts ; mais je suis à présent monsieur Vo-
» lange. — Soit, répond M. de Brancas ;
» mais comme nous ne voulions que Jeannot,
» qu'on mette à la porte M. Volange. »

14 *Mars.* Depuis un arrêt du conseil du 29 mars 1776, la régie du temporel de la maison des Célestins à Paris est entre les mains du receveur-général du clergé. Depuis le 9 novembre 1778 il n'y a plus de religieux dans ce monastere & ce sont les Cordeliers qui y disent la messe, leur interdiction ne tombant que sur les pouvoirs de prêcher, de confesser ; ils ne peuvent pas non plus dire de grand'messe. Malgré cela M. l'archevêque de Paris ne regarde pas la conventualité comme dissoute de droit, & c'est ce qui arrête tout.

Les beaux projets qu'on a sur la maison des Cordeliers, d'en abattre une partie pour démasquer les écoles de chirurgie, d'en donner une autre pour y transférer la paroisse de Saint-Côme, d'y construire des prisons pour les prisonniers pour dettes, d'y établir la jurisdiction du Châtelet, ne se réalisent point.

Au reste, comme il faut de l'argent pour l'exécution de tout cela & que le moment de la guerre n'est pas favorable, le gouvernement ne presse rien & laisse la chose se mûrir lentement.

15 *Mars.* Extrait d'une lettre de Bordeaux, du 11 mars...... Le parlement est en plus grande fermentation que jamais à l'occasion de M. Dupaty. M. Dufaure de la Jarte, avocat-général depuis six mois, s'est plaint dans un discours public de l'outrage fait aux avocats-généraux en la personne de son confrere ; il s'est

répandu en éloges magnifiques des talents & des mœurs de M. Dupaty. Les chambres se sont assemblées le lendemain & l'ont interdit. Il est allé à Paris rejoindre celui-ci, qui espere avoir des lettres de jussion. On dit que cela va faire une affaire majeure, parce que tous les avocats-généraux des autres parlements doivent intervenir.

19 *Mars.* Suivant les dernieres lettres de l'Isle-de-France, du mois de septembre, les épiceries y alloient à merveilles. On comptoit dans la colonie trois mille plans de girofliers en pleine culture ; les clous envoyés au ministre ont le parfum le plus exquis. M. Ceré, chargé de l'entretien du jardin de Montplaisir, annonçoit avoir cinq muscadiers ayant des noix. Il avoit fourni des baies de girofliers aux habitants des isles de Bourbon ; mais il ne pouvoit avoir la satisfaction de savoir ce que le ministre pensoit de cet établissement ; il n'en avoit encore obtenu ni récompense ni même de réponse. On attribuoit ce silence à la politique de M. de Sartines, ne voulant pas interdire une culture qui pouvoit être aussi avantageuse, & ne voulant pas non plus indisposer nos bons amis les Hollandois, par une apologie directe, qui ne manqueroit pas de leur parvenir bientôt par la voie des gazettes.

Du reste, point de nouvelles politiques ; défenses aux habitants d'en parler dans leurs lettres.

16 *Mars.* Extrait d'une lettre de Bordeaux, du 11 mars 1780.......... On donne à la comédie aujourd'hui la premiere représentation d'une piece intitulée : *Il y a bonne justice*,

ou *le Paysan magistrat*, traduction espagnole de M. Linguet. Vous jugez combien le nom du traducteur doit attirer de monde & quel tapage il en résultera.

17 *Mars*. On donne enfin comme constant que les sujets de l'opéra sont parvenus à leur but & que le sieur de Vismes se retire. L'administration de ce spectacle rentre dans les mains du roi, la ville ne pouvant y suffire ; & l'on parle de mettre à la tête pour la direction des sujets & de tout ce qui concerne la partie théâtrale, le sieur le Breton.

17 *Mars*. Les partisans du chevalier Gluck citent une nouvelle anecdote, très-propre à faire valoir ce musicien & à prouver combien le public est passionné pour ses œuvres. On sait que les deux opéra, joués chacun deux fois pour la capitation des acteurs, sont *Iphigénie en Aulide* & *Armide* : la recette de la seconde représentation de cette derniere si critiquée, a été de 16095 livres ; bénéfice énorme, dont il n'y a point d'exemple au théâtre lyrique, non plus que de la recette totale des quatre capitations, montant à 40420 livres.

18 *Mars*. Les curés du Dauphiné, réduits, pour la plupart, à la portion congrue, en sentent depuis plusieurs années l'insuffisance, qui devient de plus en plus extrême : ne pouvant compter beaucoup sur le vœu de la prochaine assemblée du clergé, ils ont cru devoir s'occuper eux-mêmes des moyens d'obtenir incessamment de S. M. l'augmentation dont ils ne peuvent plus se passer.

Ils se sont d'abord présentés à leurs prélats

respectifs, pour leur demander la permission de s'assembler, & ayant été refusés, ils ont eu recours au parlement, qui les y a autorisés. Le résultat a été de nommer deux seuls syndics, chargés de déposer au pied du trône le fidelle tableau de leur indigence.

Ces députés se sont rendus à Paris & ont présenté un mémoire à M. Necker, qui en a ordonné la communication aux agents généraux du clergé. La premiere démarche de ceux-ci a été d'obtenir un ordre du roi, qui enjoignît aux députés de retourner dans leur province; ce qu'ils ont été obligés de faire le dimanche 5 de ce mois. Heureusement ils avoient eu la précaution de faire imprimer un mémoire à consulter & consultation du 28 janvier 1780, signés de neuf habiles jurisconsultes, & la publicité de ce mémoire ne rendra que plus odieuse la vexation de nosseigneurs.

19 *Mars*. Mardi 14 de ce mois par jugement des quartiers assemblés MM. les maîtres des requêtes ont déchargé de l'accusation M. de la Maugerie, déclaré M. de la Luzerne duement atteint & convaincu d'avoir excédé de coups d'épée M. de la Maugerie: pour réparation de quoi le sieur de la Luzerne a été condamné de s'absenter pendant vingt ans de la ville de Saint-Lô, de ne pas s'en approcher de 30 lieues, condamné à 50,000 livres de dommages & intérêts en faveur du sieur de la Maugerie par forme de réparation civile; à 100 livres d'aumône & à tous les dépens; affiche du jugement, tant à Paris qu'à Saint-Lô & villes circonvoisines; Noël mis hors de cour. Ils étoient vingt-six juges,

qui tous ont opiné plus ou moins fort contre M. de la Luzerne.

19 Mars. M. le marquis de la Fayette ayant apporté en France un portrait de Washington, commandant en chef des armées américaines, en a fait composer par M. le Paon, peintre de bataille du prince de Condé, un tableau, où il est représenté debout devant sa tente, à la tête de son camp, tenant des papiers relatifs à l'histoire de l'Amérique, dont quelques-uns sont à ses pieds, épars & déchirés, d'autres roulés diversement sur une table : on voit derriere la tente, un negre occupé à seller un cheval, & dans le lointain les troupes faisant des évolutions. M. le Mire, célebre par le *Gâteau des Rois*, est chargé d'engraver l'estampe.

20 Mars. Dans le mémoire à consulter sur l'insuffisance de la portion congrue des curés de Dauphiné, ils établissent trois propositions :

1°. L'édit de 1768 a trop ménagé l'intérêt des décimateurs & n'a point assez veillé à celui des curés.

2°. Les besoins actuels des curés de Dauphiné sollicitent une nouvelle loi qui, en augmentant leur portion congrue, leur en assure la jouissance complette.

3° Les curés ont le plus grand intérêt à être entendus personnellement lors de la rédaction que fera, sans doute l'assemblée prochaine du clergé, d'un projet de déclaration, pour servir à celle qui doit modifier l'édit.

Les consultants appuient ces diverses propositions du vœu des parlements, entre autres de ceux de Toulouse & de Bordeaux. Ils citent des morceaux entiers de leurs remontrances à ce sujet. Dans celles du parlement de Guyenne, sur lesquelles ils s'étendent davantage, on est touché sur-tout de la tendre sollicitude de cette cour en faveur du corps de ces pasteurs du second ordre, dont elle plaide chaudement les intérêts auprès du roi & fait un parallele avec les gros décimateurs : elle oppose l'inutilité, la négligence, l'avidité, l'indécence des derniers, aux zele, à la charité, à l'exactitude, à la régularité des autres.

Du reste, on ne peut qu'être révolté de voir exclus de fait des assemblées du clergé les curés, qui forment essentiellement le second ordre hiérarchique de l'église ; exclusion funeste, non-seulement à leurs intérêts, mais même à ceux de la religion. Cet abus provient d'un autre non moins grand, c'est que dans l'assemblée du bureau diocésain, ils n'ont qu'un seul représentant, qui n'est pas choisi par eux; c'est ainsi toujours des bénéficiers, dont l'intérêt est directement opposé aux leurs, qui assistent & les représentent aux assemblées du clergé.

10 *Mars.* Le roi, M. Necker, le sieur le Breton, voilà qu'elle doit être la hiérarchie du gouvernement du théâtre lyrique suivant la nouvelle forme. On ajoute que S. M. donne 150,000 livres par an, & que pour cette somme l'opéra viendra jouer devant elle toutes les fois & dans tous les lieux qu'elle jugera à propos.

10 *Mars.* M. l'archevêque de Lyon s'est rapproché depuis peu de l'archevêque de Paris au sujet des moines. Tous deux sentent que cette portion de l'église peu estimable, mais

nombreuse, est la milice essentielle de l'épiscopat ; en conséquence, ils sont déterminés à faire les plus puissants efforts pour retarder sa destruction méditée par des prélats ambitieux, ne songeant qu'à eux-mêmes, qu'à s'enrichir aux dépens des monasteres supprimés. M. l'archevêque de Lyon, animé d'un zele conforme aux sentiments de son état, est allé trouver M. d'Autun, très-anti-moine ; il lui a dit que ne voulant pas user du droit rigoureux qu'il avoit de se rendre à la prochaine assemblée comme député né en qualité de métropolitain, il venoit lui demander son suffrage. M. de Marbœuf lui a répondu qu'il ne pouvoit ignorer quant au premier point, que les suffragants ne reconnoissoient point la prétention des métropolitains ; & quant au second, il lui a déclaré qu'il étoit fâché qu'il fût venu si tard, qu'il avoit pris des arrangements & promis sa voix à M. de Mâcon. Sur ce propos vif entre les deux prélats & scission ouverte, on dit que M. de Montazet a reçu depuis peu ordre de retourner dans son diocese ; en sorte qu'il y a grande apparence que les malheureux moines feront sacrifiés.

20 *Mars.* Vendredi M. l'avocat-général d'Aguesseau a porté la parole dans l'affaire du comte de Crequy. Il a fait un très-bel éloge de la noblesse, fort applaudi, & conclu à ce que la requête incidentaire du comte fût jointe au fond & renvoyée aux requêtes de l'hôtel. Ses conclusions ont été suivies.

21 *Mars.* M. le comte de Chabot, honoré du glorieux surnom de *Balafré*, qui commandoit cet automne l'armée de Flandres, meurt d'une

écorchure à la jambe. Son chirurgien, entre les mains duquel il étoit, voyant la plaie empirer, le prévint qu'il désiroit un médecin: « Cela étant, a dit le malade, qu'on appelle en même-temps un prêtre & un notaire. » Depuis ce temps il fait lui-même ses bulletins & annonce avec le plus grand sang-froid les progrès de la gangrene.

22 *Mars*. Le poëme séculaire d'Horace a été donné tout récemment deux fois à la salle du concert spirituel, & toujours avec le même succès. Vendredi dernier on fit encore repéter le chœur sublime *Alme sol* & le chant naïf de la strophe *Fertilis frugum*. Tout fut senti & apprécié. Les interlocuteurs ont mis ce jour-là, plus que précédemment, dans leur expression, la dignité, l'énergie, la grace que les vers d'Horace exigent; & sans la mauvaise disposition des choristes, disposition qui tient au local, l'exécution de cette grande composition auroit été parfaite. Nous n'avons plus rien à envier aux autres écoles. Les musiciens françois pouvoient opposer à leur musique dramatique des productions non moins brillantes, à leur musique d'église des chants encore plus nobles & plus religieux; il étoit réservé à M. Philidor de les égaler dans l'*Oratorio*, & son premier essai en ce genre peut être placé à côté des compositions admirables qui ont immortalisé les Handel, les Hasse & les Jomelli.

23 *Mars*. Quoique l'arrêt du conseil, concernant la nouvelle administration de l'opéra, soit signé, la reine a exigé qu'on en suspendît la publicité. Sa majesté, qui protege le sieur de Vismes relativement au sieur Compain, son

associé, veut faire encore un effort en sa faveur.

On parle d'une augmentation de 8 sous par place au parterre de l'opéra, dont les billets seront a 48 sous, & de 4 au parterre des deux comédies, dont les billets seront à 24 sous. On se passeroit fort bien de toutes ces innovations, dont le résultat est toujours de grever le public.

23 Mars. M. le comte de Chabot vient en effet de mourir.

24 Mars. Entre tous les journaux dont nous sommes innondés, le journal de *Monsieur* est sans contredit le meilleur actuellement, soit par le choix & la variété des pieces, soit par une hardiesse un peu plus grande dans les censures. Il fait honneur à Mad. la présidente Dormoy, d'autant plus qu'on n'avoit pas une haute opinion de cette femme auteur. Il est vrai qu'elle a soin de n'y rien mettre du sien ; mais au moins doit-on lui savoir gré de s'être donné des coopérateurs en état de jeter de l'agrément, de l'instruction & du piquant dans son journal, surtout d'éviter cette partialité, défaut dont sont infectés tous les autres. Madame Dormoy cherche encore à améliorer cet ouvrage, qui doit paroître, à commencer d'avril, deux fois par mois.

24 Mars. L'époque de pâque est celle ordinairement de la retraite des sujets du spectacle, que des raisons de mécontentement, ou de mauvaise santé, ou autres obligent d'y renoncer. Les amateurs de la danse craignent bien de perdre à l'opéra Mlle. Théodore. Cette jeune danseuse, qui est douée par la nature au plus haut degré de tous les moyens de briller

ler dans son genre, par un grand malheur pour le public n'aime point son état ; il faut croire que c'est à ce dégoût qu'on doit attribuer les plaintes du sieur Lany, son maître, qui prétend qu'elle n'a pas l'intelligence que son jeu sembleroit supposer, & qu'admirable pour toutes les parties d'exécution, n'exigeant que le mécanisme du corps & les graces extérieures, elle manque de cette sensibilité d'ame, que demande la pantomime pour les mouvements du visage & pour tout ce qui appartient à l'expression des passions.

C'est d'autant plus étonnant que Mlle. Théodore a certainement de l'esprit & infiniment plus que n'en ont ses semblables. Quoi qu'il en soit, comme elle ne semble rester à l'opéra qu'en faveur du sieur d'Auberval, dont elle est amoureuse & qu'elle voudroit épouser ; si celui-ci n'accede pas à ses propositions, il y a toute apparence qu'elle abandonnera un théâtre qui lui rameneroit sans cesse sous les yeux un homme, dont le refus l'auroit humiliée.

Mlle. Théodore seroit d'autant plus regrettée, qu'elle est d'ailleurs fort intéressante par son honnêteté, par une façon de penser libre, ferme & philosophique. Elle lit beaucoup, même des livres sérieux : les ouvrages de Rousseau sont ceux dont elle s'est nourrie le plus & de très-bonne heure. Lorsqu'elle entra à l'opéra, elle écrivit à ce philosophe pour lui demander des instructions sur la maniere de s'y conduire. Ce sage misanthrope fut cependant flatté d'un pareil hommage; il daigna répondre à la Danseuse & lui avoua que malgré toute sa bonne volonté de la satisfaire, il ne pouvoit lui donner de conseils : que fort embarrassé pour son propre compte, quoi qu'il ne fût pas dans une carriere aussi glissante, il n'étoit pas en état de la diriger dans celle infiniment plus délicate où elle étoit entrée.

15 *Mars*. La fameuse promenade de Long-Champ, malgré la saison peu avancée cette année, n'en a pas été moins fréquentée. Hier la file des voitures commençoit, sans interruption, depuis la place de Louis XV jusques à la porte Maillot : c'étoit le guet qui bordoit la haie & mettoit l'ordre dans la marche ; dans l'intérieur du bois la maréchaussée remplissoit cette fonction.

C'est le carrosse de porcelaine de madame de Valentinois qui a été décidé la plus belle voiture de la promenade. Cette jeune femme, fille de la duchesse de Mazarin, une des plus jolies de la cour, attiroit tous les regards. Elle avoit quatre chevaux gris pommelés, avec des harnois en soie cramoisie, brodés en argent.

Quoique les filles fussent en plus grande abondance que de coutume à cette promenade, elles n'ont pas brillé comme à l'ordinaire. On n'en a remarqué qu'une, dont la voiture en porcelaine aussi luttoit contre la premiere ; tous les amateurs, ne connoissant pas cette courtisane, ont été à la découverte. Quelques-uns vouloient que ce fût Mlle. Renard, la maîtresse du prince de Montbarrey : enfin on a constaté que c'étoit une débutante dans la carriere, appelée Beaupré.

16 *Mars*. Un sieur Arnoux, ingénieur mécanicien, privilégié de S. M., exclusivement,

a ouvert un cours de démonstration d'un bracelet mécanique concernant l'écriture. Il l'a d'abord présenté à MM. de l'académie des sciences. Ses commissaires ont décidé que cette espece de gantelet, dont on environne une partie du poignet, pour affermir la main, la soutenir & la guider, par la maniere dont il est posé, ne laisse à celui qui écrit d'autre soin que de mouvoir la plume. Ils ont décidé qu'un vieillard, dont la main tremble, peut en tirer du secours; qu'un enfant, dont les mouvements ne sont point encore formés, peut, avec ce bracelet, apprendre très-promptement à placer ses doigts & à tenir la plume dans la direction convenable, sans qu'il lui soit possible de la changer, ni de contracter de mauvaises habitudes.

27 *Mars*. Comme l'on ne sauroit trop acquérir des connoissances sur le sol, le caractere & les mœurs de nos nouveaux alliés, les États-Unis, on interroge sans cesse ceux qui viennent de ce pays-là. Voici ce qu'en rapporte un ancien marin de la compagnie des Indes, voyant bien & dégagé, ce semble, de préjugés. Ils sont, comme tous les Américains, mous, vains, menteurs: les femmes sont plus laborieuses & excellentes ménageres. On leur a envoyé dès le commencemens tout le rebut de la France & ils en ont contracté un mépris & une haine pour les François, qui auront peine à se détruire; mais leur intérêt étant de nous rester attachés, il n'est point à craindre qu'ils se séparent, à moins que nos revers & les leurs ne les y réduisent.

La population est de trois millions d'hommes au moins ; ils sont dans l'abondance des comestibles, mais manquent de vêtements. L'historien montroit un chapeau, qui lui avoit coûté 200 piastres en papier, & qu'il auroit eu, il est vrai, avec six piastres en nature. Il en résulte que le numéraire est fort rare & le papier en grand discrédit. Pour remédier à ces inconvénients, le Congrès vient d'adopter la méthode économique & ingénieuse du roi de Prusse, de faire payer les impôts en nature, suivant les facultés & les productions de chaque contrée.

Il y a plus de dix mille Anglois, ou prisonniers ou déserteurs, qui ont pris parti dans le pays & en augmentent la population : mais les femmes ne veulent épouser que ceux qui ont un métier. Il y en a de toutes espèces, & une faute qu'ont commise les François, ça été de leur envoyer des artisans & des artistes en grand nombre, capables de leur enseigner notre savoir-faire, de leur monter des manufactures & de leur fournir les moyens de se passer des marchandises d'Europe.

Ils manquent sur tout de poudre à tirer ; ce qui les empêche de chasser & de profiter de l'abondance du gibier. Il y a cependant beaucoup de salpêtre : ce qui leur procurera une branche considérable de commerce quand ils sauront le fabriquer.

Ce voyageur a été dans l'intérieur des terres & à trouvé de beaux chemins, où il a passé : Philadelphie est une jolie ville, où les Anglois n'ont fait aucun dégât & qui a encore ses agréments.

7 Mars. L'affaire de M. Paran revient sur

le tapis. Madame Roger ayant conçu une bonne opinion des talents de Me. Falconnet, vraisemblablement sur la lecture de quelques-uns des mémoires de cet avocat, qu'on lui aura fourni à la Bastille, l'a fait appeler & lui a remis sa défense entre ses mains. Son premier soin a été de faire lever la lettre de cachet contre sa cliente ; ce qu'il a obtenu. Il ne peut croire que madame Roger ait séduit le sieur Paran par ses charmes ; il dit que c'est un grenadier travesti en femme, qu'elle est à faire peur, à faire reculer.

27 *Mars*. Il paroît que la première nouveauté attendue à l'opéra, c'est l'*Andromaque*, du sieur Grétry.

27 *Mars*. Depuis long-temps on parloit de la démission prochaine de M. d'Aligre & l'on s'en flattoit ; cet espoir s'étoit évanoui & il n'en étoit plus question. On sait cependant aujourd'hui qu'au moment où l'on s'y attendoit le moins, il l'avoit envoyée, il y a environ un mois ; qu'il avoit pris ce parti, & se disposoit à se retirer à son petit hôtel rue de Bondi : il n'avoit eu aucune réponse ni du roi, ni de M. le garde-des-sceaux. Enfin ce dernier lui a écrit depuis peu de jours, qu'il avoit mis sous les yeux du roi sa démission ; que S. M. ne remarquant d'autre cause de cette démarche que la mauvaise santé de son premier président, étant très-satisfaite de ses services & ne voulant pas qu'il les discontinuât, avoit ordonné à lui, garde-des-sceaux, de lui renvoyer sa démission ; mais que, pour le soulager, S. M. donneroit ordre au grand banc de le suppléer trois fois la semaine, & qu'elle ne doutoit pas

que ses confreres ne s'empressassent d'entrer dans ses vues & de donner à leur chef cette marque d'attachement.

M. d'Aligre reste en conséquence, & montre à tout le monde la lettre gracieuse du garde-des-sceaux, qui apprend ainsi au public & aux magistrats bien des choses qu'ils ignoroient.

28 *Mars*. M. *Buffy Putain*, ainsi surnommé à cause de son goût pour les filles & de la maladie grave qu'il a gagnée dans leur commerce ; pour le distinguer aussi de *Buffy Rabutin*, que tout le monde connoît ; de *Buffy Ragotin*, l'ancien premier commis des affaires étrangeres ; enfin de *Buffy Butin*, celui de l'Inde : M. *Buffy Putain* donc, est un goguenard fécond en saillies & en méchancetés. M. Roucher lui ayant fait présent de son *Poëme des Mois*, dont toutes les sociétés vouloient entendre la lecture avant qu'il fût imprimé, & que personne ne lit depuis qu'il l'est ; il lui a répondu par le quatrain suivant :

De vos vers, triste destinée !
Les reprenant cent & cent fois,
Enfin j'ai lu vos douze Mois,
Et je suis vieilli d'une année.

29 *Mars*. Extrait d'une lettre de Bordeaux du 25 mars...... La comédie intitulée : *Il y a bonne justice*, ou *le Paysan magistrat*, traduite de l'Espagnol par Me. Linguet, quoiqu'elle ne soit pas mauvaise à la lecture, n'a fait que peu de sensation au théâtre, ou plutôt n'en a pas fait du tout.

On ne jouera point dans la nouvelle salle lundi 3 avril, ainsi qu'on l'espéroit : pour qu'elle fût prête à cette époque, on travailloit les fêtes & même les dimanches; ce qui étoit affez indécent: auffi le parlement vient de rendre arrêt pour le défendre. Ce contre-temps renvoie l'ouverture à la fin d'avril, ou peut-être au commencent de mai.

Voici ce qui a le plus choqué meffieurs dans le difcours de M. l'avocat général qu'ils ont interdit.... « L'efpece de flétriffure que vous
» avez voulu imprimer fur la tête du magiftrat
» éloquent, qui partageoit leurs pénibles fonc-
» tions, rejaillit prefque fur eux (les gens du
» roi, au nom defquels il parloit); & ils en
» feroient effrayés, meffieurs, s'ils ne favoient
» qu'une confcience pure & une fermeté iné-
» branlable font fupérieures aux orages. Seroit-
» il poffible que celui qui fe dévoue comme une
» victime au bien public, qui ne trouve que
» le travail après le travail, que l'exil, la haine
» & les perfécutions dans l'exercice de la ma-
» giftrature la plus accablante; feroit-il pof-
» fible que l'humiliation & un affront atten-
» diffent ce magiftrat à la fin de fa car-
» riere?.... Plein de confiance en la juftice
» fuprême du roi, écartons ces fombres
» nuages. »

Cette derniere phrafe fur-tout, qui annonçoit au parlement l'efpoir que M. Dupaty avoit d'obtenir des lettres de juffion, a paru une bravade indécente.

30 *Mars*. M. le comte de Maurepas, marchant fur les traces de la famille royale, qui, dans ce faint temps donne toujours l'exemple à Verfailles de l'exactitude à remplir le devoir pafcal, eft venu à Paris pour édifier la

capitale & a communié à sa paroisse, avec un grand concours de spectateurs. Ce n'est que depuis Louis XVI qu'on voit avec étonnement & admiration les ministres aussi religieux.

31 *Mars.* En attendant que M. le duc de Chartres déploie de plus grans talens dans les évolutions de son vaisseau & de l'escadre qu'il aura à ses ordres, s'il se rembarque, comme en court le bruit, il s'est amusé à faire voir à Long-Champ un cabriolet sans roues, c'est-à-dire, n'en ayant que par dessous ; en sorte que pour peu que l'Automédon perde l'équilibre, il court risque d'être renversé. Il est vrai qu'une barre de fer de droite & de gauche empêche une chûte totale, ou du moins trop brusque. On assure que ce jeune prince, déjà très-exercé à faire rouler un char dans la carriere, a témoigné beaucoup d'adresse dans la nouvelle voiture.

31 *Mars.* Le livre de l'*Administration provinciale & de la réforme de l'impôt*, est devenu plus rare que jamais. L'approche de la réunion du clergé que M. le garde-des-sceaux craint d'indisposer, l'a obligé de donner les ordres les plus séveres pour qu'on ôte de dessous les yeux de Nosseigneurs cet ouvrage, qui les scandaliseroit & pourroit exiter leur zele. On n'en trouve plus d'exemplaires à Paris.

1 *Avril* 1780. *Discours de M. du Faur de la Jarte, premier avocat général, prononcé depuis l'arrêté du* 16 *février* 1780.

" Avant d'entrer dans l'examen de la cause,
,, qu'il me soit permis de jeter d'un coup d'œil
,, sur nous-mêmes ; réunis devant vous pour
,, la premiere fois depuis les tristes débats qui

» ont agité le temple de la Justice, les gens du
» roi n'ont-ils rien à vous dire, & de quels
» termes se serviront-ils ? L'acquisition d'un
» nouveau confrere porte, sans doute, la joie
» dans leurs cœurs ; mais elle ne les empêche
» pas de sentir la perte qu'ils viennent de faire
» & les circonstances qui en ont augmenté
» l'amertume.

» Nous ne dissimulerons pas notre affliction ;
» elle seroit, malgré nous-mêmes, empreinte
» dans notre silence : & pourquoi craindrions-
» nous de vous en faire part ? N'êtes-vous
» pas, Messieurs, l'appui des malheureux, &
» notre voix consacrée à les défendre, doit-elle
» être muette ou craintive dans la cause de la
» vertu opprimée ?

» Non, Messieurs, vous n'aurez pas de
» reproches à nous faire ; nous vous devons
» l'hommage de la vérité ; nous en sommes
» & les évangélistes & les organes : quand
» vous reçûtes nos serments, nous jurâmes de
» ne jamais vous la taire ; chaque jour que
» nous entrons dans ce sanctuaire, nous re-
» nouvelons en secret les mêmes serments à
» l'Etre-Suprême, qui les entendit la premiere
» fois ; nous laisserons, comme il le com-
» mande, l'homme à la porte, & nous arri-
» verons à vos pieds, seuls, sans crainte,
» comme sans alarmes, la justice dans le cœur
» & la sincérité sur les levres. C'est donc,
» Messieurs, avec toute la franchise que nous
» impose notre ministere, & en même-temps,
» avec la tristesse convenable à notre situation,
» que nous vous disons, que les gens de bien
» sont dans le deuil, que les loix gémissent,

» & que c'est insulter à la douleur publique,
» que d'emprunter un visage riant dans un
» temps de calamité. Ne soyez donc pas surpris
» si les gens du roi se présentent avec l'exté-
» rieur de l'affliction : l'espece de flétrissure que
» vous avez voulu imprimer sur la tête du
» magistrat éloquent qui partageoit leurs pé-
» nibles fonctions, rejaillit presque sur eux;
» & ils en seroient effrayés, Messieurs, s'ils
» ne savoient qu'une conscience pure & une
» fermeté inébranlable sont supérieures aux
» orages. Seroit-il possible que celui qui se
» dévoue comme une victime au bien public,
» qui ne trouve que le travail après le travail,
» que l'exil, la haine & les persécutions dans
» l'exercice de la magistrature la plus acca-
» blante ; seroit-il possible que l'humiliation
» & un affront attendissent ce magistrat à la fin
« de sa carriere, lorsque le délabrement d'une
» santé chancelante ne lui permet plus de
» porter cet honorable fardeau ? Vous ne l'avez
» pas cru, Messieurs ; comment l'aurez-vous
» donc prononcé ? Et s'il étoit autrement, qui
» de nous continueroit des fonctions qui, tou-
» tes augustes qu'elles sont, ne conduiroient
» plus désormais qu'à l'infamie & à l'opprobre !
» Pleins de confiance en la justice suprême
» du roi, écartons ces sombres nuages, &
» réservant pour des temps plus heureux,
» l'éloge du collegue que nous perdons, n'ou-
» blions plus que le jeune magistrat qui le
» remplace, & qui seul pouvoit adoucir nos
» regrets, devenu le coadjuteur de nos tra-
» vaux, l'union qui doit régner entre nous,
» en diminuera le poids. Appellé à cette place

» éclatante, pour laquelle il semble que la nature
» l'ait formé, ses talents y brilleront autant
» que la droiture de son cœur. Digne fils
» d'un pere estimable, l'un préviendra vos
» oracles avec autant de modestie que l'autre a
» mis de candeur en contribuant à les former
» pendant trente ans.

» Votre estime, Messieurs, sera le but de
» ses travaux, comme des nôtres ; nous n'au-
» rons ensemble d'émulation que pour obtenir
» vos suffrages ; récompense la plus flatteuse que
» nous puissions désirer, & l'étude de notre vie
» entiere sera de les mériter. »

2 *Avril.* Le Mercredi-Saint M. le prince de Lambesc, grand-écuyer de France, son frere & madame la princesse de Vaudemont reve-noient de la campagne dans la soirée & pas-soient à six chevaux dans la rue Saint-Antoine. Le bon Dieu alloit alors chez un malade. Le postillon retient ses deux chevaux : le cocher, au contraire excite les siens ; en sorte que le carrosse continue sa route & le pieux cortege est obligé de se disperser. Un prêtre, porte-son-nette, qui sortoit pour la quatorzieme fois de la journée, ne peut s'échapper assez vîte, est renversé & blessé : ce qui fait rire ces jeunes seigneurs. La populace indignée les injurie ; on court après le carrosse, & l'on ne sait ce qui seroit arrivé sans la vivacité des chevaux. On enleve le prêtre & on le porte dans son lit. Le clergé de Saint-Paul, paroisse du lieu, s'assemble & excite le zele du curé : on veut qu'il rende compte du fait à M. l'archevêque & fasse en même-temps dénonciation du délit sacrilege au procureur-général.

E 6

Le curé mou se contente d'écrire d'abord à madame la comtesse de Brionne, qui sentant toute l'énormité du cas renvoie le cocher, prévient en diligence la police, le ministere public, & accourt chez le pasteur un contrat de 200 livres de rentes à la main pour le prêtre blessé, qu'elle assure de sa protection. Elle auroit même désiré que ses enfants fussent venus lui faire des excuses; mais il paroît que cette satisfaction n'a pas eu lieu. Quoiqu'il en soit, les dévots, en rendant justice à madame de Brionne, innocente de cette atrocité, & qui a fait toutes les réparations qui dépendoient d'elle, blâment la foiblesse du curé, qui a appaisé ainsi, sans réparation publique, un scandale dont toute la populace a été témoin ; & les philosophes qui frémissent sur-tout de la barbarie de l'action, auroient exigé, qu'un exemple de vindicte éclatante de la justice contînt les grands, trop impunis en pareil cas.

Le bruit avoit couru que M. le comte d'Artois étoit pour quelque chose dans l'événement ; mais le voilà parfaitement éclairci de prêtres & de témoins oculaires.

3 *Avril.* Enfin l'on commence à débrouiller le chaos de la nouvelle révolution de l'opéra.

Par un arrêt du conseil du 17 mars, le roi retire à la ville la concession du privilege de l'opéra ; mais lui en laisse les dettes à payer jusqu'à cette époque, montant à plus de 200,000 livres, ainsi que les pensions viageres montant à 112,000 livres par an ; & par une contradiction assez singuliere, on fait cependant dire à S. M. dans le préambule, qu'il n'est pas juste que les octrois de la ville levés indistinctement sur tous les habitants, servent à subvenir aux frais des amusements de la classe la plus aisée.

C'est le secrétaire d'état du département de Paris qui continuera d'avoir la haute police de ce spectacle, & M. Necker, conjointement avec lui, réglera les dépenses, comme directeur-général des finances. Le sieur de la Ferté, ancien intendant des Menus, sera le commissaire de sa majesté qui représentera M. Amelot, & le sieur le Breton reprend l'exercice qu'il a occupé de la place de directeur-général de l'académie royale de musique, pour la gouverner avec pleine & entiere autorité sous les supérieurs dénommés.

Il est question de réglements ultérieurs à faire, dont quelques articles paroissent déjà fixés; savoir, que sa majesté donne 150,000 livres par an à l'opéra & lui abandonne les décorations & habits des Menus, évalués à 1,500,000 livres, à condition que l'académie royale jouera à Versailles & Fontainebleau douze fois par an.

3 *Avril.* Quelques gens, par une compassion très-déplacée, ou par une critique injuste, prétendoient que le parlement avoit mal-à-propos décerné la peine de mort contre la nouvelle troupe de scélérats appellés *Empoisonneurs*, sous prétexte que ceux qu'ils assoupissoient ne périssoient pas des suites de leurs vénéfices momentanés. Les magistrats, pour justifier leur conduite autorisée par l'édit du mois de Juillet 1682, non-seulement l'ont fait réimprimer, mais ont provoqué une déclara-

tion du 14 mars de cette année, qui le remet en vigueur & approuve la conduite de son parlement, l'autorise même à prononcer cumulativement la peine de la roue & celle du feu, suivant les circonstances.

Cette déclaration nouvelle a été enregistrée le 2 mars.

3 *Avril.* Ces vigoureux mémoires de Me. Prévôt de Saint-Lucien en faveur des étaleurs, qui avoient produit la plus grande sensation dans le public, ne les ont pas préservés des vexations dont ils se plaignoient de la part du commandant de guet & de la police : ils ont été condamnés sur tous les points par un arrêt du 26 février 1780.

4 *Avril.* L'année dramatique, comme l'on sait, finit & recommence à Pâques : c'est durant ces vacances que se consomment les changemens qu'on veut opérer dans les divers spectacles. On a vu ceux de l'opéra. Voici ce qui s'est passé à la comédie françoise : en deux mots, des pertes & point d'acquisitions. Il n'est nullement question de la grande Sainval, & il est à craindre qu'elle ne reste expulsée. La dame Drouin, plus connue sous le nom de mademoiselle Gaultier, se retire & il en étoit temps. Reçue en 1742, elle avoit trente-huit ans de service : heureusement ses rôles de charge, presque tous n'acquéroient que plus de mérite & de vérité avec l'âge. Elle étoit recommandable par une grande complaisance à jouer tout ce qu'on vouloit, & aussi souvent qu'on vouloit. Elle présidoit depuis quelques années aux comédies de madame de Montesson, qui

daignoit la consulter & prendre ses leçons. On assure que, remplie d'esprit, de goût & d'intelligence, elle est encore plus propre à former des actrices qu'à l'être ; elle va se livrer plus particuliérement aux plaisirs & à l'instruction de la troupe illustre de la Chaussée-d'Antin.

Jouer pendant vingt-sept ans les rôles d'amoureuse, & les soutenir par un air de jeunesse, & toutes les graces de la coquetterie, ce n'est point mal-adroit de la part de Mlle. Huss, qui renonce enfin à ce métier sur le théâtre, qui même aujourd'hui madame le Lievre, est dans la réforme depuis long-temps. Sa retraite a donné occasion de révéler sa charité. Emule de mademoiselle Guimard en bienfaisance, sans avoir eu, comme cette derniere, un poëte pour la chanter, on raconte que dans un hiver rigoureux elle a fait distribuer jusqu'à six cents livres de pain par semaine aux ouvriers que la dureté de la saison empêchoit de gagner leur vie.

Du reste, dans cet intervalle les comédiens n'ont donné que sept nouveautés & neuf pieces remises ; ce qui n'est pas remplir la moitié de leurs engagements. Entre les premieres on ne voit guere que *l'Amour François* de M. Rochon de Chabanne, dont le succès n'ait pas été équivoque.

5 *Avril.* Le théâtre italien éprouve en général plus de variations que le François ; il perd cette année trois sujets, dont le plus ancien n'avoit pas seize ans de pratique. C'est la demoiselle Beaupré, piquante par un grand air de jeunesse, par une assurance qu'elle eut dès son début, & par le mélange dans son jeu

fort rare de la naïveté & de la finesse. Le sieur Julien, reçu en 1772, avoit une propreté de chant remarquable & quitte au moment précisément où le public, qui ne l'avoit pas toujours goûté, commençoit à se faire à son action. Enfin le sieur Nainville, admirable par son organe qui, sans faire oublier Caillot, le remplaçoit quelquefois, abandonne aussi la scene, où il n'étoit que depuis 1769, quoique ses poumons robustes semblassent lui permettre de résister encore long-temps aux fatigues de son métier.

Dix acteurs & actrices suppléent à ces trois retirés. On doit distinguer dans ce nombre M. Favart, fils, recommandable par son nom ; la demoiselle Lescaut, fille naturelle de Clairval, son éleve, & qui se sent d'un tel pere & maître ; le sieur Valeroi, bon valet; la dame Verteuil, précédée déjà d'une sorte de réputation ; enfin le célebre Volange, qui, reçu à l'essai, a lieu d'espérer d'obtenir plus d'indulgence &, sans doute, deviendra plus modeste.

Dans les huit pieces à ariettes que les Italiens ont données & les cinq comédies, il n'en est pas plus de deux qui aient eu un succès décidé. Ils ont remis avec peu de succès neuf pieces de l'ancien répertoire.

6 Avril. Un M. le Tourneur, roulant en cabriolet sur le Boulevart, a été accroché par le carrosse du comte de Brancas, & le cocher de celui-ci sans égard pour la malheureuse & frêle voiture, ne faisant que redoubler d'ardeur l'entraînoit engrainée dans une des roues de la sienne : M. le Tourneur s'est trouvé ainsi pendant plusieurs toises, la tête entre la roue & le pavé : enfin il s'est dégagé, a sauté dans un fiacre voisin & a suivi le comte de Brancas, qui alloit chez le prince de Montbarrey: il est monté à l'audience & devant tout le monde a apostrophé ce seigneur & lui a demandé raison de l'impertinence barbare de son cocher : le ministre a fait semblant d'avoir affaire à quelqu'un, qu'il a fait entrer dans son cabinet, pour laisser ces messieurs vuider leur querelle. M. de Brancas, en demandant de grandes excuses à M. le Tourneur, en lui témoignant la sensibilité la plus vive à son accident, éludoit de donner satisfaction sur le champ. Celui-ci a insisté & exigé qu'au moment même il descendît & sous ses yeux renvoyât son cocher & lui fît ôter sa livrée; sinon l'a menacé de trouver moyen de se faire rendre justice autrement. Enfin le comte a fait ce qu'il désiroit & M. de Montbarrey a donné à M. de Brancas un de ses cochers pour le reconduire.

On est fâché qu'on ne mette pas au carcan quelqu'un de ces cochers qui compromettent ainsi leurs maîtres, mais qui ordinairement ne sont insolents & cruels qu'autant qu'ils sont soutenus. Tout récemment M. le premier président du parlement de Rouen a été légèrement blessé dans pareille bagarre. L'archevêque de Paris est furieux qu'on n'ait pas fait exemple sur le cocher de madame de Brionne.

7 Avril. On a oublié de faire mention de la perte de monsieur le chevalier de Jaucourt, mort le 3 février dernier. Cet homme de qualité, entraîné par son ardeur pour les sciences, avoit étudié en médecine à Leyde sous le fameux Boerhaave, & s'y étoit fait admettre au doctorat. C'étoit un des principaux coopérateurs de l'Encyclopédie. Il possédoit plusieurs langues, sur-tout l'angloise, & a beaucoup aidé de ses conseils M. le Tourneur pour sa traduction des *Nuits de Young*.

7 *Avril*. M. Parmentier, apothicaire des Invalides, chymiste profond pour la panification de diverses substances qu'on n'auroit pas cru susceptibles de cette métamorphose, qui a surtout tiré de la pomme de terre un pain blanc, léger & savoureux, prétend, au contraire, qu'on ne peut y réduire la châtaigne ; & pour mettre le public à même de juger des mauvaises qualités d'un pain de cette espece, en a préparé & fait distribuer avant-hier. Il en résulte que la saveur agréable de ce végétal, son odeur douce, sa blancheur, tout disparoît ; & qu'on n'obtient qu'une espece de galette lourde, matte, serrée, ayant l'odeur, le goût & la couleur de lie de vin, & affectant désagréablement tous les sens.

M. Parmentier a fait imprimer en même temps un traité sur la châtaigne, où il a la bonté d'ergoter avec Me. Linguet & de venger le pain des accusations formées par ce journaliste contre cet aliment.

8 *Avril*. On peut se rappeller ce qui a été dit du comte de Paradès, ce célebre aventurier qui, en 1778, étoit embarqué dans l'armée navale du comte d'Orvilliers. Il devoit s'embarquer de nouveau cette année ; mais malgré le sort magnifique qu'on lui faisoit, on a, sans doute, eu des soupçons qu'il nous trahissoit, & on le dit arrêté.

9 *Avril*. M. de Paradès a été en effet arrêté

mardi dernier à Versailles par le prévôt de l'hôtel, & conduit sous bonne escorte à la Bastille. On a trouvé chez lui pour 1,200,000 livres d'argent & d'effets. Il paroît que, non-content du traitement considérable que lui faisoit la France, il étoit aussi espion des Anglois : on a, dit-on, intercepté des dépêches & l'on s'attend à le voir finir d'une façon sinistre. M. de Sartines est un peu honteux de toute la confiance qu'il lui a donnée & peut-être pour éviter les rumeurs qui en réjailliroient contre ce ministre, tâchera-t-on d'étouffer cette aventure & de faire disparoître ce traître, lorsque le secret de l'état qu'il a, n'en sera plus un.

10 *Avril.* On lit dans la gazette de France du mardi 28 mars... " Il n'y eut point de ser-
,, mon le Jeudi-Saint chez le roi, parce que
,, l'abbé d'Espagnac, chanoine de l'église de
,, Paris & grand-vicaire de Sens, qui devoit
,, prêcher la cène devant S. M., se trouva
,, mal au moment de monter en chaire & hors
,, d'état de prononcer son discours. " Voici ce que c'est que cet accident subit. A cet instant un huissier vint lui apprendre que le roi savoit qu'il étoit incommodé & le dispensoit de remplir ses fonctions : l'orateur n'entendant pas ce que cela vouloit dire, assura l'huissier qu'on avoit trompé S. M., qu'il étoit très-sensible à l'attention du monarque, mais qu'il se portoit fort bien. L'huissier s'appercevant de la bonhommie de l'abbé d'Espagnac, lui répéta la même chose de maniere à se faire comprendre, & en effet très-malade & très-ulcéré, il remonta dans sa chaise de poste & revint à Paris.

L'abbé d'Espagnac, fils du gouverneur des Invalides & neveu de l'abbé d'Espagnac, conseiller de grand'chambre & rapporteur de la cour, est un jeune homme entré dans la carriere des lettres & avide de célébrité: pour mieux y parvenir il a voulu avoir des opinions singulieres, établir des paradoxes hardis. On se rappelle que, chargé en 1779 du panégyrique de Saint-Louis à prononcer devant l'académie françoise, il scandalisa fort les dévots par cette piece, où on l'accusa d'avoir rétabli des phrases que M. l'archevêque de Paris lui avoit fait ôter: depuis peu, frondant les éloges de l'abbé Suger, il en a donné une vie, où il le peint comme un petit génie, un mauvais religieux, un fourbe, &c. Cet esprit de critique & de dénigrement à l'occasion d'un de ses membres les plus distingués, a sur-tout révolté le clergé. On s'en est plaint à *Monsieur*, le chef & le protecteur de la religion à la cour, qui a prévenu le roi contre l'abbé d'Espagnac. Quelque-temps avant la Semaine-Sainte S. M. dit: « Nous avons entendu l'an
» passé un sermon qui n'étoit pas trop chré-
» tien, (celui de l'abbé Rousseau) mais cette
» année ce sera bien autre chose. » Ce propos a été rendu à l'abbé d'Espagnac par des courtisans, ses amis: il n'en a pas été intimidé. M. l'archevêque de Paris & le grand-aumônier ont désiré voir son discours: ils ont trouvé qu'il ne rouloit nullement sur le mystere du jour, mais sur une matiere fort étrange, sur un parallele de la royauté avec le despotisme: ils on craint quelque sensation fâcheuse; on en a prévenu M. le comte de Maurepas,

qui est toujours plaisant, honnête & malin ; il a imaginé cette petite niche pour sauver un refus absolu de l'orateur.

Depuis, M. le cardinal de Luynes lui a ôté ses lettres de grand-vicaire.

10 *Avril.* M. l'archevêque de Lyon, n'ayant pu être de la prochaine assemblée du clergé pour y défendre la cause des moines, a intrigué auprès de ses confreres, & dans toutes les assemblées il y a eu des instances aux députés de s'élever contre la commission des réguliers : on a prévenu M. de Maurepas qu'il en pourroit résulter une grande fermentation. Ce vieux ministre, qui veut mourir en paix, a imaginé d'y couper court en supprimant d'avance ladite commission ; ce qui ne compromet point l'autorité. Dorénavant tout ce qui concernera la suppression ou la réunion des maisons religieuses, sera porté au conseil de S. M. qui y statuera seul.

10 *Avril.* M. le comte de Paradès est le héros des conversations du jour. Il a été d'autant plus mal-adroit de se laisser découvrir en ce moment, qu'il étoit, dit-on, à la veille de recevoir les plus grands honneurs. Il avoit été présenté à S. M. le samedi précédent & le roi d'Espagne se proposoit de lui envoyer la grandesse. Il avoit dîné le jour de sa capture chez M. de Sartines ; ce ministre, en le quittant, lui dit : " Vous allez être arrêté ». Il prit la chose en riant. On ajoute qu'on n'a point intercepté de paquets ; mais que sur la connoissance donnée à la cour de Londres d'un secret d'état, le roi dit à M. de Sartines : « Il n'y a que moi, ou vous, ou cet homme-

» là, qui ait pu le laisser transpirer ». La conséquence étoit aisée à tirer. On en est actuellement à disputer s'il sera pendu ou non, s'il le sera publiquement ou secrétement, s'il sera jugé par une commission, ou ministériellement.

11 *Avril. L'Alambic des loix*, ou *Observations de l'ami des François sur l'homme & sur les loix*, avec cette épigraphe : *Vox clamantis in deserto*. Ce livre est un gros in 8°. qui, quoique daté de 1773, ne perce que depuis peu dans cette capitale. On y trouve en tête une *préface qu'on peut lire*, dit l'auteur. En effet, elle est en action : c'est un tableau rapide de ses aventures, où il forme une peinture vive de tous les inconvénients, de tous les maux, de tous les vices de notre vie physique, morale & civile en France. C'est ce qui l'a déterminé à entreprendre de prouver, 1°. que tout va très-mal : 2°. qu'il n'y a rien de si facile que de faire tout bien aller. *Amen* !

L'auteur de cet ouvrage s'annonce pour avoir fait, outre *l'Ami des François*, *l'Alambic moral*, & promet encore *l'Alambic des passions*; enfin *l'Alambic encyclopédique*, ou *Examen raisonné & impartial du grand Dictionnaire connu sous le nom de l'Encyclopédie*.

On conçoit que tous ces alambics doivent être fort alambiqués : cependant par le soin de l'auteur à faire tous ses chapitres très-courts, il soutient mieux l'attention dans cet ouvrage-ci, par sa nature très-métaphysique & conséquemment hors de la portée du commun des hommes. Une pointe de satyre le relève de temps en temps. Il est sur-tout recherché des magiſtrats. On ne voit pas trop pourquoi il coûte 36 l., car il n'y a rien qui le rende du dernier bon, c'eſt-à-dire, de piquant, de ſcandaleux, ou de hardi exceſſivement.

11 *Avril.* La fermentation, l'intérêt & la curioſité ſe croiſent journellement au ſujet du prétendu comte de Paradès, & Dieu ſait quels coqs-à-l'âne il réſulte des entretiens auxquels il donne lieu depuis huit jours : car, ſi les faits les plus ſimples & les plus publics s'altèrent & ſe dénaturent à force de paſſer de bouche en bouche, on doit juger combien ceux, concernant cet aventurier, néceſſairement ſecrets & myſtérieux, doivent l'être à plus forte raiſon. L'anecdote la plus vraiſemblable c'eſt que M. de Paradès, eſpion de la France en Angleterre, y fut ſoupçonné & arrêté en 1778; qu'il ſe tira adroitement de ce mauvais pas en faiſant entendre à lord North que de le pendre ne ſerviroit pas à grand'choſe à la Grande Bretagne, au lieu qu'en le relâchant, il pouvoit lui devenir un contr'eſpion fort utile; qu'ainſi payé des deux côtes, il a gagné beaucoup, quoiqu'il dépenſât énormément; & que, par une grande gaucherie, ayant voulu placer ici chez différents notaires près de quatre millions ſous ſon nom, ces officiers publics ont eu occaſion de s'en éclaircir entre eux, & ſurpris d'une fortune ſi prodigieuſe, l'ont dénoncé à la police, de là au miniſtere, qui a profité de cet éveil & découvert ſa trahiſon.

Quoi qu'il en ſoit, le plus fâcheux c'eſt qu'au moyen de cet événement il faut changer tous les plans de campagne ; ce qui va retarder d'autant les opérations. On assure que le le roi, dont l'ame neuve & franche n'est pas encore habituée à ces vils ressorts d'une politique détestable, mais nécessaire, est furieux & voudroit écarteler M. de Paradès, plus coupable que Damiens, par les maux incalculables qu'il a causés à l'état.

12 Avril. Dimanche dernier, jour où les jeunes filles faisoient leur premiere communion à Saint-Roch, au nombre de quarante-six, elles se sont trouvées toutes empoisonnées des hosties, & il en est mort une.

12 Avril. Le réglement de *Monsieur* concernant la réforme de sa maison paroît. Il traite fort honnêtement les supprimés; il leur offre de leur donner l'intérêt de leur argent à dix pour cent en viager, ou de les rembourser comptant & sur le champ.

Ce réglement avoit été précédé de lettres-patentes qui l'annonçoient; mais ces lettres-patentes n'ont point percé dans le public : on en a même retiré tous les exemplaires imprimés & ceux qui avoient été distribués aux gens qui devoient en avoir nécessairement. L'un des officiers qui en avoit eu deux, ne s'en est pas vanté & a pu ainsi conserver son exemplaire. Ceux qui l'ont lu, assurent que c'est une piece curieuse par la parodie & le persifflage continus qui y regnent du projet de M. Necker en cette partie. On sait que *Monsieur*, qui n'aime pas ce directeur des finances, ne s'est déterminé à cette réforme que pour le prévenir & lui ôter tout prétexte de mettre le nez dans ses affaires.

Dans le préambule on fait dire à *Monsieur*...

Des bâtiments délabrés qu'on nous a donnés, une erreur de calcul de la part de notre bisaïeul, &c. nous ont forcés de faire un retranchement dans notre maison. Pour y parvenir nous ne demanderons point le conseil de nos grands officiers, leur intérêt est trop directement opposé au nôtre : nous nous en raporterons à des personnes honnêtes & impartiales, & nous réservons à nous seuls la décision.

13 *Avril*. Le sieur de Beaumarchais a tellement intimidé les comédiens, qu'il les a amenés à compter avec lui pour les honoraires de son *Barbier de Séville*, & leur a prouvé 1°. que les frais journaliers qu'ils évaluent à *900 livres*, ne doivent aller qu'à *600* : 2°. que le quart des pauvres, pour lequel ils sont abonnés & ne donnent que 80000 livres, n'équivaut pas au quart de la recette, bénéfice auquel il devoit participer dans la même proportion. Quant aux petites loges, on n'en parle point & il paroît qu'il n'a rien gagné sur cet article. Quoiqu'il en soit, fier de cet avantage, il a écrit une lettre circulaire aux poëtes, membres du bureau de législation dramatique, pour les inviter à se rendre chez lui ; & ces confreres dociles, excepté MM. le Miere & Rochon, y ont été.

Le sieur de Beaumarchais leur a raconté avec son verbiage, son égoïsme ordinaires tout ce qu'il avoit fait, dans le plus grand détail, pour améliorer leur droit pécuniaire. Il leur a annononcé que le compte de son *Barbier de Séville* seroit désormais le modele de tout compte pareil ; que ceux qui depuis la contestation élevée avec les comédiens à ce sujet avoient refusé leurs honoraires, participeroient à son arrangement.

Ce récit a beaucoup réjoui les auteurs présents, plus touchés du lucre que de toute autre considération ; il a produit bientôt l'enthousiasme dans l'assemblée, & outre les actions de graces qu'ils ont rendues sur le champ à leur héros, ils ont porté particuliérement sa santé à table : dans un délire de tendresse bachique, ils ont embrassé l'Amphitrion, ils l'ont qualifié d'homme admirable, d'homme de génie, de bienfaiteur des lettres, & opiné par acclamation pour lui devoir dresser une statue.

14 Avril. Il faut ajouter à ce qu'on a dit du comte de Paradès, qu'il étoit à la veille de monter dans les carosses du roi, en prouvant sa noblesse depuis 1400 ; que le jour où il fut présenté, S. M. avoit fait venir M. de Saint-Paul, premier commis de la guerre, & lui avoit fait expédier sur le champ trois brevets pour cet étranger, de capitaine, de major & de colonel.

M. le Noir est allé mercredi l'interroger à la Bastille : ce qui a été fort long. On se doute bien qu'on avoit mis sur le champ les scellés chez lui, rue de la vieille Estrapade.

Enfin on veut qu'il soit fils d'un pâtissier d'Abbeville & que des officiers l'aient reconnu dans l'Œil-de-Bœuf à Versailles ; ce qui paroît difficile à concilier avec l'éducation que supposent ses connoissances, ses talents, dans une aussi grande jeunesse ; car on persiste à assurer qu'il n'a pas plus de vingt-six ans.

14 Avril. Le résultat général de *l'Alambic*

des loix est, que l'auteur en examinant la législation, le gouvernement, l'administration & la jurisprudence de la France, a cru voir que....

Le vice le plus général dans toutes les parties, est qu'on laisse toujours par-tout à un homme seul le droit de décider....

La puissance législative réunie sur le monarque à la puissance exécutrice, le rend toujours juge & partie ; ce qui ne doit jamais être....

Il n'y a point de corps solide, protecteur & conservateur des loix ; par conséquent point de loix....

Chaque province du royaume ayant des coutumes, des usages, des poids, des mesures, &c. qui n'ont nul rapport aux autres, forment autant de parties isolées, qui n'ayant ni ensemble, ni union, ne peuvent jamais former un tout....

La nomination de toutes les places dépendant dans chaque partie de la volonté d'un seul homme, & toutes les places se vendant, elles sont toujours marchandées & ne s'adjugent qu'au plus offrant & dernier enchérisseur ; il veut dire celui qui offre le plus d'argent, de protection, ou de complaisance, &c. Elles sont toujours dès-lors incontestablement mal remplies....

Tout dépend du choix des chefs.... Dès que les places sont mal remplies, le désordre devient nécessairement général.

Chacun étant maître absolu dans sa partie, y fait des loix & y établit des usages qui deviennent loix.

Cette multitude de loix nouvelles qui ont étouffé totalement les loix fondamentales, se contredisent toutes & nécessitent l'arbitraire, fléau de toute société.

La multitude de jurisdictions différentes, qui, ayant toutes des intérêts opposés, ne s'occupent qu'à se nuire mutuellement, portent par-tout l'incertitude & augmentent le désordre....

Les commentateurs, les procureurs, la chicane & la forme ont tellement embrouillé notre jurisprudence, qu'aucun propriétaire ne peut être assuré de sa propriété, ni même de la jouissance....

Ce défaut d'assurance a dépeuplé les campagnes & surchargé les villes, par la facilité qu'on y trouve de placer son argent à intérêt.

Cette facilité a engendré le luxe....

Le luxe a engendré les crédits......

Les crédits ont engendré la ruines des familles....

La ruine des familles a détruit l'union....

Cette désunion enfante tous les vices....

Les vices causent bientôt la dépopulation....

Celle-ci nécessite toujours la dissolution des parties.

15 *Avril*. M. Meunier de Querlon vient de succomber à ses infirmités. C'étoit un critique plein de goût, d'une logique adroite & sûre, un littérateur très-estimable, qui, entr'autres ouvrages périodiques, a rédigé avec beaucoup de distinction, pendant nombre d'années, les *Affiches de Province*. On y remarque sur-tout communément cette impartialité

si rare chez nos journalistes. Il n'étoit d'aucun parti, aussi n'a-t-il pas été prôné comme il l'auroit mérité. Tout ce qu'on peut lui reprocher, c'est de n'avoir pas assez senti la dignité de son être, en acceptant la place de bibliothécaire de M. Beaujon, & en se mettant aux gages de ce Plutus, chez lequel il n'auroit dû jamais être que comme son ami. Il y est mort.

16 Avril. Une nouvelle actrice, sans avoir été annoncée, a débuté vendredi à la commédie, dorénavant improprement appellée *Italienne*, puisque la troupe de cette nation est renvoyée, sauf Carlin, à cause de son âge : c'est dans la piece intitulée *le Jeu de l'Amour & du Hasard* qu'elle a paru. Un son de voix agréable, une belle prononciation, auroient prévenu en sa faveur, si l'on n'avoit reconnu dès la premiere scene que cette débutante est une comédienne d'un mérite supérieur, que Paris envioit depuis long-temps à la province. Beaucoup de sensibilité, jointe à une intélligence rare, & l'art de faire valoir les plus petits détails, n'ont jamais permis de méconnoître madame Verteuil, qu'on a déjà classée comme engagée à ce spectacle.

15 Avril. L'auteur de l'*Alambic des loix*, après avoir découvert les vices de la constitution françoise, donne le remede.

Il sépare la puissance législative de la puissance exécutrice, & il subordonne dans tous les cas la derniere à la premiere.

Il établi un corps solide, dépositaire & conservateur des loix ; par-là il prévient & anéantit pour toujours l'arbitraire.

Pour abolir à jamais l'infame vénalité, il veut que toute place, sans exception, ne soit nommée qu'à la pluralité des voix : ce qui assure le bon choix des chefs, dont tout dépend.

Faisant tout décider dans les diverses parties à la pluralité des voix, aucun homme ne peut plus, dans aucun cas, décider : il prévient par-là les abus, qu'enfante nécessairement l'intérêt personnel.

Il simplifie l'espece & la nature de l'impôt, il abolit tous les abus de la perception actuelle, & établissant par-tout liberté, facilité, sureté & tranquilité, il rend tous les habitants du royaume tranquilles & heureux. Dès-lors l'amour de la propriété qu'il inspire, nécessitant l'amour de la patrie, chacun fournira avec plaisir, & même empressement, tout ce qui sera nécessaire pour le bien général.

Simplifiant la législation & la jurisprudence, abolissant la chicane & la forme, il assure la propriété & la libre jouissance des propriétaires ; il facilite par conséquent la population, vraie richesse de tout état.

Abolissant les constitutions, annullant tous engagements sous signature privée, établissant des distinctions frappantes & des limites fixées à toutes les différentes classes, & sur-tout supprimant à jamais les crédits, il anéantit pour toujours le luxe, l'usure, la débauche & la prodigalité : il dépeuple les villes, repaires de tous les vices ; il repeuple les campagnes & nécessite un ordre & une vivification générale.

Abolissant les testaments, il prévient les injustices qu'occasionnent les préférences toujours mal entendues & il conserve les biens aux familles.

Abolissant les droits des femmes aux successions, leur ôtant le droit de posséder jamais aucune propriété, rendant le mariage un contrat purement civil qui se renouvelle tous les ans, en un mot, rendant leur sort absolument dépendant des hommes, il prétend nécessiter la vertu & les qualités des femmes, & les forcer à être heureuses, en faisant le bonheur des hommes.

Etablissant l'adoption, il ouvre une source nouvelle à l'union des familles & à la population.

Abolissant la peine de mort & établissant les travaux publics, tous les criminels sont sans cesse des exemples frappants qui arrêtent le vice; il soulage la société des travaux qu'ils font; & il forme un débouché sûr & toujours ouvert, qui débarrasse la société de tous les monstres qui lui nuisent, dans quelque genre que ce soit.

Enfin, par cet enchaînement de chefs qui se veillent, s'observent & se répondent sans cesse de tout l'un à l'autre, il forme un tout solide, immuable & de la plus grande force. Il lui donne pour ressort l'attachement de chaque individu à sa famille & à sa propriété, d'où résulte nécessairement l'amour de la patrie, qui circulant dans toutes les veines est la vraie force & par conséquent la gloire des nations.

16 *Avril.* Il y a une grande fermentation dans le parlement, depuis que M. d'Aligre a manifesté son projet de démission & la

lettre gracieuse du roi : M. d'Ormesson qui se voit retardé dans la jouissance de cette place, dont on lui donne une partie des charges, est très-mécontent ; & M. de Lamoignon, qui auroit grande envie de supplanter son ancien & de remplacer M. d'Aligre, qui même dit-on, s'étoit arrangé sourdement avec celui-ci, est fâché de voir la mine éventée. Jusques à présent ce magistrat avoit passé pour un excellent patriote ; mais il paroît que l'ambition dont il est dévoré, lui a fait sacrifier le mâle héroïsme qu'il avoit affiché & qu'il y a une intelligence sourde entre le ministere & lui. En conséquence, M. d'Ormesson, par humeur contre le garde-des-sceaux, vient de faire mettre en train l'affaire de la librairie, où son protégé M. Camus de Néville, se trouve étrangement compromis.

17 *Avril*. Mademoiselle d'Ayen, qui a fait sa premiere communion avec les autres enfants, a été aussi attaquée des symptômes du poison ; & comme elle n'avoit point dîné avec les autres jeunes filles, ainsi que plusieurs de celles-ci, également atteintes, on a présumé avec raison que la cause physique de l'empoisonnement devoit résider dans les hosties.

17 *Avril*. M. le maréchal duc de Duras est venu faire enrégistrer avec solemnité devant lui, au greffe des comédiens, l'arrangement du sieur de Beaumarchais, relativement aux honoraires des auteurs, auquel il a donné sa sanction, ainsi qu'un réglement, par lequel les pieces nouvelles seront seulement jugées dans l'assemblée, des huit comédiens, plus anciens & en conséquence il a ordonné que toutes

les pieces nouvelles fur le répertoire feroient remifes à l'examen de ce comité.

Il eft à remarquer qu'on donne auffi un effet rétroactif & humiliant pour les auteurs à ce réglement ; tandis qu'on ne leur permet pas de revenir fur la léfion qu'ils ont reçues des comédiens, dans le compte que ceux-ci leur ont fourni des pieces jouées, depuis fi long-temps qu'ils s'en plaignent.

On ne voit pas que dans le dernier bureau de légiflation dramatique, aucun ait fait cette obfervation.

17 *Avril.* Il fe répand un calambour d'une efpece affez finguliere. On raconte qu'un particulier fe nommant Franqlin eft venu de province muni de fes titres pour voir avec le fameux Franklin s'il ne feroit pas fon parent ; que celui-ci, après les compliments réciproques, l'a prié de conférer avec fon fecrétaire fur cet objet : que le fecrétaire, dès l'apperçu du nom, lui a obfervé qu'il ne s'écrivoit pas de même ; & fans en voir davantage lui a dit : « Monfieur, » de votre Q (cul) faites un K (cas), & » vos papiers vous ferviront. »

18 *Avril.* La reine ayant ouï vanter beaucoup les plaifirs d'une fociété de jeunes feigneurs & militaires, qui ont formé entre eux cet hiver, une comédie bourgeoife, & s'amufoient à toutes fortes d'autres jeux, a voulu abfolument les voir & en être. On s'en eft défendu tant qu'on a pu ; mais fa majefté a dit qu'elle ne vouloit pas les gêner, & qu'elle viendroit les furprendre. On a eu grand foin de fe faire prévenir & un jour qu'on a fu le deffein de fa majefté, pour la mieux tromper, lorfqu'elle eft

arrivée chez madame la duchesse de Villequier, où étoit la séance, elle n'a trouvé qu'un concert fort beau, mais qui a fait faire la moue à la souveraine. On lui a fait bien des excuses; pour la dédommager on a joué au *Decampativos*, espece de colin-maillard raffiné, où tous les acteurs sont affublés d'un grand drap blanc, sauf le patient, que chacun vient toucher successivement avec une serviette, & il reste exposé aux plaisanteries jusqu'à ce qu'il ait nommé juste l'agresseur. La reine a trouvé ces espiegleries charmantes. Enfin on l'a conduite à un petit théâtre dressé dans le foyer de la grande salle du spectacle de Versailles, où elle a rencontré le roi, *Monsieur & Madame*, M. le comte & madame la comtesse d'Artois, le duc & la duchesse de Chartres, les seuls étrangers qu'il y eût. On a exécuté une parodie faite par M. le comte de Linieres du triste opéra-comique du sieur Sedaine, joué il y a quelques mois aux Italiens, intitulé *Aucassin & Nicolette*. Cette facétie a très-bien pris. Après le spectacle la reine a voulu que le roi jouât au *Decampativos*, & toute la famille royale s'est ainsi amusée familiérement jusques à quatre heures du matin, qu'on s'est séparé.

19 *Avril.* L'auteur de l'*Alambic des loix*, enthousiaste comme il faut l'être, pour avoir la patience de composer un pareil ouvrage, dit qu'il a pris tout ce qu'il a trouvé bon dans les gouvernements connus, qu'il en a rejeté tout ce qui pouvoit être susceptible d'abus, & qu'il en a formé un tout, analogue au génie des François.

Le nouveau genre de gouvernement qu'il

propose, a tous les avantages du républicain, sans en avoir les frottements & les ondulations continuelles; il a tous les avantages du monarchique, sans être susceptible de ces abus d'autorité, qui dégénerent toujours promptement en despotisme: il a toute la force des associations fédératives, sans pouvoir craindre la désunion qui détruit tôt ou tard ces constitutions.

Enfin, il lui paroît en tout analogue au génie de la nation qui, née pour la liberté, est toujoujours prête à en abuser, se cabre si on la retient trop, s'échappe si on ne la retient pas, & dont l'aimable gaieté vise souvent au délire.

Du reste l'auteur répond sur sa tête, ce qui est pourtant le gage d'un fou, avec connoissance de cause, que tout ce qu'il propose peut s'exécuter en trois ans, sans la moindre secousse, sans répandre une goutte de sang, & sans faire le moindre tort à personne. *Amen! Amen! Amen!* &c.

19 *Avril*. Extrait d'une lettre de Bordeaux, du 15 avril..... Il n'y a point à Paris & dans l'Europe, dit-on, de salle de spectacle qui approche de la beauté de celle-ci: elle est même trop superbe pour la province. Il y doit débuter demain un nouvel acteur, dont on assure que l'organe est supérieur à celui du sieur le Gros. Nous avons des gens en état d'en décider; car Jéliotte, Chassé, M. & madame la Ruette sont à Bordeaux. L'affluence d'étrangers attirés pour l'ouverture de la salle est immense.

20 *Avril*. Le sieur Rousseau de Toulouse ayant fait autrefois de petites comédies s'est

plaint, quoiqu'elles n'aient pas eu de succès; de n'avoir pas été appellé au bureau de législation dramatique. Ses amis en ont parlé au sieur de Beaumarchais, qui s'est défendu sur ce qu'ayant horriblement vexé ce journaliste dans la préface de son *Barbier de Séville*, il présumoit qu'il auroit eu de l'éloignement pour venir chez lui & accepter son dîner; mais que, dès qu'il ne se sentoit point de répugnance à tout oublier, lui Amphitrion y consentoit volontiers: en conséquence le sieur Rousseau a été mis sur la liste & a reçu un billet d'invitation pour la derniere assemblée.

20 *Avril.* On voit ici quelques exemplaires d'un ouvrage nouveau, venu de chez l'étranger, ayant pour titre : *L'Espion François à Londres*, ou *Observations critiques sur l'Angleterre & sur les Anglois*, par M. Lecler de Goudor, ouvrage destiné à servir de suite à *l'Espion Chinois*. Il y en a deux volumes qui se vendent un louis. C'est vraisemblablement une imitation de *l'Espion Anglois*, connu ci-devant ici sous le nom de *l'Observateur Anglois*; ce qui a induit en erreur & fait courir le bruit que les tomes V & VI de ce dernier ouvrage se distribuoient. On ne connoît encore l'autre que par l'annonce des colporteurs & de quelques gazettes étrangeres.

21 *Avril.* On regarde aujourd'hui comme éclairci sans aucun doute, que le comte de Paradès, soi-disant, est fils d'un pâtissier de Phalsbourg; qu'il se nomme Richard; qu'il a été éduqué par un ingénieur, qui lui ayant trouvé de l'esprit & de l'intelligence, se l'est attaché & a pris plaisir à développer ses talents,

singuliérement bien tournés vers cette partie & sur-tout vers l'art de lever des plans ; que de-là il avoit couru le pays & s'étoit insinué en effet auprès d'un comte de Paradès, qu'il avoit accompagné dans des voyages où il étoit mort & dont il avoit volé les titres, qu'il s'étoit appropriés.

On veut que, pour être plus sûr de ses opérations, il eût trois de ses freres avec lui, dont l'un lui servoit de secrétaire, le second de maître-d'hôtel & le dernier de chef de cuisine. Ils ont été arrêtés aussi & c'est le premier qui a été envoyé à Arras pour y faire reconnoître, ouvrir & inventorier une malle, que M. de Paradès y avoit laissée dans une auberge, & où l'on compte trouver des papiers de conséquence. Voilà où en est ce roman.

21 *Avril.* Les numéros 59 & 60 de Me. Linguet sont arrêtés, sur-tout le dernier; & les amateurs de son libelle périodique craignent que cette proscription ne soit durable.

22 *Avril. Jugement d'un citoyen sur l'appel à la postérité de Simon-Nicolas-Henri Linguet, publié en janvier 1780, avec cette épigraphe:* Erudimini qui judicatis...... *ou l'Appel à la postérité au néant; avec cette autre épigraphe:* Judicia custodite & implete ea: ut habitare possitis in terra, absque ullo pavore. *A Noyon, de l'imprimerie de Devin, imprimeur & libraire,* 1780. Et à la fin on lit: *Permis d'imprimer à Noyon ce 26 février 1780* signé *Tondit*.

Tel est le titre assez ridicule d'un ouvrage plein de sagesse & de raison, où l'on démontre : 1°. Que les avocats avoient droit de rayer ce membre dénoncé: 2°. Qu'ils l'ont rayé juste-ment: 3°. Que Me. Linguet ne pouvoit relever de ce jugement que par la résignation, la résipiscense & une meilleure conduite. Il doit d'autant plus augmenter la rage de ce forcené, qu'il se verra dans l'impossibilité d'y répondre. Du reste, il y est très-ménagé, & si cet écrit a un défaut, c'est de n'être pas assez nourri de faits, de ne pas peindre assez énergiquement le scandale causé à tous les honnêtes gens le jour de la fameuse scene, où ce moderne Catilina voulut avec la cohorte de coupe-jarrets qui l'entouroit, forcer le temple de la pacifique Thémis.

23 *Avril*. Le N°. 59. de Me. Linguet, quoique arrêté, est cependant parvenu à plusieurs souscripteurs à moins qu'on n'y ait mis des cartons; on doute que le maréchal duc de Duras ait pu avoir le crédit de faire interdire ce journal pour cette feuille, n'ayant pu réussir dans d'autres cas, où il étoit infiniment plus maltraité. On doit plutôt attribuer la proscription du journal à l'article du mémoire de M. d'Epremesnil. Ce magistrat y est bafoué sans le moindre ménagement & avec toute la fureur dont est capable l'écrivain forcené, qui ne dissimule pas avoir en haine ce conseiller, qu'il prétend avoir beaucoup contribué à le perdre.

Le N°. 60. a été supprimé en entier; mais comme il y a de la contrebande par-tout, quelques gens ont cependant su se le procurer. Dans celui-ci il y a un article contre les parlements si violent, qu'on a lieu de croire que Me. Linguet, désespérant d'être toléré désormais, a pris son parti & rue aveuglément sur tout ce qui s'oppose à sa rage.

Tout cela confirme une réflexion que lui faisoit au commencement de ses querelles un de ses confreres, Me. Belot, auquel il se plaignoit de ses ennemis : *Me. Linguet, votre plus cruel ennemi, c'est vous-même.*

24 *Avril.* Quoique M. le premier président de Rouen, blessé comme on l'a rapporté, n'ait pu se rendre à Rouen, M. d'Epremesnil n'en a pas moins entamé le fond de son intervention au jour indiqué, mercredi 12. Il est parti, sans doute, de l'aveu du comte de Tolendal, qui dans le cours de son plaidoyer avoit dit que M. Duval de Leyrit avoit été un des auteurs de la mort de M. de Lally, ce dont le parlement avoit donné acte à son adversaire, quoique le jeune homme sommé de répondre sur cette accusation n'y eût pas persisté & eût répondu d'une façon ambiguë.

On ne voit encore ici que l'exorde du mémoire du comte & même manuscrit seulement : ceux qui l'ont lu, assurent que c'est un chef-d'œuvre d'éloquence & d'adresse.

24 *Avril.* M. le marquis de Chatellard, ancien maréchal-de-camp, ayant écrit à M. le prince de Montbarrey pour se plaindre d'avoir été oublié dans la promotion des lieutenants-généraux, ce ministre lui a répondu qu'il étoit sur la liste, mais que sa majesté l'avoit rayé : sur quoi il a fait apporter tous ses habits militaires, ses parchemins, & autres titres & marques de ses services militaires au pied du poteau de la justice, & les a brûlés. Il a écrit à plusieurs de ses fils au service, qu'ils eussent.

à le quitter fur-le-champ, finon qu'il les déshériteroit. Il eft fort riche, & fon grief aux yeux de la cour, c'eft d'avoir été très-parlementaire, & d'avoir prêté de l'argent à plufieurs membres du parlement de Grenoble, mandés en cour lors de la dragonnade de M. Dumefnil.

24 *Avril.* Lors de la derniere féance du bureau de légiflation dramatique, lorfqu'on étoit fous le charme de l'opération du fieur de Beaumarchais, qu'on l'en félicitoit, qu'on s'applaudiffoit de la réunion nouvelle & qu'on fe promettoit de continuer les affemblées, eft intervenue la lettre de M. Rochon de Chabannes, difant, au contraire, qu'il ne falloit pas infifter fur les demandes qu'on avoit faites & qu'il falloit diffoudre l'affemblée, n'ayant pas la forme, la dignité & la liberté convenables. On a cherché quelle pourroit être la caufe de ces changements.

Un des membres a prétendu que deux chofes dans les objets de demande arrêtés avoit toujours déplu à cet auteur : l'inamovibilité des commiffaires & le préfident de lecture. Quant au premier point, on eft convenu de le réformer & de ne laiffer les commiffaires que quatre ans en place, d'élire deux membres nouveaux tous les deux ans, qui fuccéderoient aux deux plus anciens fortis. Cette efpece d'échevinage littéraire, auquel tout le monde pourroit parvenir avec le temps, a finguliérement réjoui les votants.

Quand au préfident de lecture, cet article n'eft pas réglé définitivement.

25 *Avril.* Les tréforiers de France font depuis long-temps en conteftation avec

les chambres des comptes, qu'ils ne veulent pas reconnoître pour supérieurs, tandis que celle-ci refuse de les avouer indépendants d'elle. Un M. Clément de Boissy, maître des comptes de la chambre de Paris, a composé deux ouvrages, dont l'un, *Traité sur la jurisdiction des tréforiers de France*, 1777 ; & l'autre, *Etat véritable des tréforiers de France*, 1779 ; où, avec la morgue qui caractérise cette cour, il maltraite fort les bureaux des finances. Un des membres de ceux-ci, attaché au bureau de Lyon, homme de lettres & vraiment capable de défendre sa cause, a composé une réponse, intitulée : *Le Tréforier de France* ; mémoire très-bien écrit, très-bien fait, & où l'érudition & les recherches ne nuisent point à l'intérêt du fond & à l'élégance du style. Il se fait lire des gens du monde & leur apprend l'existence des deux autres traités, lourds de science & encore plus d'injures, qu'on ne connoissoit point.

L'apologiste établit, d'une façon assez lumineuse, que les bureaux des finances ne peuvent être rangés dans la classe des tribunaux subalternes ; mais il convient modestement qu'ils ne sont point cour souveraine. Ils sont immédiatement après elles compagnies dépositaires d'une grande portion du pouvoir du prince, qu'elles exercent sous ses ordres, & qui ne reconnoissent que la supériorité du conseil.

26 *Avril*. Extrait d'une lettre de Bordeaux, du 22 avril 1780...... L'acteur qui a débuté, il y a huit jours, pour le chant sur notre nouveau théâtre, a paru charmant. Il a dû débuter auſſi hier une femme qui vient de Bruxelles & dont on dit beaucoup de bien. Notre troupe ſe monte ſupérieurement. On dit que nous allons avoir Ponteuil, qui quitte Paris. Les actionnaires ont offert à M.lle. Sainval l'aînée 14,000 livres; elle en demande 20,000, qu'on ne lui donnera pas; ils iront juſqu'à 15,000 livres, mais ils ne paſſeront pas.

M. le marquis de Saint-Marc, ancien officier aux gardes, celui qui a déjà adreſſé des vers à M. de Voltaire le jour de ſon triomphe à la comédie françoiſe, en a auſſi compoſé en l'honneur de M. Louis, qu'il lui a envoyés le jour de l'inauguration de notre ſalle, dont il a été l'architecte. Les voici:

Quel ſpectacle enchanteur! quel monument pompeux!
  Sous ces voûtes retentiſſantes,
Les Arts parés de fleurs, les Muſes triomphantes
Invitent les mortels à s'unir à leurs jeux.
Ce jour enfin, *Louis*, au temple de mémoire
Voit inſcrire ton nom & tes nobles travaux;
  Nos neveux, ainſi que l'hiſtoire,
  Ne pourront parler de Bordeaux
  Sans parler auſſi de ta gloire.
Vainement contre toi dirigea ſes ſerpents
La ſombre & criminelle Envie,
La main de la Juſtice a pris la faux du temps
  Et les a fait tomber ſans vie.
  Bientôt vers cent climats
  La Nayade de la Garonne,
Effleurant dans ſes jeux la ſurface des mers
Ira s'énorgueillir aux yeux de l'univers
  Des lauriers dont on te couronne.
Jouis de ton triomphe, entends de toutes parts
  Honorer en toi le grand homme,
Par qui l'heureuſe France, aſyle des beaux arts
Ne doit plus envier ni la Grece ni Rome.

17 Avril. Ceux que l'amour des arts paſſionne aſſez pour leur faire oublier le monſtre ſi exécrable à la France, vont voir à l'attelier de monſieur le Comte, ſculpteur du roi, le mauſolée de l'abbé Terrai. C'eſt un monument que lui fait élever ſon neveu l'intendant de Montauban, bien payé pour cela; & c'eſt à la Motte-Tilly, terre de ce miniſtre qu'il doit être placé & qu'il ſubſiſtera, ſi le peuple de ces cantons qui, vexé de plus près par l'abbé Terrai le déteſtoit encore plus, a la bonté de le laiſſer ſur pied.

Quoi qu'il en ſoit, il auroit fallu bien de l'adreſſe dans le génie du compoſiteur, pour imaginer quelque choſe de ſupportable en pareil genre. Sa compoſition eſt diviſée en deux parties. Dans la principale & la premiere, en relief, le ſculpteur en a ecarté les idées qui pouvoient en rappeller de trop révoltantes: il n'a repréſenté que le magiſtrat, état dans lequel l'abbé Terrai s'étoit acquis une réputation, ſinon de juge integre au moins de juge éclairé, & c'eſt en ce ſens qu'on lui peut pardonner de le faire regreter par Thémis, qui tranſportée de douleur ne peut plus offrir que ſon médaillon : dans celui-ci, très-reſſemblant, l'artiſte a ſu, en conſervant la vérité de la phiſionomie, la rendre moins baſſe, moins refrognée, moins en deſſous que ne l'avoit ſon héros, chef-d'œuvre de laideur. Une autre imagination que M. le Comte a cru, ſans doute, qu'on lui paſſeroit comme moins odieuſe, quoique fauſſe & de pure flatterie, ç'a été de faire pleurer le défunt par le génie des arts, couvert en partie d'un voile épais

& tenant d'une main le plan de la galerie où ce miniftre devoit raffembler & avoit déjà prefque raffemblé des productions de chacun de nos artiftes vivants, tant peintres que fculpteurs. Comme il avoit réuni à fon miniftere la place d'intendant général des bâtiments, il y a une forte de fondement à cette image. Quant au faire, la figure de Thémis eft bien traitée, mais peut-être avec trop de graces pour une déeffe auftere ; fon attitude eft un peu forcée & au lieu de ce bel abandon d'une douleur à fon comble, on y remarque une forte d'élan impétueux, qui eft une efpece de contre-fens dans fa fituation. Le Génie des arts a plutôt l'air de bouder que de pleurer. Du refte, ces figures font d'un beau marbre blanc.

Au-deffous & comme faifant le devant du maufolée, eft un bas relief repréfentant l'abbé Terrai à genoux aux pieds du roi, qui le charge du gouvernement des finances. L'artifte, pour donner lieu, fans doute, à fon cizeau de s'exercer fur une plus riche draperie, l'a revêtu de fes habits d'officier commandeur de l'ordre du Saint-Efprit ; ce qui forme un anachronifme, puifque l'abbé Terrai n'a eu le cordon bleu que long-temps après être entré au miniftere. L'Etude, la Science & Thémis lui donnent l'accès du trône, idée jufte. Derriere le roi eft une autre figure, néceffaire à la vérité hiftorique, mais qu'il auroit été mieux, fans doute de voiler, à moins que l'artifte n'ait voulu en repréfentant un perfonnage non moins exécrable, détourner ou partager l'horreur qu'infpire le fien. Cette figure, qu'on devine aisément, est le chancelier Maupeou, qu'ont fait effectivement avoir été le promoteur de son ami.

Ce bas-relief, à ne le considérer qu'avec des yeux d'artiste, est d'une grande beauté ; vérité des ressemblances, facilité du cizeau, finesse, précision, graces, toutes les parties qu'on peut exiger dans cette sorte de sculpture, s'y trouvent portées à un haut degré de perfection. On doit bien sincérement plaindre M. le Comte, d'avoir eu à traiter un sujet aussi ingrat, ou plutôt aussi répugnant.

28 *Avril*. Un facteur de la grande poste pour l'école militaire, a gagé la semaine derniere qu'il iroit, les yeux bandés, de ce lieu à la grande poste. Il est parti à quatre heures du matin, il a passé l'eau à la place de Louis XV, dans un batelet qu'il est allé chercher lui-même, sans le secours de la voix ni du bâtelier : parvenu aux galeries du Louvre, il a indiqué la sonnette de l'imprimerie royale, & dans la rue Froid-Manteau il s'est arrêté vis-à-vis un marchand de vin, dont il étoit connu, & a demandé un verre de vin. Il étoit suivi des parieurs & est arrivé en triomphe à dix heures au terme de sa marche.

29 *Avril*. Il paroît depuis quelques jours une *lettre de M. Turgot à M. Necker*, qui fait un bruit du diable. On sent bien d'abord qu'on a emprunté le nom de l'ex-ministre & qu'assurément il n'y a pas mis la main. Cependant par l'audace avec laquelle s'exprime l'auteur qui, pour causer une explosion plus vive & plus rapide, a fait remettre des exemplaires de cet écrit aux portes des ministres &

des grands, on a lieu de juger qu'elle a été écrite par quelqu'un de très-soutenu ; car on dit qu'elle est fort accueillie à la cour & qu'elle y cause une fermentation considérable ; on ajoute qu'on y découvre tellement le vice de son hypocrisie, le faux de ses opérations, prétendues patriotiques, & qui ne sont que des tours d'adresse pour se procurer de l'argent & charger d'autant l'état, sans opérer aucun bien réel, qu'il y a de quoi le désoler. Jusques à présent on n'en juge que sur parole ; il faut lire par soi-même & sur-tout attendre la justification de ce directeur-général des finances, si les inculpations sont de nature à les mériter. Du reste, tout le monde s'accorde à dire qu'il y a beaucoup de personnalités, & à les blâmer. Quant au style, on veut que ce pamphlet soit supérieurement écrit.

29 *Avril.* La reine a une telle amitié pour madame la comtesse Jules de Polignac, sur le point d'accoucher, qu'elle a demandé au roi qu'on commençât les petits voyages par s'établir au château de la Muette, pour être plus à même d'avoir des nouvelles de sa favorite & d'aller la voir elle-même. Vendredi avant de se rendre à l'opéra, S. M. est venue chez cette dame & y a mené toute la cour avec elle, c'est-à-dire, *Monsieur, Madame*, monsieur le comte & madame la comtesse d'Artois, &c. &c.

30 *Avril.* Les brochures recommencent contre M. Camus de Néville : il paroît *Justification du directeur de la librairie sur les reproches que lui font les libraires de Paris :* ou *Entretien entre le directeur de la librairie & un de*

ſes amis, ſur les nouveaux réglements. On juge que, par conſéquent, cette prétendue juſtification eſt ironique & une véritable confeſſion des turpitudes dont on l'accuſe.

30 *Avril.* Depuis que les bouffons ſont partis, la comédie italienne a recouvré la liberté de jouer des opéra-comiques, parodiés des grands maîtres d'Italie. En conſéquence elle a repris lundi *l'Olimpiade*, interrompue deux fois. On y a remarqué des changements conſidérables, ſoit dans la muſique, ſoit dans le poëme, dont le troiſieme acte a été refait en entier. On y a ajouté pluſieurs airs, d'autres ont été tranſportés dans les rôles qui ſembloient les plus propres à les faire reſſortir & contraſter. Malgré tous ces efforts, le ſuccès de cet ouvrage a été médiocre, pas du moins marqué autant que la premiere fois. Tant de revirements, loin de lui donner plus de mérite, en ont ôté cet enſemble qui caractériſe les chefs-d'œuvres; on n'y trouve plus que des beautés de détail & comme iſolées. On a vivement applaudi le chœur & le duo du premier acte, ainſi que l'ariette de bravoure de madame Trial; mais ces airs brillants ou d'une facture ſavante, chatouillent l'oreille ſans intéreſſer le cœur, & les longueurs, la triſteſſe du poëme, les répétitions, la ſécherſſe & la négligence du ſtyle achevent de le refroidir.

1. *Mai* 1780. *La juſtification* de M. Camus de Néville eſt une brochure fort courte, où il cherche à ſe juſtifier ſur certaines anecdotes, qui ne font honneur ni à ſa probité, ni à ſon déſintéreſſement, ni à ſa véracité. On y inculpe auſſi fortement M. de Miromeſnil. Suivant la

tournure maligne de ces pamphlets, on retorque contre M. de Néville tout ce qu'il dit & on lui fait voir que les diverses excuses qu'il donne, sont pitoyables.

Cette feuille légere n'est qu'une foible attaque, comparée au recueil qu'on vient de faire imprimer de tout ce qui s'est passé au parlement dans l'affaire de la librairie, & sur-tout des formidables requisitoires de M. l'avocat-général Seguier, où l'on assure que M. Camus de Néville, bien loin d'être ménagé, est on ne peut plus mal-traité. Cette brochure intrigue fort le directeur de la librairie, en ce qu'elle semble autorisée sous main par les magistrats & un avant-coureur de sa défaite, c'est-à-dire, de destruction de ses réglements.

1 *Mai* 1780. Depuis long-temps M. Dorat, quoiqu'à la fleur de l'âge, menace ruine. Le chagrin que lui a donné le dérangement de ses affaires & les diverses mortifications qu'a essuyées son amour-propre, n'ont pas peu contribué à aggraver son état, en sorte qu'on craint qu'il n'aille pas loin.

1 *Mai*. M. de Portelance est un homme de lettres, qui débuta dans la carriere il y a près de 30 ans, par une tragédie qui eut peu de succès, mais qui fut l'annonce du talent dans une aussi extrême jeunesse. Elle le fit connoître, elle le répandit en société & il y fut acueilli d'une riche veuve, qui l'épousa & lui fit oublier, abandonner du moins, un état rempli d'amertume & de disgraces. Une donation avoit précédé son hymen & à la mort de sa femme beaucoup plus âgée que lui, il hérita de ses biens & d'un procès considérable qui le tourmente depuis

depuis dix ans. L'objet de ce procès est un testament, le fruit de l'obsession & de l'hypocrisie religieuse. Après avoir perdu & gagné tour-à-tour plusieurs fois, il est à la veille de se voir juger définitivement. Mécontent de ses avocats il a pris le parti de composer lui-même son mémoire & il faut avouer que cela ne ressemble en rien à la plupart des écrits du barreaux. M. de Portelance a tiré tout le parti possible du fond du sujet, prêtant infiniment : il en a formé un roman intéressant où, sans rien ajouter de trop étranger à la cause, il l'a enrichi de faits piquants, arrangés avec un goût infini, l'a orné des charmes d'un style doux & séduisant. Il n'a point négligé la partie du raisonnement qu'il a rendu aussi lumineux qu'il lui a été possible, & à ces moyens puissants il a joint un onction très-propre à lui gagner le cœur, après avoir convaincu l'esprit. Tout ce qu'on pourroit désirer dans ce petit chef-d'œuvre, c'est peut être plus de chaleur & d'énergie, lorsqu'il s'agit de peindre son adversaire comme un calomniateur ; c'est en pareil cas que l'orateur bouillant ne pouvant se contenir dans les bornes d'une prudence pusillanime, semble avoir acquis le droit de prévenir la loi & d'imprimer lui-même le fer chaud sur le front du coupable : flétrissure dont il nous apprend que les premier Romains punissoient le crime, contre lequel il s'élève.

Dans une note fort longue au sujet de sa naissance, sur laquelle il paroît que son adversaire a voulu l'humilier, il apprend qu'il a découvert des titres qui constatent que les Portelance sont d'une famille distinguée d'Ir-

Tome XV. G

lande dépouillée de tous ses biens par Cromwel & son parti, & tombée depuis cinq générations dans la plus grande misere. Il a maintenant sa généalogie extraite des régistres de la cour héraldique de Dublin & revêtue des formes les plus légales : ainsi après avoir figuré avec avantage au Parnasse & au Barreau, il va encore reprendre une place illustre dans le Nobiliaire.

2 Mai 1780. Samedi on a remis à la comédie françoise *la Veuve du Malabar*, tragédie de M. le Miere, qui dans sa nouveauté avoit eu peu de succès & n'a pas été jouée depuis dix ans. Quoique ce soit une mauvaise piece, comme le poëte y a fait des changements, qu'il y a du mouvement, de l'action & sur-tout une grande pompe de spectable capable d'éblouir la multitude, le Parterre, pour témoigner son contentement à l'auteur, l'a demandé à la fin. Ce triomphe devenu trivial, réservé aux débutants, aux petits auteurs & sur-tout aux comédiens, ne flatte plus l'amour-propre des anciens. M. le Miere n'a pas jugé à propos de se montrer, & les acteurs de satisfaire au moins les braillards par la réponse qu'il n'y étoit point. Quand ils ont voulu commencer la petite piece, les brouhaha sont devenus plus forts; ils n'ont pas pu jouer, ils se sont retirés : la garde est venue, on a voulu arrêter quelques mutins ; mais cette fois le Parterre s'entendant mieux par des flux & reflux adroitement ménagés, a rompu toutes les attaques : d'en haut on a crié au feu, pour faire diversion & ramener ailleurs l'attention des soldats. Enfin il n'y a eu personne d'enlevé ni

même de blessé à un certain point ; mais des jambes écorchées, des meurtrissures, beaucoup de femmes qui se sont trouvées mal, & autres suites de pareilles bagarres.

2 *Mai.* Il paroît constant que le pamphlet contre M. Necker paroît sous les auspices du comte d'Artois, qu'il a été imprimé au temple, & que son altesse royale un jour qu'elle y est venue, en a fait elle même une distribution. On veut que ce prince soit animé contre le directeur général des finances par le sieur de Sainte-Foix, son surintendant des finances, &c. qui figure dans cet écrit, & suivant l'anecdote qu'on y rapporte, auroit à reprocher à M. Necker de ne lui avoir pas donné 600,000 livres, qui lui revenoient pour des renseignements fort utiles qu'il lui avoit procurés aux approches de la derniere paix, sur lesquels il fut jouer avec succès à Londres aux actions. Il faut observer que M. de Sainte-Foix étoit alors premier commis des affaires étrangeres & avoit le secret du duc de Praslin.

3 *Mai.* Il paroît un second pamphlet contre M. Necker, qui est une suite du premier. Dans celui-ci on l'attaque sur l'objet de ses plus cheres complaisances, sur la caisse d'escompte, dont il favorise les billets noirs avec un zele très-suspect. C'est un tableau comparatif des suppressions qui eurent lieu avant & pendant le systême de Law, de la maniere dont celui-ci accrédita son papier, & en remboursa les mêmes officiers supprimés qui le sont actuellement ; on prévoit que le directeur général des finances, ne pouvant se flatter d'opérer les remboursements indiqués,

montant à une somme énorme, se ménage ainsi un moyen de les faire, & le danger que tout ce jeu ne finisse de même par une banqueroute.

Enfin on a réimprimé le *Testament Politique* de M. de Silhouette, avec des notes relatives à ce qui se passe aujourd'hui, & l'on y voit que M. Necker ne fait que suivre les opérations indiquées & commencées par ce contrôleur général tant détesté en France.

4 Mai. M. Clement de Boissy a repliqué à l'auteur de l'ouvrage intitulé: *Le Trésorier de France* par une feuille qu'il appelle: *Le Trésorier de France ramené à son état véritable*. Même pesateur d'érudition, à laquelle, pour figurer vis-à-vis de l'académicien de Lyon, il joint un amas de citations des poëtes latins, qui rendent cet écrit digne du siecle de Ronsard.

4 Mai. Ce qu'on avoit prévu commence de se réaliser & l'on a déjà perfectionné quelques races de chevaux en France, au point qu'ils se trouvent en état de remplir le service des chevaux étrangers: c'est ce qu'on a jugé aux courses qui ont eu lieu dernièrement à Vincennes, où une jument & un cheval, productions de leurs propriétaires, ont combattu pour la course, l'un contre l'autre, avec tout le feu, tout le brillant des chevaux Anglois. La jument, nommée *Lucile*, est au duc de Chartres, le cheval appellé *le Normand*, appartient au conte de Lauragais.

On a vu aussi un poulain de M. le comte d'Artois, produit par le fameux cheval appellé *Grimcrack*, contre un autre poulain du même coursier appartenant au Duc de Chartres, tous deux élevés en France.

Enfin on a vu *Lovelace* de M. le comte d'Artois, si connu, contre *Gloworus* du duc de Chartres, réputés invincibles jusqu'à présent, lutter l'un contre l'autre & le dernier l'a emporté.

Ce spectacle interrompu depuis long-temps a repris avec fureur, & tout Paris, malgré le temps exécrable, s'y est transporté.

Sur quatre courses le duc de Chartres en a gagné trois.

5 Mai. Pour ne point blesser l'amour-propre des commissaires nommés pour l'exécution de l'arrêt du conseil du 3 mai 1766, concernant les ordres religieux, dans celui du 19 mars on les décharge seulement de l'exécution dudit arrêt, & cela sur leur représentation prétendue que l'objet de leur mission est rempli, & sur leurs supplications d'être débarrassés de la surveillance qu'elle exigeoit.

Il est motivé d'abord sur ce que S. M. a reconnu que par le soin & le zele de ces membres, la plus grande partie des ordres & congrégations religieuses de son royaume ont un corps de constitutions, statuts & réglemens rédigés avec clarté & précision & revêtus de l'autorité nécessaire par le concours des deux puissances ; que par ce moyen il est facile aux supérieurs d'y maintenir l'ordre & la discipline, d'éviter, par une exacte observation de la regle, tout ce qui pourroit introduire le relâchement, & de rendre les ordres religieux encore plus édifians & utiles.

5 Mai. M. le Trône, qui se déclare aujourd'hui hautement principal auteur du livre de *l'administration provinciale & de la réforme de l'impôt*, est venu pour plaider sa cause auprès de M. le garde-des-sceaux & réclamer cent exemplaires de cet ouvrage qui ont été saisis. Il se plaint de la pusillanimité de M. Necker, qui, quoique ayant favorisé la distribution, abandonne aujourd'hui l'écrivain & son ouvrage, pour ménager l'assemblée du clergé, avec laquelle il ne veut pas se brouiller.

5 *Mai*. La cause de M. l'abbé Beaudouin contre l'abbé Sabbathier, au sujet du livre des *Trois Siecles*, & des suites qu'a eues leur contestation, assoupie depuis près d'un an, se réveille & commence à se plaider au Châtelet. Aujourd'hui M. de la Malle, jeune avocat qui annonce des talents, doit parler pour le premier: Me. Tronçon du Coudrai défend le second.

6 *Mai*. M. Dorat est mort samedi dernier d'une espece de maladie de consomption, aggravée par le chagrin que lui donnoit le dérangement de ses affaires, & encore plus le peu de succès de ses derniers ouvrages: il étoit dans une telle détresse qu'il n'auroit pas eu un bouillon, si madame de Beauharnois n'étoit venue à son secours.

M. le curé de Saint-Sulpice a rendu trois visites au malade, qui s'est montré docile aux soins charitables du pasteur; mais a toujours éludé de se confesser, sous prétexte que les médecins lui donnoient encore de l'espérance: il s'est ainsi escamoté aux prêtres.

Il paroît que les lettres perdent peu actuellement en cet auteur, qui doué seulement d'une certaine portion de talent, l'avoit rendue

& au-delà. Circonscrit dans un genre de poésie agréable, il l'avoit épuisé & ne faisoit plus que se repéter. Quant au grand genre, ses tragédies & ses comédies trahissent par-tout son impuissance.

On a fait le quolibet de dire que cet évenement avoit fait perdre l'esprit à la comtesse de Beauharnois, parce qu'on prétendoit que les ouvrages de cette dame étoient en très-grande partie du défunt.

6 *Mai.* On regarde comme un jeu la suppression de la commission concernant les réguliers, qui a tout de suite été remplacée par une autre, sous prétexte d'examiner les demandes en suppression & union, ou translation de titres de bénéfices & biens ecclésiastiques. Suivant l'arrêt du conseil du 19 mars aussi, elle est composée des mêmes commissaires, qui donneront leurs avis à S. M. sur des objets aussi intéressants. Ces personnes sages & éclairées, choisies dans l'ordre épiscopal & dans le conseil, sont messieurs d'Aguesseau, Chaumont de la Galaisiere, Feydeau de Marville, Joly de Fleury & Taboureau des Reaux, conseillers d'état, & nosseigneurs les archevêques de Bourges; de Toulouse & les évêques d'Autun & de Rhodez, présidés par le chancelier ou garde-des-sceaux.

Les demandes d'unions, de suppressions & de translations, qui concerneront les communautés & maisons régulieres de filles, seront portées, comme par le passé, à la commission établie pour le soulagement desdites maisons & communautés de filles.

7 *Mai.* Le sieur Torré vient de mourir.

Cet artificier avoit acquis de la célébrité par un génie unique pour les fêtes ; il avoit poussé son art à un grand point de perfection : enfin c'est à lui qu'on est redevable de l'institution du Waux-Hall & autres lieux semblables, si utiles aux courtisanes & si délicieux aux oisifs, aux voluptueux, aux libertins de cette capitale.

7 Mai. Turgot à M***. Tel est le titre exact du premier pamphlet contre le directeur-général des finances. Il est daté du 23 avril 1780 & a 34 pages de caractere assez fin : on y suit toutes les opérations de ce ministre successivement & l'on ne peut nier que s'il y a beaucoup d'amertume, il y a encore plus de discussion fine & de raison. Il faut cependant se défier de l'auteur, qu'on a lieu de juger être un financier ou grand partisan de cette classe.

Tableau comparatif de ce qui s'est passé en 1716, 1717, 1718, 1719 & 1720, & de ce qui se passe en 1776, 1777, 1778, 1779, 1780. Tel est le titre du second pamphlet, qui n'est qu'une feuille, où résumant l'esprit de tous les arrêts du conseils, édits déclarations, qui ont précédé la banqueroute de Law d'un côté, & tous les arrêts du conseil, édits, déclarations, rendu sous l'influence de M. Necker de l'autre, on trouve une marche progressive exactement semblable, qui semble ne pouvoir aboutir qu'à la même catastrophe.

8 Mai. Plaidoyer prononcé en l'audience de la Tournelle, du 15 avril, pour demoiselle Caroline de Solar, appellante d'un décret d'assignée pour être ouie, décerné contre elle.

Contre M. *le procureur-général*, intimé.

C'est Me. Mitantier, avocat peu connu au barreau jusques à présent, qui a pris la défense de cette pupille, qui paroît avoir tour-à-tour méconnu & reconnu son frere. Elle ne pouvoit jouer d'autre rôle, & si d'un côté la force de la vérité la contraignoit de lui rendre témoignage, de l'autre la piété filiale l'oblige de rétracter à l'instant cet aveu, d'où s'ensuivroit la plus horrible flétrissure de la mémoire de sa mere dénaturée.

L'écrivain a cherché à s'élever ici à la hauteur du sujet, par un style, des tournures & des images d'une éloquence emphatique.

8 *Mai.* On avoit annoncé à la comédie italienne un proverbe en vers, qui devoit être d'un genre nouveau ; c'étoit un essai qu'on tentoit & dont on se promettoit assez de succés pour en faire passer plusieurs autres. Il paroît que le public s'est refusé à cette nouvelle source de plaisir prétendu : il a pour titre : *A trompeur, trompeur & demi.* Il est en un acte mêlé d'ariettes, & a été joué pour la premiere fois le mercredi 3. Les premieres scenes lui promettoient un accueil favorable, qui ne s'est pas soutenu. Le sujet en est pris dans cette classe de nos sociétés brillantes, où Crébillon le fils cherchoit ses modeles. Leur jargon, leur persiflage, leur perfidie ; tout, jusqu'aux vices bas & l'avidité de leurs valets, est présenté dans cette piece, d'une maniere, sinon spirituelle, du moins fort libre. La musique est simple & facile : elle est de M. Desaides, dont on connoît le stile ingénieux, pittoresque & chantant.

G ƒ

L'auteur des paroles n'a pas, fans doute, été affez content de fon triomphe pour fe faire nommer dans les journaux ; il dépayfe même fon ouvrage, appellé en fecond lieu: *Les Torts du fentiment*, & affiché aujourd'hui fous le titre du *Retour du fentiment*. Ces torts & ce retour ne font pas plus piquant, plus propres à amorcer la curiofité.

8 *Mai*. Ce qu'on avoit prévu du projet de M. de la Blancherie vient d'arriver. Dès la fin du carême il a feint une indifpofition, fous le prétexte de laquelle, il a interrompu fes affemblées & fon journal. Cette interruption dure encore, & comme elle tient à une maladie de bourfe très-confidérable, il eft à craindre qu'elle ne faffe qu'augmenter. Son propriétaire l'a engagé de déloger, fes créanciers le pourfuivent, & à moins que le gouvernement ne lui accorde des fecours, comme il tiroit toutes fes reffources de la feuille hebdomadaire qui n'a plus d'aliment, c'eft un homme abfolument noyé. Il conferve cependant fon titre d'*Agent-Général de correfpondance pour les Sciences & les Arts*.

9 *Mai*. Il paroît imprimé un mémoire de M. de Lally de Tolendal, qui n'eft qu'un autre incident de fa grande affaire ; c'eft une *Réclamation faite à l'audience du 19 Avril*, contre le plaidoyer de M. d'Epremefnil du 12 dudit mois, qui a eu lieu en fon abfence. Il s'y plaint de l'infraction de la part de fon adverfaire à une trêve judiciaire, convenue entre eux & caufée par l'accident du premier préfident, obligé de refter à Paris par la chûte dont on a parlé. Il demande que pour le

mettre en état d'y répondre, la plaidoierie faite à son insçu soit recommencée.

On est allé aux voix & il a été débouté de sa prétention : attendu que l'absence de M. de Monthelon ne pouvoit intervertir le cours judiciaire du procès. Au moyen de cela il paroît que c'est une tournure assez adroite, prise par monsieur d'Epremesnil, pour écarter le premier président, qui semble ne pouvoir plus être juge, & dont il craignoit la complaisance pour les volontés de la cour.

9 Mai. M. Turgot à *M. N****, dans sa lettre, reproche à celui-ci de n'avoir affecté d'abord de le combattre que pour se faire connoître, & d'avoir ensuite adopté l'exécution de son système qu'il décrioit ; mais, au lieu de n'envisager les choses, comme lui, que sous les grandes vues de l'administration & pour le bien général, de ne les considérer que sous les rapports particuliers qu'elles peuvent avoir à son intérêt personnel, à son ambition hypocrite ou à ses vengeances sourdes.

La suppression des trésoriers & la réforme de la maison du roi étoient des plans tous faits par M. de Malsherbes & M. Turgot ; mais outre le peu de décence & d'honnêteté de la forme, outre l'infraction formelle du contrat du mariage de la reine, en supprimant son trésorier, il n'a point été arrêté, comme ces ministres, par la crainte ou même la certitude de manquer à ses engagements ; parce que c'étoit moins une opération juste qu'il avoit en vue, qu'une opération propre à donner plus de *latitude* à la caisse de la société.

Il en est de même du réglement pour les fermes, & des trois compagnies de finance, que l'écrivain ne voit que comme un remuement d'individus, un dédoublement de bataillon, sans aucune découverte au-delà, sans aucun profit réel, & dont le but est en derniere analyse de détruire le crédit de l'état par les financiers, pour y substituer le recours aux banquiers, gens non moins avides que les premiers, mais plus utiles à M. N***.

La suppression des receveurs généraux tend au même but ; c'est toujours mettre le roi entre les mains des banquiers, c'est-à-dire, dans les siennes ; c'est ainsi se rendre stable & *inrenvoyable*, de pouvoir toujours mettre impunément au roi le marché à la main, en lui faisant envisager une dette exigible au bout d'un terme très-court, dont sa majesté ne pourroit jamais faire le revirement, n'y ayant plus dans l'état aucun corps capable d'y subvenir, & le recours à la banqueroute devenant nécessité, non-seulement envers les sujets de l'état qui y sont accoutumés, mais envers toute l'Europe : ce qui tireroit à d'affreuses conséquences.

10 *Mai*. Les deux pamphlets, & sur-tout *l'Etat comparatif*, ont produit une sensation considérable à l'égard de la caisse d'escompte. Elle ne peut suffire au paiement des billets noirs qu'on lui apporte ; il a fallu que M. Necker la secourût des fonds du trésor royal & la méfiance est devenue si grande, que les colporteurs d'argent qui en étoient si avides

depuis quelque-temps à cause de la facilité du transport, ont reçu ordre de n'en plus prendre. Le directeur des finances fait face & sent la nécessité de ne pas laisser discréditer cette caisse dans ce moment ci.

Du reste, les commis du contrôle-général trouvent que ce petit coup de fouet a très-bien fait; qu'il n'est plus dur, altier, fougueux; qu'il est devenu honnête doux & modeste.

10 *Mai.* On voit au Louvre dans l'attelier de M. Caffieri, sculpteur du roi & professeur en son académie de peinture & sculpture, une statue en marbre de saint Satyre, destinée à décorer une des chappelles de l'église des invalides.

Saint-Satyre étoit frere aîné de saint Ambroise & célebre orateur: il se distingua aux tribunes de Rome, où il plaida, avec succès, plusieurs causes dans l'auditoire du Préfet.

11 *Mai.* La revue du roi qui a eu lieu lundi 8 dans la plaine des Sablons, a été remarquable par deux officiers-généraux de nouvelle création: M. le prince de Condé y a paru avec les attributs de sa charge de colonel-général de l'infanterie, & M. le duc de Chartres avec ceux de la charge de Colonel-général des troupes légeres. Celui-ci, quoique prince du Sang de la premiere branche, n'y brilloit pas auprès de l'autre. Toute la famille royale a assisté à ce spectacle militaire.

La reine, après la revue est venue à Paris voir madame Jules. Elle a donné ordre que dès les premieres douleurs on vînt l'avertir. Tout est disposé pour le voyage de la Muette à cette époque.

12 *Mai.* La nouvelle constitution du théâtre lyrique n'est point despotique, ni même monarchique, comme ci-devant. Le sieur le Breton n'en est que l'administrateur principal ; les sujets participent aujourd'hui au gouvernement intérieur de cette vaste machine : ils ont des assemblées, des jetons & voix délibérative. On est fâché seulement que dans cet arrangement on ne se soit pas occupé d'un objet essentiel, de la distribution des emplois, qui n'a jamais bien existé à l'opéra. Les poëtes, les musiciens & le public souffrent beaucoup de la confusion qui regne dans cette partie. Voici comme on voudroit faire ce partage.

Mlle. Levasseur auroit les grands rôles de princesses, telles qu'*Iphigénie en Tauride*, *Alceste*, &c. Mlle. la Guerre seroit chargée de ceux exigeant plus de douceur dans la voix, elle joueroit *Iphigénie en Aulide*, *Angélique*, &c. Il est des rôles d'un ordre inférieur, même dans la tragédie, comme celui d'*Egée* dans *Thésée*, *Euridice*; &c. ils appartiendroient à Mlle Beaumesnil, conjointement avec l'emploi des bergeres. Sa jolie figure, son organe léger, foible, intéressant &, pour ainsi dire, amoureux, sa finesse, son intelligence, l'habitude qu'elle a du théâtre, tout a donné à croire que fixée ainsi à une seule partie, elle deviendroit plus utile & plus agréable. Les rôles de grandes représentation seroient consacrés à Mlle. Duplan, qui par sa haute taille, son extérieur imposant & la réunion des qualités physiques semble plus approcher des divinités. Enfin on réserveroit Mlle. Duranci pour les rôles de grand caractere, auxquels il faut une actrice douée d'une ame énergique, d'une intelligence profonde & de la connoissance de tous les moyens tragiques.

En homme, le sieur Larrivée auroit de droit les rôles de force, de héros; il joueroit *Oreste*, *Hercule*, *Agamemnon* : le sieur Moreau le doubleroit & seroit chargé en outre des rôles à-peu-près du même genre, mais pourtant d'un ordre inférieur comme *Thoas*, *Arcalaüs*, &c. Le sieur Durand auroit les enchanteurs. Tout ce qui exige la science du chant, une voix flexible, agréable & cependant d'une exécution d'éclat, formeroit l'emploi du sieur le Gros : le sieur Lainé sans sortir de sa qualité de double de cet acteur, auroit en chef tous les jeunes rôles de haute-contre, exigeant une figure agréable & fraîche, une taille élégante & svelte, en un mot les qualités du comédien qu'il possede déjà éminemment, &c.

13 *Mai*. Les calculs de l'auteur de la brochure ne sont pas plus à l'avantage de M. N***; il lui nie deux choses : 1°. Que l'augmentation de 14 millions dont il se glorifie par ses revirements soit vraie : 2°. Que la recette générale des trois régies monte à 250 millions.

Pour que le bénéfice de l'augmentation des 14 millions fût réel, comme il n'y a aucune augmentation dans les droits à percevoir, il faudroit le prendre sur celui des fermiers-généraux, & il raisonne ainsi : 14 millions par an en six ans font 84 millions, qu'on y ajoute par an 30,000 livres de traitement à chaque fermier-général & 24,000 livres à chaque régisseur, il en résulte en six ans aussi 14,4000,000 livres, en tout 98,400,000 livres, qu'ils auroient dû gagner dans le bail précédent. Or, l'on fait que le fonds des répartitions n'étoit que de 36 millions, c'est à-dire, de 100,000 livres par an, faisant en tout 600,000 livres pour le bail, au lieu d'un million 600,000 livres qu'ils auroient dû gagner, pour que le calcul de M. N***. fût juste.

Quand au second point, la ferme-générale étoit de . . . . 152 millions.

La régie générale, les droits de greffes, hypotheques, &c. . . 20 millions.

La régie des droits & domaines. . . . . 12 millions.

L'espérances d'augmentations admises de. . . . . 14 millions.

En tout 198 millions.
Reste un déficit de 52 millions.

Pour aller à 250 millions.
M. N***. veut-il se retourner autrement.
Le bail prochain est à 123 & 126 millions au plus. . . . . 126 millions.
La régie-générale de. . . . 42 millions.
Les domaines de. . . . . . 42 millions.

210 millions.
Déficit de 40 millions.

250 millions.

Et cependant les deux derniers objets sont posés en produit brut; les frais sont à déduire pour le compte du roi.

13 *Mai.* Ce qui prouve quelle gêne effroyable regne aujourd'hui pour les colporteurs,

c'est qu'ils n'ont pu mettre en vente que depuis peu un livre déjà connu ici depuis plusieurs mois par le canal des gazettes étrangeres; il a pour titre. *Le dessin de l'Amérique*, ou *Dialogues pittoresques, dans lesquels on développe la cause des événements actuels, la politique & les intérêts des puissances de l'Europe, relativement à cette guerre & les suites qu'elle devroit avoir pour le bonheur de l'humanité, traduit fidellement de l'anglois.*

Dans un avis qui se trouve à la tête de la quatrieme édition angloise, l'écrivain se prévaut du silence des personnages introduits sur la scene, & de ce qu'ils n'ont pas daigné réclamer contre les discours qu'il leur fait tenir; il en conclut très-judicieusement, très-sérieusement & sur-tout très-modestement, qu'il mérite d'être consigné parmi les monuments authentiques qui doivent servir aux races futures, pour savoir l'histoire des grands événements de nos jours & connoître les acteurs qui ont joué un rôle dans des scenes si mémorables.

Du reste, il paroît qu'il a écrit en Hollande; du moins il prétend que c'est le pays où l'état des puissances de l'Europe est jugé avec le plus d'impartialité, & où leurs intérêts sont pesés dans une balance plus juste.

Cette brochure est courte & n'a que 104 page.

14 *Mai.* M. Necker, extrêmement touché du *Tableau comparatif*, & sentant la nécessité d'y répondre, en avoit fait faire une copie avec des annotations; son objet étoit de le présenter au roi lors de son premier travail avec sa majesté; mais M. de Maurepas étant incommodé, il a eu lieu chez ce dernier & le directeur-général des finances, ayant voulu entrer en matiere, le roi a évité cette discus-

fion & n'a jugé à propos que de s'occuper de la besogne du moment. A la fin de cet *état comparatif* on observe que le comte de Maurepas, lors de la banqueroute de Law, étoit déjà secrétaire d'état; mais qu'il n'avoit que 18 ans: qu'actuellement il est encore au conseil, mais à 81 ans.

15 *Mai.* Le sieur le Breton n'a pas joui long-temps de sa nouvelle dignité de directeur de l'opéra. Le dimanche 7, jour de la premiere représentation de la reprise de *Castor & Pollux*, non-content d'avoir présidé aux répétitions, il a pris le bâton de mesure pour conduire l'orchestre & s'est tellement échauffé que dès le soir il s'est alité, il lui est survenu une fluxion de poitrine qui l'a emporté. Il est mort hier.

15 *Mai.* On parle beaucoup de *lettres* d'un certain Rilly, de Geneve, sur la caisse d'escompte, que M. Necker s'est fait écrire par ce compatriote, pour avoir occasion d'y répondre ou faire répondre, d'y développer son plan & d'exalter chez l'étranger cette institution. Ces lettres, quoiqu'elles aient parues il y a six mois, sont très-rares, & la curiosité s'excite à leur sujet, depuis que le pamphlet dont on a parlé, qui en fait mention, les a fait connoître par une publicité authentique qu'elles n'avoient pas.

15 *Mai.* Pour favoriser de plus en plus la perfection des chevaux en France, dont on s'est occupé depuis l'origine des courses, il est grandement question de fonder des prix, au concours desquels seront admis tous ceux qui croiront avoir formé des coursiers susceptibles de les remporter, avec les conditions qui seront pres-

crites dans les programmes. Alors le gouvernement acheteroit ces éleves, héros dans leur genre, pour les faire provigner & en conserver les races. Les Anglois ne peuvent voir que d'un œil jaloux une pareille institution, si elle a lieu.

16 *Mai*. On sait aujourd'hui à n'en plus douter, que l'auteur du proverbe : *A trompeur trompeur & demi*, travesti depuis en espece de drame par son titre *des Torts du sentiment*, & puis affiché sous celui du *Retour du sentiment*, est monsieur de Sauvigny. Il en est toujours à sa premiere représentation seule, & il retouche sa piece, sur laquelle il espere faire revenir le public ; suivant la manie de tous les auteurs, qui semblent chérir leur ouvrage en proportion du dégoût qu'il donne.

17 *Mai*. L'article des petites loges a été aussi réglé & le bénéfice d'augmentation des auteurs va à deux louis environ pour chaque représentation. Comme cet accroissement porte sur des objets qui ne varient pas, il est sûr.

Le bureau de législation dramatique s'est encore réuni ces jours-ci ; mais le schisme continue. M. Rochon, & M. le Miere n'ont pas voulu assister davantage à cette derniere assemblée. M. de Sauvigny s'en est aussi retiré. Le premier a fait sa déclaration absolue de sa séparation, en ce qu'on ne s'occupoit que d'objets vils, d'un intérêt sordide ; lorsqu'on laissoit en arriere ceux plus essentiels intéressant la dignité des auteurs, tels que l'expulsion honteuse de M. Mercier par les comédiens, & tout recemment l'article du réglement qui soumet les pieces reçues à un second examen des histrions. On a déjà vu qu'il n'approuvoit pas plus la forme des assemblées, & son cri n'est que d'avoir deux troupes. M. de Sauvigny & même M. le Miere ne sont pas si tranchants. Le dernier a motivé son absence sur ce qu'on négligeoit trop l'honneur des auteurs, & il a tellement échauffé les esprits sur la relure des ouvrages, que le bureau de législation s'est déterminé à faire une députation vers le maréchal pour la réforme de l'article.

18 *Mai*. Les interlocuteurs du *Destin de l'Amérique*, ou personnages, sont S. M. B., lord *North*, lord *Weymouth*, le duc de *Richemond*, lord *Germaine*, lord *Bute*, lord *Sandwich*, M. *Stevans*, l'*Ambassadeur des Etats Généraux*, M. de *Simolin*, envoyé de Russie, un *Envoyé de la cour de France*, un *marchand d'Amsterdam*, des *Secrétaires*, des *Faiseurs de projets*, un *Philosophe*. La scene est au palais Saint-James.

Dans les scenes de ce drame politique, au nombre de dix, l'écrivain a assez conservé le caractere de chaque acteur; il a profité des événements pour en faire ressortir avec adresse le génie & donner plus de jeu au dialogue. On auroit cependant désiré, qu'il y eût répandu encore d'avantage des faits, sur-tout de ceux moins connus ou de ces anecdotes toujours piquantes par leur malignité ou leur nouveauté. Quoiqu'il y ait en général assez d'impartialité & que les fautes réciproques des nations y soient exposées sans beaucoup de ménagement, on juge à ne pouvoir guere en douter que le dissertateur est François, & l'on regarde comme une suppo-

sition que l'ouvrage ait d'abord été composé en Anglois ; il ne sent rien moins que le caractere & le style des écrivains de cette nation. Aucun d'eux n'auroit fait dire à S. M. Britannique....: « Mais ce Sartines, dont vous ne
» parlez pas ; il nous a joué un vilain tour.
» *Je ne sais quel frémissement mêlé d'effroi s'em-*
» *pare de mes sens, toutes les fois que je pense*
» *à cet homme.* »

Et au Lord Weymouth....: « Je vous avoue-
» rai, Sire, que c'est en effet l'homme dont
» nous devons le plus nous défier. On a cru
» qu'il n'y avoit point le moindre rapport en-
» tre l'emploi de calculer le nombre des filles
» de bien nécessaires dans une grande ville, de
» troubler ces hommes à talents qui savent
» industrieusement dépouiller des enfants de
» famille, & l'emploi de *rendre la vie au corps*
» *languissant d'une vaste monarchie.* On s'est
» trompé : il ne faut pour l'un & l'autre emploi
» qu'un esprit d'ordre, de l'application, de l'acti-
» vité, de la pénétration. Sartines avoit ces qua-
» lités. Des flottes nombreuses sortirent tout-à-
» coup des ports de France. Une marine fut
» créée. L'Angleterre vit reparoître avec éton-
» nement une rivale qu'elle croyoit avoir anéan-
» tie. Et au lord *North*.... Tant il est vrai
» que le génie peut tout ! Heureusement qu'a-
» vec l'esprit le plus *fertile en ressources*, Sar-
» tines ne fait pas tout ce qui voudroit. S'il
» ne tenoit qu'à lui, je ne doute pas qu'il ne
» nous opposât bien *deux à trois cents vais-*
» *seaux de lignes* : mais la perte du crédit natio-
» nal l'arrête & lui dit impérieusement : *Tu*
» *n'iras pas plus loin.....* »

Dans le dernier de ces dialogues intervient un philosophe, qui, pour arranger toutes les puissances, leur conseille de renoncer à leurs colonies, & de préférer le bonheur de l'humanité à leur grandeur, source de guerres éternelles. Dénouement très-beau, mais qui ne sera sûrement pas celui de la grande tragédie qui se joue actuellement.

Le style de l'ouvrage est bon, simple, clair correct &, sinon noble, au moins sans bassesse.

18 *Mai*. Paul Jones est encore ici ; après après avoir reçu les applaudissemens des divers spectacle, il est venu aux boulevarts : il est allé hier aux *éleves de l'opéra*. Comme le public en étoit prévenu, une foule immense s'étoit rendue pour le voir entrer. Le sieur Parisot, directeur de ce spectacle, avoit imaginé de suspendre une couronne en l'air, qui par une poulie devoit se glisser au-dessus de la tête du héros Américain & puis redescendre s'y placer. Heureusement prévenu de cette bêtise, il a supplié humblement qu'elle n'eût pas lieu. On a joué le *Siege de la Grenade*, & le sieur Parisot faisant le rôle du *comte d'Estaing*, est venu dans son habit de théâtre reconduire Paul Jones à son carrosse.

18 *Mai*. M. Dorat laisse pour héritage environ cent mille francs de dettes. Il étoit si dénué de ressources qu'il est mort sur une chaise longue que lui avoit envoyée madame de Beauharnois. Il paroît pourtant que ses derniers soupirs ont été pour Mlle. Fannier. Il y alloit encore tous les jours, c'est-à-dire, qu'on le descendoit en fauteuil, qu'on le mettoit dans une chaise à porteur & qu'on le mon-

toit chez cette actrice. Il a dit au curé de Saint-Sulpice, la premiere fois qu'on lui a annoncé ce pasteur, qu'il n'avoit rien écrit contre la religion & qu'il en avoit toujours respecté les Ministres. Le curé lui a répondu qu'il le savoit, qu'il avoit ses œuvres dans sa bibliotheque & les lisoit avec grand plaisir : qu'il ne venoit pas pour le convertir, mais pour lui offrir des secours pécuniaires. Le poëte les a refusés, en lui témoignant toute sa reconnoissance ; & c'est avec cette aménité de part & d'autre que les choses se son traitées.

19 *Mai*. Les reproches faits à M. Necker dans les pamphlets dont on a parlé, ont excité les mécontens à se plaindre & les curieux à s'informer de la vérité des faits. On a trouvé que non-seulement les payeurs des rentes ne sont pas remboursés, mais que les contrôleurs des receveurs des domaines & bois, qui n'ont pas de comptes à apurer & sont supprimés du bail de M. Necker, ne le sont pas; que les receveurs-généraux des domaines & bois ayant satisfait à l'un, à deux, ou même aux trois termes indiquées par l'édit, ne le sont pas ; & c'est un principe constant & public dans les bureaux du contrôle qu'aucun des offices supprimés ne le sera, à moins qu'on ne veuille accepter pour comptant des contrats à quatre pour cent.

16 *Mai*. Madame Jules de Polignac est accouchée d'un garçon ; ce qui réjouit cette maison. La cour s'est établie en conséquence au château de la Muette.

20 *Mai*. Il y a quelques jours que le maréchal de Biron, curieux d'avoir à sa table tous

les étrangers de distinction ou de mérite, a donné à dîner à Paul Jones. Ce seigneur questionne beaucoup, & par deux réponses qu'on a retenues de l'Américain, on pourra juger de sa tournure d'esprit. Le maréchal lui parlant du capitaine Pierson, commandant du *Sérapis*, adversaire qui lui a valu sa gloire, lui dit qu'il avoit été fait chevalier : *puissé-je, M. le maréchal, quelque jour, le faire créer Lord !*

Le maréchal, quelque-temps après lui demanda s'il avoit été à la revue, s'il avoit bien suivi les manœuvres du régiment des gardes ? *J'aurois bien mieux aimé*, répondit-il, *le voir manœuvrer au parc Saint-James.*

Au reste, il se sert d'interprète, ne pouvant s'expliquer absolument dans notre langue.

20 *Mai*. Le sieur le Breton n'est pas encore remplacé & l'on s'en occupe. Jusque-là, on assure qu'il est fort regretté des sujets soumis à son inspection. Une obligation reconnue généralement qu'on lui a, c'est d'avoir contribué le premier a élever l'orchestre de l'opéra au haut dégré de réputation dont il jouit aujourd'hui. Né à Paris en 1727, il avoit appris la musique à l'âge de quatre ans, la lisoit à six à livre ouvert, avoit fait chanter à douze de grands motets à la cathédrale de Senlis, & y avoit touché l'orgue plusieurs fois : il étoit entré quelque temps après à Notre-Dame, pour y chanter la basse-taille ; il avoit débuté en 1744 à l'opéra, où il n'étoit resté que deux ans : il avoit joué pendant deux autres années à Marseille les rôles en second ; puis ayant renoncé au chant, parce que sa voix baissoit,

s'étoit

s'étoit vu à 21 ans à la tête de l'orcheftre de Bordeaux, avoit enfuite obtenu au concours la place de maître de l'orcheftre de Paris & étoit arrivé enfin fucceffivement à celle de maître de la mufique du roi, d'entrepreneur & d'adminiftrateur de l'opéra, & furintendant de la mufique de S. M. Les morceaux qu'il a ajoutés à prefque tous les anciens opéra qui fe font donnés depuis 1755, prouvent qu'il n'étoit pas dénué du talent de la compofition & qu'il y auroit peut-être excellé s'il s'y fût livré particuliérement.

21 *Mai*. Tout le monde eft émerveillé de l'amitié exceffive de la reine pour madame Jules : depuis fa couche elle ne ceffe d'y aller chaque jour. S. M. veut, dit-on, que le nouveau-né foit fait duc, & il eft queftion de lui faire acheter par le roi le duché de la Meilleraye, que vend la ducheffe de Mazarin. Toute la famille de Polignac s'empreffe de profiter de ce rayon de faveur. Si le cœur de la reine eft fufceptible des fentiments auxquels on veut que les fouverains en général fe livrent peu, on fait qu'il y a auffi l'inconftance, jointe trop ordinairement à la fenfibilité extrême, & l'exemple de madame de Lamballe doit effrayer.

21 *Mai*. On a parlé de la lettre honorable que M. le premier préfident du parlement de Paris avoit reçue le 21 mars dernier de M. le garde-des-fceaux, lui écrivant au nom du roi que S. M. ne vouloit pas accepter fa demiffion. M. Feutry, de la fociété philofophique de Philadelphie, lui a adreffé en conféquence le quatrain fuivant :

Digne fruit des vertus de ton illustre race,
Ton affable équité nous est d'un sûr recours ;
D'Aligre, Louis veut que tu gardes ta place :
Ah ! veuille ainsi le ciel te garder de longs jours.

On voit que ces vers sont proportionnés au sujet.

22 *Mai*. M. Rochon de Chabannes leve absolument le masque & vient de répandre une petite brochure, ayant pour titre : *Observations sur la nécessité d'un second théâtre françois*. Il annonce que c'est le vœu général des auteurs dramatiques, même de ceux qui, subjugués par le sieur de Beaumarchais & les commissaires du bureau de législation dramatique, n'osent se séparer de ces assemblées & semblent adhérer à leur travail, que le nouvel établissement rendroit absolument inutile. La crainte de choquer trop directement d'abord ces messieurs l'avoit déterminé à garder l'anonyme, mais son zele l'a enfin emporté, & la distribution qu'il a faite lui-même de la brochure aux gens en place, annonce qu'il se dispose à soutenir son projet contre tout ce que ses adversaires pourront écrire.

22 *Mai*. M. Mercier, dont les drames imprimés occupent presque tous les théâtres de province, n'a pu encore se faire jouer à Paris. On se souvient des dégoûts, des humiliations, des injustices que lui ont fait eprouver les histrions françois, sans que ses confreres assemblés depuis si long-temps pour redresser les torts des comédiens envers les auteurs dramatiques aient fait aucune démarche en faveur de celui-ci. Il paroît que les Italiens l'ont mieux

accueilli, & ils annoncent la premiere représentation de la *Demande imprévue*, comédie nouvelle en trois actes & en prose de monsieur Mercier.

23 *Mai*. Dans la *Demande imprévue*, comédie en trois actes & en prose, jouée aux Italiens aujourd'hui, M. Mercier avoit voulu faire voir qu'il savoit faire sortir du noir de la dramaturgie, & manier les pinceaux les plus agréables & les plus riants de Thalie. On ne peut nier qu'il n'y ait quelque gaieté dans son ouvrage, quelque goût de l'antique dans sa maniere de mettre en jeu les valets & d'en faire les ressorts de son intrigue; mais non dans la maniere de les faire dialoguer, de leur donner le langage précieux & affecté des petits-maîtres. Du reste, petits moyens, pitoyable imbroglio, dissertations à perte de vue, portraits déplacés & dénouement romanesque & trivial. Il n'y a pas d'apparence que cette comédie ait une seconde représentation.

24 *Mai*. Les neuf jours depuis la couche de madame Jules étant passés, & cette dame se portant aussi bien que le permet son état, la reine n'a plus cru nécessaire de s'en trouver si à portée, & toute la cour est retournée à Versailles.

24 *Mai*. M. de Cailhava est le premier qui ait depuis quelque-temps fait valoir la necessité d'un second théâtre françois; il a disserté très-vigoureusement sur cet article dans sa brochure *sur les Causes de la décadence du théâtre & les moyens de le faire refleurir*. Petit ouvrage, extrait d'un excellent livre du même auteur, imprimé en 1772, & qui a pour titre *l'art de la comédie*.

M. Rochon, en exhortant M. Cailhava à faire réimprimer son écrit dans ce moment, ne donne le sien que comme une suite & une annexe de l'autre. Seulement il y est entré dans de plus grands détails sur cet objet & offre en outre un plan que ne fournissoit pas son camarade.

25 *Mai*. l'intervention de M. d'Epremesnil dans la cause du comte de Lally, a été admise au parlement de Rouen; ce qu'on regarde comme de mauvais augure pour le fond. Le jeune militaire a pour lui toute la ville & sur-tout les femmes, mais l'autre a la magistrature; en sorte qu'on croit que l'arrêt du parlement de Paris sera confirmé.

25 *Mai*. On persiste dans le projet de rétablir la grande galerie des Tuileries & d'en faire un superbe muséon. Malheureusement on n'en est encore qu'à la discussion des projets. Il y a eu hier un bureau chez M. le comte d'Angiviller pour en disserter. Le moins coûteux est de 500,000 livres, l'autre seroit du double; & malheureusement la guerre n'est point favorable, ni M. Necker. Une rivalité élevée entre madame Necker & madame Marchais, chez qui vit le comte d'Angiviller, a rendu celui-ci désagréable au directeur-général des finances. Quoi qu'il en soit, on a déjà étayé & l'on va commencer par faire toujours un escalier.

26 *Mai*. M. Caffiery a représenté saint Satyre dans le moment qu'il harangue le peuple. Cette statue est superbe dans son genre. Elle est d'environ huit pieds de haut: l'action de l'orateur est parfaitement bien saisie, pleine de mouvement, de vérité & de noblesse. La dra-

perie traitée d'une maniere large & à grands plis n'est pas ce qui attire le moins les connoisseurs. Cet ouvrage ne déparera point ceux du même genre qu'on admire aux Invalides.

16 *Mai.* Un des objets de promenade des environs de Paris actuellement, c'est *Bagatelle.* La cour étant à la Muette, cela a donné lieu de visiter davantage ce joli palais de féerie. On ne le voit point en arrivant; on entre en un petit bois taillis fort inculte, qui n'est entouré que d'une simple claie. On travaille encore actuellement à le rendre plus agreste, par des rochers & des sites dont on augmente le sombre & la tristesse. On ne parvient au château que par une route tortueuse. On le trouve enfin & on lit au dessus cette devise : *Parva sed apta.....* Six statues placées dans l'entrée circulaire de l'intérieur caractérisent davantage son usage, le Silence, le Mystere, la Folie, &c. plus loin un Hercule dans ses plus brillants atributs paroît avec celles-ci partager l'empire du lieu. Tout en est recherché, jusqu'aux bornes, aux pierres, d'un fini précieux, ou d'une taille d'une couleur originale. Le rez-de-chaussée ne consiste qu'en un petit vestibule, une salle à manger, un sallon, un boudoir & un billard. Le boudoir offre toutes sortes de peintures voluptueuses de nos maîtres modernes, Greuze, Fragonard, la Grenée, &c. Un lit de roses & des glaces qui repétent de tous côtés les attitudes des amants ne présentent cependant que ce qu'on voit dans d'autres châteaux, au pavillon du roi, par exemple.

Ce qui frappe le plus les amateurs, c'est une

vue ménagée avec tout l'art possible, ce sont des tapis de verdure qui la reposent doucement jusqu'à la riviere, c'est le pont de Neuilly qui semble avoir été construit-là pour perspective.

L'escalier en bois d'acajou est d'une singularité rare & d'une hardiesse à étonner les connoisseurs; il est fort étroit, on n'y peut pas donner la main à une dame : par cet escalier on monte en haut, où sont quelques chambres à coucher : celle du prince, qu'il n'a jamais habitée, est vraiment remarquable ; elle est en forme de tente, & tout y désigne cet appartement militaire. Les pilastres sont figurées en faisceaux d'armes, surmontés d'un casque ; les jambages du chambranle de cheminée sont deux canons sur leur culasse ; les chenets, figurés en boulets, en bombes, en grenades ; les bras de cheminée en cors de chasse, &c.

Un jardin petit, mais composé uniquement de fleurs, de plantes & d'arbustes étrangers, fournit ensuite aux physiciens, aux botanistes, aux fleuristes de quoi s'exercer.

Les jours des souterrains sont ménagés par des especes de grilles pratiquées dans les marches pour parvenir au vestibule & qui entourent le pavillon. Des communs, à droite & à gauche, bâtis à l'entrée & hors de l'enceinte, annoncent que les profanes, même attachés à son altesse, ne doivent point venir troubler par leur présence les mysteres du lieu ; ce que confirment des servantes placées dans la salle à manger, fabriquées avec le goût exquis régnant dans tout le reste.

Au surplus, *Bagatelle* ne se ressent point de la précipitation avec laquelle il a été construit & paroît d'une solidité qui dément son nom.

27 *Mai*. Extrait d'une lettre d'Amsterdam, du 22 mai 1780...... Il a paru dans ce pays, il y a déjà du temps, peut-être un an, une brochure très-courte, intitulée : *La Cassette verte*. C'est un pamphlet contre M. de Sartines. Il tire son nom d'un porte-feuille de maroquin verd qu'a ce ministre, d'où l'on est censé avoir extrait les papiers qui ont fourni le canevas du livre. Ce sont les conversations, aventures, anecdotes de l'ancien lieutenant-général de police, où les filles & les filoux jouent un très-grand rôle. Ce cadre auroit pu fournir quelque chose de piquant, mais le fond est pitoyable & le style maussade. On ne sait si M. de Sartines en a été piqué, ou si c'est un zele de ses partisans dans ce pays; mais on mande de la Haye, que le jeudi 19 de ce mois, on y a arrêté une dame Godin, comme ayant eu quelque part à cette *Cassette verte*, & qu'elle en est partie le jour même avec des gardes qui la conduisent jusqu'aux frontieres de France, d'où vraisemblablement elle sera transférée à la Bastille.

28 *Mai*. Les gens au fait savent ce qu'il faut penser de la déclaration du 13 février dernier à l'occasion de la taille & de la capitation.

La premiere a été établie légalement sur le consentement des états. Elle est très-ancienne & a été rendue perpétuelle en 1445 ; mais la quotité toujours variable & toujours accrue a été successivement portée de 1,800,000 livres à plus de 60,000,000 de livres, au moyen des impositions extraordinaires faites en vertu de simples arrêts du conseil. C'est à ce taux énorme que M. Necker l'a fait consacrer par l'enrégistrement de cette déclaration. Il en faut dire autant de la capitation établie légalement en 1695 & en 1701, qui a depuis été forcée arbitrairement par tous les contrôleurs-généraux.

Il se trouve, ou un adulateur bas, ou un enthousiaste imbécille, ou un prôneur gagé par le directeur-général des finances, qui propose une souscription pour une médaille & une estampe, qui représentent cet événement.

L'auteur de ce bizarre projet ne se nomme pas ; il offre une récompense à celui qui, au jugement de l'académie des inscriptions, aura donné le plus beau dessin de l'une & de l'autre : il a déposé à cet effet la somme chez un notaire.

29 *Mai*. M. Coger, ancien recteur de l'université de Paris, professeur d'éloquence, étoit moins célèbre par son mérite réel, dont tout l'éclat étoit renfermé dans le pays latin, que par le ridicule dont l'avoit couvert M. de Voltaire. Quoi qu'il en soit, il vient de mourir & l'abbé Traffart, vicaire-général de Gap, a payé, dans le *Journal de Paris*, le tribut à la mémoire de son ami. Il nous apprend que son imagination étoit vive, mais tempérée par un jugement sain ; ce qui donnoit à ses productions à la fois de la chaleur & de la solidité : que, du reste, dans ses discussions polémiques, en défendant les droits de la religion comme son ministre, il y mit toujours l'honnêteté & la douceur qu'elle prescrit.

29 *Mai.* M. de Montholon, premier président du parlement de Rouen, est fort mal avec sa compagnie. On a découvert que, pour complaire à M. le garde-des-sceaux, non-seulement il s'étoit compromis dans l'affaire de M. de Tolendal, mais qu'il avoit intrigué dans sa compagnie en sa faveur. On assure qu'on a intercepté des lettres qu'il écrivoit d'ici, & qu'on doit imprimer toute cette correspondance, qui ne fera honneur ni à ce magistrat, ni au garde-des-sceaux.

29 *Mai.* M. Dauvergne a été nommé mardi dernier par le roi directeur de l'académie royale de musique, & M. Gossec, sous-directeur.

29 *Mai.* M. le prince de Montbarrey, dont on attendoit la venue chez M. Caffiery pour lui faire agréer la statue dont on a parlé, avant de la poser, l'a vue avec beaucoup de plaisir. Il en a commandé tout de suite une seconde à l'artiste, & se propose de faire travailler aux autres qui restent à faire pour orner les diverses chapelles de l'église des Invalides, afin de compléter, sous son ministere, ce superbe monument.

30 *Mai.* Dans les *Observations sur la nécessité d'un second théâtre françois*, M. Rochon exige d'abord la suppression de tous les treteaux des Boulevarts ; il les renvoie aux foires, & dédommage les pauvres de leur quart par celui du nouveau théâtre. D'ailleurs, il veut qu'il soit perçu aux foires aussi.

Son objet dans l'établissement qu'il propose, est d'arrêter les progrès de la décadence du goût, de ranimer le courage des auteurs dramatiques, à qui la carriere du théâtre françois est presque fermée, & d'attirer la nation aux seules représentations scéniques, dignes de sa curiosité.

Il prétend que les comédiens ne doivent point s'effaroucher de sa proposition, qu'il n'affoiblit point leurs bénéfices, qu'il veut relever l'éclat de leurs talents, en ne leur opposant que des rivaux dignes d'eux. Il désire qu'eux-mêmes forment la seconde troupe qu'il demande, qu'ils partagent avec elle leurs richesses dramatiques & ne fassent qu'une caisse des deux recettes.

C'est, suivant ce dissertateur, la seule maniere de jouir de toutes les productions que renferme le répertoire des François, qui malgré leur travail ne peuvent jamais exécuter par an plus de 40 tragédies, autant de comédies en cinq actes & 80 pieces en un, deux & trois actes. Il en donne la raison principale, fondée sur ce que les acteurs sont obligés de ne pas laisser passer trois mois sans repéter une piece, qu'ils oublieroient autrement.

M. Rochon y trouve l'avantage des auteurs, qui par ce moyen auroient le choix de leurs acteurs & l'espoir de se voir jouer plus vîte. Il rapporte à cette occasion que dans une séance du bureau de législation dramatique, les membres en 1778 en sentirent si fort la nécessité, qu'ils avoient opinés par acclamation pour la demande de deux théâtres, en rejetant tout parti mixte & tout projet illusoire d'accommodement. Qui peut les avoir si fort fait varier depuis?

L'auteur entre dans une infinité de détails, où l'on ne peut le suivre, mais dont le résultat est toujours le grand avantage de son plan, & l'impossibilité de rien imaginer de mieux & d'aussi bon.

Du reste, il réduit chaque troupe à vingt-quatre acteurs, qu'il trouve suffisants; il propose de diminuer le prix des places, & il calcule que les recettes n'en seront que meilleures: enfin il s'oppose à ce qu'on soit assis au parterre; ce qui va engourdir son activité & lui ôter ce tact sûr qu'il a presque toujours montré.

Il conserve la comédie italienne, troisieme troupe qui deviendra purement & simplement un opéra comique. Elle rendra toutes ses pieces françoises aux deux autres, & ne jouera que des pieces à vaudevilles & ariettes, avec des parodies. Si ce théâtre ne peut jouer tous les jours, qu'à l'instar du grand opéra dont il sera une succursale, on ne l'ouvre que trois ou quatre fois la semaine, & il lui promet une bonne recette.

31 *Mai*. Les Italiens ont encore donné hier une nouveauté, ayant pour titre, *Cassandre Oculiste, ou l'Oculiste dupe de son art*, comédie-parade en un acte, en vaudevilles. Cette bagatelle de M. Auguste a eu plus de succès qu'on n'auroit cru. Elle est tirée, à ce qu'on dit, d'un conte du chevalier de Boufflers. Elle est gaie; il y a du sel, des couplets bien faits, du piquant, de la malignité, & les ordures en sont adroitement couvertes.

1 *Juin* 1780. Depuis long-temps on attend le *prospectus* des œuvres de Voltaire. Enfin M. de Beaumarchais, qui s'annonce pour correspon-

dant général de la société littéraire & typographique, qui a fait l'acquisition des droits de madame Denis & du sieur Panckoucke sur les porte-feuilles du défunt, annonce qu'il ne tardera pas à paroître ; il attribue ces délais aux difficultés qu'a entraînées, comme on l'avoit prévu, l'acquisition des caracteres de Backerville : il prétend cependant qu'un ouvrier s'est trouvé encore en état de fournir toutes les connoissances nécessaires pour leur manipulation, & qu'enfin la France est enrichie des types les plus parfaits de l'Europe.

2 *Juin*. Un grand nombre d'amateurs désirant conserver la mémoire des cinq plus parfaites danseuses de l'opéra en ce moment, ont sollicité le sieur Machy, sculpteur, d'en perpétuer les traits. En conséquence il a ouvert une souscription. Mlle. Guimard sera esquissée en Terpsycore ; Mlle. Heinel sous la forme d'une nymphe ; Mlles. Allard & Peslin seront en bacchantes, & Mlle. Théodore en Bergere. Elles seront en talc, soigneusement réparées, de huit pouces de hauteur ; ces statues étant principalement destinées aux petits réduits, aux boudoirs.

2 *Juin*. Il y a eu un accommodement entre M. de Malderé & M. de Gamache, au moyen duquel ce dernier revient. On conçoit que cette transaction purement pécuniaire ne peut réparer l'honneur du dernier ou plutôt le déshonore davantage seulement.

3 *Juin*. L'opéra d'*Andromaque* doit être donné mardi & il y a eu en conséquence aujourd'hui répétition générale. On y a trouvé quelques beaux morceaux, remplis d'expression, d'images

& de force ; mais en général, ce sujet, dont tout le mouvement naît du flux & reflux des passions ; exige des scenes filées auxquelles il est difficile que puisse atteindre sans longueur & sans ennui l'art du compositeur en musique. On sait qu'il y a peu de spectacle dans cette piece, & que les coups de théâtre s'y passent principalement dans le cœur : au surplus cette répétition ayant été fort irréguliere & hachée, il faut attendre pour prononcer définitivement.

4 *Juin*. Nosseigneurs du clergé assemblés ont célébré avant-hier la messe du Saint-Esprit, où l'évêque de Blois a prêché sur la perpétuité de la foi. Il a pris la controverse des prédicateurs ordinaires, qui depuis quelque-temps déclament contre la foi qui s'éteint. Le prélat a ranimé les espérances de l'église, sur ces paroles si consolantes : *Que les portes de l'Enfer ne prévaudront pas contre elle.*

Du reste, l'influence des prélats se fait déjà sentir : la cour a voulu leur donner une légere satisfaction par un arrêt du conseil du 12 mai, qui se publie à haute voix contre l'ordinaire ; il concerne le *Mémoire à consulter & consultation pour les curés du Dauphiné, sur l'insuffisance de la portion congrue,* dont on a parlé.

Les agens du clergé se sont plaints que ce mémoire étoit sans objet, puisqu'il n'étoit relatif à aucune instance pendante en justice ; que l'on ose y avancer des faits hasardés, des maximes inexactes, que l'on s'y est servi d'expressions peu mesurées contre des prélats, corps, chapitres & autres ecclésiastiques : que les loix même du royaume y sont exposées aux traits de la critique & de la licence: en conséquence il a été supprimé sous ces divers rapports & qualifications.

4 *Juin.* Il se fait tous les ans dans le fauxbourg Saint-Laurent, & à cette époque une fameuse procession, en commémoration de la dédicace de la paroisse. L'affluence y est toujours immense, & il y a sur-tout un reposoir construit en fleurs, qui attire la curiosité. Cette année le sieur l'Argilliere, sculpteur, a imaginé, avec des mannequins, de donner l'essor à son imagination; il a représenté *Moyse & Aaron frappant le rocher.* Une grande quantité d'eau est disposée de maniere qu'elle doit couler à l'instant, & que ce miracle factice durera plusieurs heures. On conçoit combien de monde d'extraordinaire doit amener ce spectacle religieux.

5 *Juin.* M. le comte d'Artois aime beaucoup la paume, il y venoit souvent jouer à Paris dans les jeux renommés. Un jour qu'il étoit de mauvaise humeur contre la galerie, il ordonna qu'on fît sortir le public, en se servant d'expressions très-indécentes, qu'il a familiérement à la bouche: *Ces B..... là... ces J... f.....* Un seul officier demeura. *Est-ce que vous n'avez pas entendu ce que j'ai dit?* lui cria cette altesse royale: *Oui, Monseigneur, mais comme je ne suis ni un B..... ni un J... f..... je suis resté.* Le prince sentit alors sa sottise, & pour ne plus être dans le cas d'en commettre de semblable, il fait construirre actuellement, rue de Vendôme sur le boulevart, un jeu de paume à son usage seul, & à la portée de son palais du Temple.

5 *Juin*. M. Feutry, auteur ancien de quelques poésies qui étoient restées ensevelies dans les journaux, depuis quelque-temps, s'acquiert de la consistance ; il fait des vers pour les grands & ses bons mots se répetent. On cite que ces jours derniers étant allé voir le saint Satyre de M Caffiery, dont on a parlé, on lui demanda son avis : « Il égale le plus bel antique, répondit-il, & je le trouve digne de la main qui nous a donné le grand Corneille au Sallon : en ajoutant : l'un pense & l'autre parle. » Eloge juste, laconique & très bien senti des deux ouvrages.

5 *Juin*. Le troupeau des poëtes dramatiques qui s'est rangé sous la verge du sieur de Beaumarchais, n'a pu s'empêcher d'applaudir à la brochure honnête, simple & lumineuse de M. Rochon. Ils s'écrient *que c'est la raison écrite d'après l'expression de leur chef*. Mais celui-ci, ainsi que les commissaires, sentant que ce projet réalisé leur feroit perdre la consistance qu'ils ont voulu se donner, se retranchent à dire que c'est un rêve de l'abbé de Saint-Pierre ; d'une exécution impossible par le grand crédit de leurs adversaires, & qui prévoient le danger de se laisser diviser en deux troupes. En conséquence ils se hâtent de consolider les opérations du bureau de législation dramatique, & le sieur de Beaumarchais a fait envoyer aux comédiens un arrêt du conseil avec un nouveau réglement pour les auteurs, contre lequel les premiers jettent déjà les hauts cris & se disposent à réclamer, malgré les insinuations que leur a fait donner monsieur Amelot, que toutes leurs représentations seroient inutiles ; ils ne s'en

remuent qu'avec plus d'ardeur, & les actrices sur-tout mettent tous leurs charmes en avant. Le sieur Beaumarchais fait l'impossible pour ramener à son giron M. Rochon & il le caresse, le flatte, dans l'espoir de l'enchaîner par une délibération, où il sera forcé de céder à la pluralité, si une fois il revient aux assemblées.

6 *Juin*. On ne peut peindre la multitude de curieux dont étoit rempli le fauxbourg Saint-Laurent dimanche à l'heure de la fameuse procession ; une épingle n'auroit pu tomber à terre ; & les fenêtres & les toîts étoient surchargés de monde. Malheureusement, au moment où elle touchoit à son terme, au reposoir dont on a parlé, il est survenu un orage si violant, qu'il en a résulté un autre genre de spectacle plus rare & plus intéressant par l'effroi répandu dans cette foule empressée à se soustraire aux éclairs, au tonnerre & au déluge nouveau. Il étoit plaisant sur-tout de voir l'embarras des prêtres & du cortege religieux ; les Turiferes jetoient le feu des encensoirs & les mettoient dans leur poche ; les Lévites jetoient les fleurs, & des corbeilles se formoient des parapluies ; tous retournoient leurs chapes & les mettoient à l'envers. Le pauvre curé s'est trouvé abandonné !... Mais le prodige n'a pas moins eu lieu. Moyse, à couvert sous une toile épaisse, a frappé le rocher, qui a rendu l'eau en abondance & a grossi les flots tombés du ciel ; les tonneaux rouloient à la nage sur cette mer, & à neuf heures du soir tout n'étoit pas débaclé.

7 *Juin*. On a oublié de faire mention de la mort de M. le Trône, ce fameux économiste

qui, arrivé d'Orléans pour réclamer, comme on l'a dit, cent exemplaires saisis de son ouvrage, à force d'aller, de venir & de valeter chez les ministres, a gagné une fluxion de poitrine qui l'a emporté. C'est un homme de grand mérite que perd son parti.

8 *Juin*. M. le Miere, dont la piece étoit tombée dans les regles lors de la nouveauté, étoit dans le cas de ne point participer au succès de la reprise de *la Veuve du Malabar*, qui a été prodigieuse pour le lucre. Suivant le dernier réglement annoncé, cette exclusion fatale & trop rigoureuse est modifiée ; en sorte qu'on calcule qu'il en résultera, pour cet auteur, un bénéfice d'environ deux mille écus. Cet avantage n'a pu que lui rendre le sieur de Beaumarchais fort agréable, & il y a grande apparence qu'il rentrera aussi dans son giron.

9 *Juin*. *Andromaque* n'a point eu de succès mardi. Ce n'est point M. Marmontel qui a retouché le poëme ; c'est un novice, dont les sutures & additions contrastent trop désavantageusement. Il a voulu mettre en spectacle le massacre de *Pyrrhus*, & il en a résulté un coup de théâtre absurde, ridicule, & qui a excité des huées. La musique, à quelques chœurs près, n'a produit aucun effet ; & les fureurs d'*Oreste*, qui, aux répétitions avoient ému, ont indigné, ont fait rire à la premiere représentation. Il faudroit une véritable conversion de la part du public pour que cet opéra reprît faveur dans la suite.

9 *Juin*. M. Robin a profité des critiques qu'on a faites au sallon dernier de son tableau ordonné par la ville ; & il invite les amateurs

à venir juger de sa docilité & de l'amélioration de son ouvrage.

10 *Juin.* C'est le samedi 27 que le sieur d'Auvergne, sur-intendant de la musique du roi, nommé pour successeur au sieur le Breton dans la place de directeur de l'opéra, est entré dans l'exercice de ses fonctions. Le sieur Gossec, qui lui est adjoint en qualité de sous-directeur, n'aura vraisemblement rien à faire tant que le premier sera en activité. Voici maintenant quelles sont les fonctions du directeur, relativement à la situation actuelle de l'académie royale de musique.

Ce spectacle est resté sous les ordres immédiats du secrétaire d'état ayant le département de la ville de Paris; mais il n'est plus régi intérieurement, comme autrefois, par la volonté seule d'un directeur, qui étoit l'ame de la machine, & n'en est plus aujourd'hui que le premier membre. Un comité composé de six personnes, délibere conjointement avec lui sur les opérations à faire; tout s'y décide à la pluralité des voix; le directeur a la prérogative d'en avoir deux.

Les membres du comité sont les sieurs le Gros, Durand, Vestris, Gardel, d'Auberval & Noverre. Chacun d'eux est chargé en outre de quelque fonction relative au régime de l'opéra. Le premier a l'inspection du luminaire; le second celle des machines; le troisieme veille à ce que les postes soient bien tenus & bien gardés; la quatrieme a le district des décorations & peintures; le cinquieme celui du magasin des habits; le dernier enfin préside à la rentrée des contributions que les danses des autres spectacles doivent à celui-ci.

Il se tient de temps à autre des assemblées générales, où le comité rend compte de ses opérations, & où les principaux sujets admis sont consultés & invités à faire des réflexions qu'ils croient utiles.

Tout ce qui tient à la musique regarde essentiellement le directeur; & ce n'est pas une petite besogne, que de pouvoir contenter les divers partis qui divisent aujourd'hui l'empire de Polymnie.

11 *Juin.* Tout le public est très-mécontent de voir décidément le comte d'Estaing sans fonctions. Vendredi dernier étant venu se promener au Palais-Royal en sortant de l'opéra, il s'est formé au-tour de lui une double haie, avec des applaudissements si longs qu'il s'en est trouvé fatigué & est ressorti pour monter en carrosse, où il a été accompagné avec les mêmes marques de joie.

11 *Juin. Procès-verbal de ce qui s'est passé au parlement touchant les six arrêts du conseil, du 30 août 1777, concernant la librairie, avec les comptes rendus à leur sujet.* Tel est le titre d'un in-4°. de 81 pages, qui afflige singuliérement M. le garde-des-sceaux & M. le Camus de Néville, chef de la librairie. Il est aisé de juger quelles entraves ils ont mises à cette affaire, qui, consommée le 23 mars 1779, n'est pas encore finie & est renvoyée au mois prochain. Le compte rendu de Me. Seguier est fort long & a occupé trois séances de l'assemblée des chambres, les 10, 27 & 31 août.

12 *Juin.* Monsieur & madame Necker ont été tellement affectés des deux phamplets dont

on a parlé, qu'ils ont fait arrêter différents colporteurs qui les vendoient fort cher : car ils coûtent aujourd'hui 18 livres. On assure que madame Necker a eu l'infamie de se travestir, d'aller elle-même chez un de ces malheureux avec une recommandation, & qu'ayant gagné sa confiance, elle a fait paroître des alguazils & un exempt de police qui l'accompagnoient, lesquels ont arrêté le trop crédule colporteur & saisi sa marchandise.

12 *Juin.* Il paroît décidé qu'on ne jouira point cette année de la présence du chevalier Gluck. Ce grand homme, avide de gloire, piqué de n'avoir pu jusqu'à présent réussir en Italie, après avoir enchanté l'Allemagne & la France, y veut faire une nouvelle tentative, & il doit se transporter à Milan. Les paris sont ouverts ici entre les amateurs du théâtre lyrique pour ou contre son succès.

12 *Juin.* M. Le comte d'Artois, qui par sa taille, sa jeunesse & ses graces naturelles est fait pour réussir dans tous les exercices du corps, a ambitionné aussi la gloire de danser sur la corde. Il a pris, long-temps en silence & dans le plus grand secret, des leçons du sieur Placide & du *Petit-Diable*, les héros les plus renommés actuellement en ce genre. On étoit fort curieux de savoir l'objet de la retraite qu'il faisoit tous les matins au Petit-Trianon. Enfin quand il s'est cru en état de briller, il a développé en petit comité ses talents aux yeux de la reine, & l'on est convenu qu'il possédoit supérieurement le nouveau qu'il avoit désiré d'acquérir. On ne dit pas encore si le roi l'a vu voltiger.

12 *Juin.* Depuis quelque-temps on s'occupe

essentiellement de ce qui concerne la premiere nourriture de l'homme, c'est-à-dire, de l'art de réduire les farineux en la meilleure substance possible. Quatre hommes se sont sur-tout livrés aux principes de cette théorie : M. Malouin a décrit l'art de la meûnerie & de la boulangerie ; M. Duhamel a recherché avec le plus grand succès tout ce qui a rapport à la conservation des grains ; M. Tillet a découvert la cause & indiqué les remedes des principales maladies des grains ; M. Parmentier a perfectionné les moyens de les réduire en pain.

Enfin le jeudi 8 de ce mois, il s'est ouvert une école gratuite de boulangerie sous les auspices de M. le lieutenant-général de police : MM. Parmentier & Cadet de Vaux, professeurs de cette école, ont prononcé chacun un discours ; le premier sur l'origine & les progrès de l'art de la meûnerie & de la boulangerie, le second sur l'heureuse influence que la chymie a répandue sur eux.

13 *Juin*. L'assemblée pour la dénonciation des arrêts du conseil concernant la librairie, ayant été renvoyée du 23 mars 1779 au 23 avril, M. d'Epremesnil qui avoit fait cette dénonciation, la développa d'une façon très-étendue.

Dans son discours il rend compte d'abord des arrêts du conseil, de leur esprit & de leur fort. Le premier portant réglement de discipline pour les compagnons imprimeurs, a causé une telle fermentation parmi eux, l'impôt qui s'ensuivoit leur a paru si onéreux, l'idée du cartouche auquel on les assujettissoit comme les soldats, les a tellement blessés, qu'ils ont refusé de se conformer au nouveau réglement; on n'a pas insisté, & il est resté sans exécution.

Le second, portant établissement de deux ventes publiques au plus offrant & dernier enchérisseur des fonds de la librairie, parties de fonds, privileges, ou portions d'iceux, soit de Paris ou des provinces, les libraires de province, & même étrangers admis concurremment avec ceux de Paris, est resté sans exécution aussi.

Les quatre autres ont été mis en vigueur, & les libraires, au lieu de recourir d'abord au parlement, juge naturel de leur état, ont cru devoir commencer par verser leur douleur dans le sein de M. le garde-des-sceaux. Les veuves de la communauté ont donné l'exemple en octobre 1777, en lui adressant de très-humbles & très-respectueuses représentations. En novembre suivant, la communauté entiere lui a présenté un mémoire très-détaillé, & le recteur de l'université a joint le sien au nom de son corps. Ces premieres tentatives n'ont produit aucun effet.

Alors les libraires ont recouru directement au roi, par une requête soutenue de deux consultations des 23 décembre 1777 & 9 janvier 1778; après quoi les veuves ont aussi présenté la leur. Ces requêtes n'ont pas été mieux accueillies. Ils s'en sont tenus à opposer aux arrêts du conseil une résistance passive & respectueuse. Enfin les tarifs des droits de réception & de permission ont paru. Les libraires ont encore adressé à M. le garde-des-sceaux des représentations contre ces tarifs en particulier & contre les arrêts en général. Leurs nouvelles instances n'ayant pas été plus heureuses, ils ont employé des sollicitations indirectes; des gens de lettres ont donné des mémoires, des magistrats ont invoqué les formes à l'appui des principes, proposé des conférences, annoncé une réclamation: efforts vains & qui n'ont servi qu'à accélérer l'exécution des arrêts du conseil, qu'à causer de nouvelles atteintes portées aux loix de l'état, ainsi qu'aux propriétés littéraires.

Enfin les libraires & imprimeurs ne pouvant faire venir à résipiscence M. Camus de Néville, directeur de la librairie, dans un mémoire approuvé par la communauté assemblée, ont résumé leurs représentations sur les six arrêts, & le résultat a été présenté à M. le garde-des-sceaux, au commencement de février 1779, en vertu d'une délibération prise par la communauté le 23 janvier précédent. Deux mois écoulés sans réponse ont déterminé le magistrat dénonciateur à poursuivre cette infraction aux loix.

M. d'Epremesnil discutant ensuite personnellement en bref les arrêts & les inconvéniens qui en résultent, insiste sur la contradiction perpétuelle qui va être entre l'exécution des traités ordonnés par des arrêts du parlement, & l'impossibilité de cette exécution, tant que les arrêts du conseil faisant loi dans le département de la librairie existeront.

Il termine par engager la cour à porter ses regards sur un état aussi pénible, à considérer dans tous les actes qu'il défere à sa justice, des arrêts du conseil élevés au-dessus des édits enrégistrés, des propriétés détruites par l'effet rétroactif de ces actes irréguliers, un impôt créé sans lettres-patentes, des tarifs dépendants de la seule volonté d'un sujet du roi, une caisse publique établie sans comptabilité, & le concours inouï de la justice & du pouvoir, pour obliger des citoyens à payer ce que le pouvoir leur enleve, à perdre ce que la justice leur fait payer.

Sur ce récit, accompagné de pieces, il fut arrêté que le tout seroit remis entre les mains des gens du roi, pour en rendre compte le 2 juillet, ensemble des réglements antérieurs sur le fait de la librairie.

14 *Juin.* Tous les philosophes Encyclopédistes sont enchantés : ils se flattent que la reine va prendre du goût pour leur science & les protéger. Ils en jugent par le voyage qu'elle a fait aujourd'hui à Ermenonville, où elle est allée visiter le temple de la Philosophie, le tombeau de Jean-Jacques & toutes les singularités de ce lieu, devenu un objet de curiosité publique. C'est M. le comte d'Artois qui s'est emparé du château & y a donné à dîner à sa majesté. Le maître, M. de Girardin, avoit reçu insinuation de s'absenter, ainsi que sa femme ; mais il n'en a tenu compte quant à lui & est resté.

14 *Juin.* Monsieur Caron de Beaumarchais, tour-à-tour politique, négociateur, commerçant, auteur, plaideur, dissertateur, libertin, embrasse tous les rôles à la fois & croit pouvoir y suffire. Dans ses moments de loisir il s'amuse encore par des bagatelles, & c'est ainsi qu'il

qu'il répand aujourd'hui une *Chanson ou des stances sur les femmes*, où il les maltraite fort, pour prouver qu'il connoît la maniere de leur plaire & de s'en faire prôner.

15 *Juin*. Il court une *lettre manuscrite, adressée à M. le comte de Hector*, chef-d'escadre, directeur-général des travaux du port de Brest. Cette épître, peu flatteuse pour cet officier-général & pour le corps de la marine en général, révele différentes anecdotes de la guerre présente, qui ne font pas honneur à ceux qu'elles concernent, mais dont la plupart seulement indiquées exigeroient plus de détails & d'authenticité : On y remarque sur-tout la courte épitaphe du brave du Couëdic, propre à faire juger du reste :

Ci gît qui ne seroit pas mort,
S'il avoit eu l'esprit du corps.

15 *Juin*. Les comédiens italiens annoncent encore une nouveauté pour aujourd'hui, *Florine*, comédie en trois actes & en prose, mêlée d'ariettes. Les paroles sont de M. Imbert, la musique de M. Desaugiers.

16 *Juin*. Il a été envoyé derniérement à l'académie des sciences une somme de 500 louis anonymement, sans que la compagnie ait pu deviner d'où lui venoit ce cadeau. Elle est destinée aux progrès des sciences, & on laisse messieurs maîtres d'en disposer de la maniere qu'ils jugeront plus convenable.

16 *Juin. Florine* n'a eu hier aucun succès & peut se réunir à la masse énorme des pieces de cette espece, tombées dans l'oubli avant d'être connues ; petits moyens, misérable intrigue,

Tome XV. I

mauvaises mœurs d'un bout à l'autre & nulle gaieté : tel est l'analyse de cet ouvrage. Quelques morceaux de chant, assez agréables, ont fait plaisir dans la musique, sans tirer l'auteur du rang des compositeurs médiocres.

17 *Juin*. Il paroît un nouveau pamphlet contre M. Necker : il a pour titre *sur l'administration de M. N****, *par un citoyen françois*. On assure que l'objet de celui-ci est de produire plus d'effet sur l'esprit du roi, qui a lu le premier & a été dégoûté par les personnalités révoltantes qu'il y a trouvées. Dans le dernier, on examine avec sang froid toutes ses opérations & on lui donne des éloges préparatoires, suivis bientôt de critiques sanglantes & si justes qu'il est dit-on, impossible de ne pas s'y rendre. On attribue cet écrit à M. Cromo ; & l'on conçoit en le lisant qu'il ne peut être l'ouvrage que d'un homme très-instruit des diverses matieres de finance, qui y sont traitées avec des détails & des calculs que tout autre ne pourroit faire.

18 *Juin*. On s'entretient de plus en plus du nouveau pamphlet. On juge au caractere d'impression qu'il part du même lieu que le premier, & au style qu'il est du même auteur, qui se critique lui-même & se réforme pour produire plus d'effet sur l'esprit du roi. Il s'annonce pour si modéré, si impartial, qu'il n'hésiteroit pas, dit-il, à se nommer, *s'il ne craignoit qu'on ne l'accusât de la sorte vanité de prétendre à un ministere quelconque* : or, comme on a beaucoup parlé de M. Cromo pour le faire contrôleur-général, on le croit indiqué par cette phrase. M. Cromo, comme tout le monde sait, est le confident & le conseil de *Monsieur*. On en conclut que ce prince si réservé,

en cette occasion s'accorde avec son frere le comte d'Artois. Quant à la reine personne ne doute qu'elle ne déteste M. Necker : le prince de Condé lui est personnellement opposé. On peut juger par ces chefs quelle formidable cabale il a à combattre.

19 *Juin.* M. Séguier, dans son compte rendu au sujet des arrêts du conseil du 30 août 1777, servant de nouveau réglement pour la librairie, fait trois divisions.

Dans la premiere, il analyse les six arrêts du conseil ; il en discute la nature & les suites ; il y trouve la propriété attaquée par l'effet rétroactif des nouveaux réglements, un impôt établi sans lettres-patentes, des tarifs qui ne paroissent point émanés de la puissance royale, une caisse sans comptabilité, & des préposés inconnus, revêtus de l'autorité.

Dans la seconde, il examine les pieces que la cour avoit elle-même annexées auxdits arrêts, dont elles sont la suite & la conséquence. Il y rapporte les réclamations multipliées du corps de la librairie, les principes qu'il invoque, la possession qu'il réclame, enfin l'état d'anéantissement où il se trouveroit, si les nouveaux réglements pouvoient subsister.

Dans la troisieme, il rend compte de tous les réglements intervenus sur le fait de la librairie, depuis le moment de son invention jusqu'à nos jours.

Afin de mettre plus d'ordre dans cette partie fort longue, il la divise en trois époques. La premiere détaille tout ce qui s'est passé depuis l'origine de l'imprimerie vers la fin du regne de Henri II ; la seconde embrasse les réglements intervenus jusqu'aux statuts de 1618, sous Louis XIII ; & la troisieme comprend l'exécution de cette loi nouvelle & la maniere dont elle a été modifiée, jusqu'au moment actuel.

Ce compte rendu, déjà un chef-d'œuvre par l'ordre, la netteté, la précision qu'on y remarque, est en outre enrichi de morceaux historiques & curieux sur l'origine de l'écriture, sur la maniere dont cette invention, en donnant naissance aux arts & aux sciences, s'est elle-même perfectionnée avec leur secours & a enfin été remplacée par l'imprimerie.

M. Séguier termine par proposer un genre d'établissement national, qui préviendroit toutes les fraudes & leveroit toutes les difficultés: il voudroit que l'administration se chargeât elle-même de l'acquisition des manuscrits, qu'elle traitât avec les auteurs du prix de leurs ouvrages, sauf à se faire rembourser d'une portion ou de la totalité de ce prix par l'imprimeur qui se présenteroit pour entreprendre l'edition, auquel on accorderoit un privilege plus ou moins étendu, suivant l'importance de la somme & la difficulté du débit. A l'expiration du privilege, & lorsque la somme avancée seroit rentrée dans la caisse destinée à cet effet, ce livre deviendroit commun, & tout imprimeur pourroit obtenir la permission de le réimprimer, sans donner matiere à aucune contestation.

Les libraires, en imprimant le procès-verbal dont il s'agit & sur-tout le compte rendu, y ont joint des notes de leur façon assez malignes, & qui ne contribueront pas à leur concilier M. le directeur de la librairie, étrangement molesté & auquel ils cherchent à rendre tout le mal qu'il leur a fait, tous les tourments & angoisses qu'il leur a causés.

20 Juin. Chanson de Beaumarchais.

Rose timide, simple & bonne,
Reçoit son amant dans ses bras ;
Il l'examine, & la friponne.
Devient vaine de ses appas.

Combien de femmes l'on *acquiere* (1)
Ou par l'or, ou par des soins !
La pire, la meilleure affaire
Coûte un peu plus, coûte un peu moins ;
Et quant aux mœurs, *la différence*
Des filles aux femmes d'honneur,
Est celle qu'on remarque en France
Entre l'artiste & l'amateur.

Les femmes sur leur contenance
Ont le plus absolu pouvoir,
Portant au cercle une décence
Qu'elles quittent dans leur boudoir.
Le masque tombe, & l'on s'arrange,
Pour jouir de la volupté :
Là tout plaît, pourvu qu'on se venge
Des ennuis de l'honnêteté.

Si chacune faisoit écrire
Les bons tours qu'elle s'y permet,
Quel plaisir on auroit à lire
Cet ouvrage utile & follet !

---

(1) Faute de grammaire. Le verbe acquérir fait à la troisieme personne du présent, au singulier, *acquiert*.

On y verroit du gai, du leste :
Quant aux sentiments, serviteur ;
Car la femme la plus modeste
Est un vrai page au fond du cœur.

Si vous voyez celle que j'aime,
Me dit un Celadon d'amant,
Vous changeriez bien de systême,
Car c'est un ame à sentiment ;
C'est la vertu la plus auguste.
Ah ! je connois le pavillon,
La friponne s'est peinte en buste,
Tu n'en vois que le médaillon.

Vous, jeunes gens, que je conseille,
Gardez-vous bien de me citer ;
Ce que je vous dis à l'oreille
Ne doit jamais se répéter.
Retenez ce bon mot d'un sage,
Des mœurs c'est-là le grand secret,
Toute femme vaut un hommage,
Bien peu sont dignes d'un regret.

Sexe charmant, si je décele
Votre cœur en proie au désir,
A l'Amour je suis infidele,
Mais je suis fidele au plaisir ;
D'un badinage, oh ! mes déesses,
Gardez-vous bien de vous venger,
Tel glose, hélas ! sur vos foiblesses
Qui brûle de les partager.

20 *Juin. Extrait du second plaidoyer de M. d'Epre-mesnil, conseiller au parlement de Paris, neveu de M. de Leyrit, prononcé à Rouen en replique à la réponse non imprimée, ni signifiée de M. de Lally de Tolendal, curateur à la mémoire du feu comte de Lally.* Tel est le titre d'un nouveau mémoire de ce magistrat, qui fait beaucoup de bruit.

21 *Juin.* On lit à la tête du second mémoire de M. d'Epremesnil ce singulier avertissement : « La profusion avec laquelle le sieur de Tolendal » a répandu son indécente réclamation pour la- » quelle il a trouvé un *appui*, un *organe*, un *té-* » *moin*, qui n'auroit jamais dû se déclarer contre » moi-même, en me supposant les torts que je » n'avois pas, me détermine à publier à part, » avec le précis de mes moyens de droit, cet » *extrait de mon plaidoyer*, où l'on verra le ré- » sumé des faits & sur-tout ma réponse à la ré- » clamation. J'espere qu'on ne me forcera pas » d'en faire une plus directe & plus claire. Je ne » demande pas mieux que de paroître au grand » jour. Je ne crains que l'intrigue & les téne- » bres. Encore, avec le temps & la loi, on lit » dans les ténebres & l'on démasque l'intrigue. »

22 *Juin.* Le pamphlet contre M. Necker, qu'on distribue depuis peu, a 50 pages. L'auteur y pose trois questions : 1°. Qu'est-ce que M. Necker ? 2°. Quelles sont ses opérations ? 3°. Que peut-on craindre ou espérer de son administration ?

Quant au premier article, M. Necker est un homme que son esprit a élevé au dessus de sa classe, & qui par ses talents étoit digne d'une autre profession que la banque ; quoi qu'il en soit, dans cet état, en six ou sept ans, en travaillant simplement en sous-ordre avec le gouvernement, il s'est assuré un capital d'environ six millions : ce qui est heureux, mais donne à conclure que ses occupations primitives, ses connoissances préliminaires, ses habitudes antérieures ne l'ont point préparé à l'administration de la France. Son *Eloge de Colbert* & son ouvrage *sur la législation & le commerce des grains*, quoique concernant des objets plus relatifs aux principes du gouvernement, sont encore loin des travaux de l'homme d'état, & dans le dernier sur-tout on remarque un esprit de systême bien opposé à nos idées *sur les propriétaires & la propriété*. Enfin, M. Necker ne pouvant, à raison de sa religion, être contrôleur-général, ne peut figurer en chef nulle part : il ne sera jamais possible aux cours de le reconnoître : il ne peut être que le sous-ordre de M. de Maurepas, président du conseil des finances & le vrai ministre. Ainsi, ayant moins de droits que tous ses prédécesseurs, il doit pouvoir moins dans tous les départements, puisqu'il n'est l'égal d'aucun ministre.

Dans le second article, on traite successivement de toutes les opérations de M. Necker.

L'auteur ne voit dans *la suppression des six intendants des finances*, existants depuis près de deux siecles, places destinées à la magistrature, qu'une économie pécuniaire de 300,000 livres, que cette administration coûtoit de plus que le régime des commis quand ces magistrats traitoient d'objets de plus de 300 millions, avec une intégrité qu'on ne peut attendre d'inférieurs plus susceptibles de cupidité & de corruption.

De la destruction des receveurs-généraux des

domaines & bois, de leurs contrôleurs, des receveurs des amendes, des receveurs particuliers des maîtrises, des gardes-généraux & collecteurs. Tel est la matiere du second examen. On prétend par son analyse qu'indépendamment des inconvénients, la suppression de ces offices créés depuis cinq siecles, est un détriment pour l'état de 800,000 livres de plus que coûte la régie, & que cette opération bien analysée n'est qu'un virement & une tournure pour se procurer une ressource momentanée d'environ dix millions.

Le troisieme paragraphe roule sur *la suppression des trésoriers de la réforme de la maison du roi*. Le critique ne répete à cet égard que ce qu'a dit l'auteur de la premiere brochure, & il faut avouer que ce n'est pas la partie la mieux discutée de l'ouvrage. Il prétend, quant aux trésoriers, que Law fit cette même suppression & qu'elle ne put durer que deux ans. Il convient qu'il y a de grands abus dans le régime de la maison du roi, qu'il faudroit détruire, sans changer l'état des personnes & sans ôter au trône sa splendeur.

La Banque royale, ou caisse d'escompte, fournit au détracteur des opérations de M. Necker une matiere plus abondante de critique, dont le résultat est le danger pour l'état de travailler en banque, plutôt qu'avec les compagnies de financiers ; parce que le banquier est un cosmopolite qui a deux patries, l'une où il trouve l'argent à bon marché, & l'autre où il le vend fort cher.

C'est *sur la destruction des receveurs-généraux des finances*, que le critique triomphe. Ces officiers créés sous Louis XII avec finances, cautions de 160 millions de recettes des tailles, pour un million au plus qu'ils coûtoient à l'état, ont existé pendant deux cents soixante-dix ans, sans essuyer qu'un seul échec sous Law, une suspension en 1719, qui a coûté à l'état 78 millions, soit en banqueroutes, soit en debets ou non-recouvrements, &c. dont il fallut faire la remise aux peuples.

De-là le *discrédit général* qui va s'ensuivre, & dont on motive parfaitement les causes & les effets.

La conclusion est, qu'on ne voit en M. Necker, comme banquier, que des virements, des emprunts très-onéreux puisqu'ils se font presque tous avec des banquiers étrangers.

Comme homme de finance, que la nécromanie la plus passionnée. (Le mot grec *Nekros* signifie *mort*, *destruction*,) &c.

Comme administrateur, que le néant le plus absolu.

22 *Juin*. Mlle. Beaumesnil est actuellement occupée à mettre en musique un acte de paroles anciennes, ayant pour titre : *Anacréon*. Mlle. Rosalie, quoique sa rivale, lui a promis d'y jouer.

23 *Juin*. Il faut se rappeller comment un abbé de Portelance, chanoine & archidiacre de Rodez, a eu le courage de lutter au nom de son chapitre contre l'évêque de cette ville, un Circé, très-intrigant, très-adroit & sur-tout très-vindicatif ; comment depuis deux ans ce malheureux abbé, victime de la pieuse fureur du prélat, est resté en exil dans l'endroit le plus abominable. Enfin la lettre de cachet vient d'être levée ; mais on croit, avec la clause

que l'exilé ne paroîtra point à Rodez, de peur d'offenser la vue de monseigneur, & peut-être à Paris, où monseigneur est encore plus souvent que dans son évêché.

23 *Juin. Copie de la lettre écrite à M. Hector, chef-d'escadre, commandant de la marine à Brest. Mai 1780.*

« J'apprends avec plaisir, Monsieur, l'heureux choix que le ministre a fait de vous, & je vous félicite de vous trouver tout-à-coup dans un poste où l'on peut servir efficacement la patrie ; soit en dirigeant les armements avec activité ; soit en donnant au gouvernement des lumieres & des idées, dont il peut avoir besoin ; soit enfin en rectifiant dans la partie exécutrice les dispositions mal combinées dans les divers ordres qui pourront vous être enjoints.

» Tel est en abregé l'avantage précieux dont vous pourrez faire usage en faveur d'une nation qui est en droit de l'attendre de vous ; mais pour parvenir à un but si glorieux, je ne puis vous dissimuler que vous avez bien des obstacles à surmonter ; les uns, vous les trouverez dans vous-même, les autres dans l'esprit d'un corps qui fut toujours fatal à la France. Au reste dans les circonstances critiques où nous nous trouvons, j'espere que rien ne vous arrêtera, & que connoissant que vous n'avez été d'aucune utilité à la marine jusqu'à présent, vous vous déterminerez du moins à sauver la derniere moitié de votre carriere du déshonneur qui la menace, si vous n'adoptez des principes opposés à ceux qui ont fait jusques ici la base de votre conduite.

» Il regne des obstacles qui vous sont per-
» sonnels, il faut les détruire. Descendez-vous
» en ligne directe du héros de Troye, ou du
» valet de carreau ? C'est un problême que
» l'*Observateur Anglois* a voulu décider. C'est
» à vous à nous en donner la solution. Soyez
» juste; faites le bien qui vous sera conseillé;
» mettez-vous au dessus de la crainte dans les
» opérations avantageuses à l'état, & mépri-
» sez les vils propos qui se tiennent dans les
» infames tripots de la marine. N'autorisez ja-
» mais par une nonchalance imbécille les voies
» de fait de quatre officiers de votre corps, qui
» mettent bravement l'épée à la main contre un
» honnête homme qui a eu le malheur de les voir
» se cacher dans le combat; soyez ferme dans le
» maintien de la discipline, ne vous occupez plus
» de petitesse, faites valoir les talents & la bra-
» voure dans quelque individu que ce puisse être
» & par-tout où ils se rencontreront. Alors j'ose
» vous assurer que vous serez digne par vous
» même de commencer une troisieme branche
» d'Hector.

» Afin de passer pour brave, comportez-
» vous comme si vous l'aviez toujours été,
» & en conséquence soyez inexorable pour tous
» ceux de vos ignorants camarades qui n'auroient
» pas cette premiere qualité d'un militaire. Par
» exemple, ne souffrez pas qu'un officier tel que
» *Kgariou* (1) soit jamais admis à aucun ser-

---

(1) Le chevalier *Kgariou*, lieutenant de vaisseau, qu'il ne faut pas confondre avec MM. de Kergariou de Ros-couette & le comte de Kergariou Loemaria, capitaines de vaisseau : au reste le premier a réparé sa faute en se faisant tuer glorieusement sur la *Belle-Poule*.

„ vice, qu'il n'ait arraché sa croix de Saint-
„ Louis des mains des Anglois, qui s'en em-
„ parerent en amarinant la *Danaë*, qu'il aban-
„ donna si lâchement l'année derniere à Cancale,
„ sacrifiant ainsi aux yeux de la province son
„ honneur, ses brevets, ses signaux, fuyant
„ avec ses couverts de table dans la poche de
„ son habit brun, habit qu'il avoit préféré à
„ celui du roi, afin d'être moins distingué dans
„ le combat. "
„ Je dois vous apprendre ce qui a donné lieu
„ à cette épitaphe :

Ci gît qui ne seroit pas mort,
S'il avoit eu l'esprit du corps.

„ C'est la remarque que le public a faite de-
„ puis l'action glorieuse de M. du Couëdic,
„ qu'il n'y a pas eu une frégate pour croiser
„ dans la Manche ; ce qui prouve évidemment
„ que ce n'est pas par ce chemin que les offi-
„ ciers de la marine se proposent d'atteindre
„ au grade de vice-amiral.
„ J'apprends qu'il paroît fréquemment sur les
„ côtes de Bretagne & de Normandie de pe-
„ tites escadres Angloises, qui, non-seulement
„ narguent notre pavillon, mais encore in-
„ terceptent tout le commerce du cabotage ;
„ ils n'ont pas peur de compromettre les vais-
„ seaux de leur roi, & vous prouvent inso-
„ lemment qu'on ne périt point pour naviguer
„ dans la Manche, à notre porte, au milieu
„ de nos rochers. Ah ! pourquoi ne rencon-
„ trent-ils jamais de vaisseaux François qui
„ les en éloignent ? Si les Anglois osent tout,

» c'est qu'on ne leur oppose rien ; c'est que
» toutes nos forces maritimes sont concentrées
» dans le port de Brest, & n'en sortent que
» pour faire des processions aussi vaines que
» ridicules. Mais qui peut vous excuser aujour-
» d'hui, que vous avez un si bel exemple dans
» la personne de M. d'Estaing ? Voilà, soyez-
» en sûr, le héros que la France admire dans
» la marine. C'est lui que nos ennemis même
» ont reconnu pour un grand homme. Les
» vertus de ce général, plein de bravoure, d'ac-
» tivité, de connoissances, de générosité, de
» patriotisme, de grandeur d'ame, ne pour-
» ront - elles vous inspirer aucun des sentiments
» qui l'animent ? Si vous n'avez pas le courage
» de l'imiter, ayez au moins celui de l'admirer,
» & ayez assez d'honneur pour faire respecter
» ce nom chéri par tout François, qui n'est
» pas imbu de vos misérables préjugés ; que
» désormais un insolent garde - marine ne cher-
» che pas & ne trouve pas sur votre visage
» un sourire approbatif de propos que la lâ-
» cheté, la basse jalousie & l'ignorance peuvent
» enfanter.

» Que ne pourrois-je pas vous dire de votre
» vieux *d'Orvilliers*, dont l'ame pusillanime
» s'amuse à pleurer son fils, mince sujet, quand
» il a une patrie à défendre & son honneur à
» venger ; d'un *Duchilleau* ignorant ; d'un pe-
» tit impudent *de l'Angle*, dont la gazette de
» Leyde a été forcée de relever la turpitude ;
» d'un *Chambertand*, qui implore la protec-
» tion du fort de la Couchée, sous la batterie
» duquel il fit tirer quarante-cinq coups de ca-
» non de retraite, afin de conserver les trumeaux

» de sa chambre ; d'un *Roquefeuille*, qui fuit à
» toutes voiles devant un côtier de sa force, &
» cela à la vue de tous les habitants d'une ville
» & du quartier général de l'armée de Vaux ?

» Que ces exemples & mille autres servent
» une fois à réprimer votre morgue & à vous ins-
» pirer le vrai courage. C'est l'objet de cette
» lettre patriotique & le vœu de ceux qui l'écri-
» vent. *Adieu.* »

24 *Juin.* Depuis *le Siege de Calais* on n'a
point vu de succès aussi brillants au théâtre
que celui de *la Veuve du Malabar*. Cette tragédie se joue avec la même affluence, constamment depuis le 29 avril. Ce qu'il y a de plus
étonnant, c'est qu'en 1770 la piece, à la sixieme
représentation, étoit tombée dans les regles,
tant on l'avoit désertée. D'après la comparaison faite avec ce qu'elle étoit alors on y trouve
des changements heureux ; mais pas plus d'action ni de mouvement ; point ce jeu des passions qui, chez Racine y suppléoit par son art
à placer tous les coups de théâtre dans le
cœur des spectateurs. Le bûcher même qui produit un si grand effet aujourdhui existoit dès le
commencement. Une chose, non moins singuliere, c'est que ce soit au sieur Larive, acteur
regardé comme médiocre par beaucoup de gens
jusqu'à présent, qu'on rapporte la fortune de
M. le Miere. Il s'y destine superbement & la maniere dont il ravit la victime au bûcher causa le
premier jour le triomphe de l'auteur ; car c'est au
comédien qu'on l'attribue véritablement. Cependant on voit encore qu'en 1770 le sieur Molé
qui faisoit le rôle du Général-François, étoit admiré & causoit une grande sensation. Il faut

convenir que pour les ouvrages d'esprit même il n'y a qu'heur & malheur.

24 *Juin.* On a vu par le titre que M. d'Epremesnil n'annonce qu'un extrait ; son objet est de fixer le point de contestation de forme, décidé en sa faveur par le parlement de Rouen, qui a débouté M. de Tolendal de sa demande, que le plaidoyer de son adversaire du 12 avril fût recommencé. Comme M. de Tolendal, par l'intervention d'un M. Allen, impliqué au procès en faveur du feu comte de Lally, s'est pourvu en cassation contre cet arrêt, M. d'Epremesnil a le plus grand intérêt de l'eclaircir. Il *déclare expressément n'avoir jamais fait de convention verbale, ni tacite, directe ni indirecte avec son adversaire.* Du reste, on voit que c'est un soufflet que le parlement a donné à son premier président, en profitant de sa chûte qui le retenoit à Paris, pour aller en avant & l'exclure du jugement d'une affaire, où l'on croyoit reconnoître de la partialité de sa part en faveur de M. de Tolendal.

On remarque dans la discussion de monsieur d'Epremesnil, qu'il se mêle beaucoup d'aigreur de part & d'autres au procès ; qu'il y a des personnalités graves, & que tous deux s'accusent de ne pas apporter dans la cause la bonne foi qui doit se trouver par-tout.

Cette discussion est seche ; il n'y a d'intéressant que le morceau oratoire, où M. d'Epremesnil, se jetant aux pieds du roi, récapitule rapidement l'historique monstrueux des crimes de M. de Lally, & expose à S. M. que la vraie bonté des rois, c'est la justice.

Les morceaux qu'il cite des mémoires manuscrits de son adversaire, sans entrer dans leur mérite intrinseque, donnent la plus grande curiosité de lire le tout, par la chaleur & l'amertume qu'on y ressent, qualités avec lesquelles dans les plus mauvaises causes, au fond, on se concilie toujours des lecteurs.

15 *Juin. La Veuve du Malabar* est imprimée avec le second titre, ou *l'Empire des Coutumes*, qui lui donne un air philosophique. Elle ne produit pas à la lecture la même sensation qu'au théatre. Cependant il y regne une simplicité d'action, qui est toujours un grand mérite aux yeux des connoisseurs : la versification n'est pas boursouflée, comme autrefois.

M. le Miere a dédié son ouvrage *aux mânes de Dorat, mort le premier jour de la représentation de la Veuve du Malabar*. Tel est le titre de son épître détestable, où l'on ne trouve que cette anecdote précieuse en note : « Qu'on m'apprenne » le plutôt qu'il se pourra le succès de *la Veuve* » *du Malabar*, cela me fera passer une bonne » nuit. » *Voilà les dernieres paroles de M. Dorat*.

25 *Juin*. La *Lettre de M. de Turgot à M. Necker* est devenue si rare par les recherches du directeur-général des finances, pour en arrêter la réimpression & en retirer à prix d'or tous les exemplaires qu'il a pu, que les colporteurs ont pris le parti de la faire copier & de la vendre manuscrite.

Quant à la nouvelle brochure, M. Neker a fait prévenir tous les marchands de nouveautés qu'il les prioit de prendre tout ce qu'on leurs en apporteroit d'exemplaires à quelques prix que ce fût, & qu'il les paieroit gracement de leurs peines. C'est pour éviter ce retrait;

que l'auteur quelconque la fait distribuer sous main par ses amis *gratis*, en sorte qu'on n'en trouve point à acheter.

On a vérifié l'anecdote de madame Necker, & il passe pour constant qu'elle est descendue à la plus vile trahison vis-à-vis d'un petit marchand libraire, qui étoit dans le cul-de-sac de l'Orangerie; ayant eu la foiblesse de lui vendre quelques exemplaires de la *Lettre de M. Turgot*, il a été arrêté une demi-heure après, & est encore enfermé.

26 *Juin*. Depuis la couche de la reine les cheveux de sa majesté tombent & l'art est continuellement occupé à réparer les vuides qui se forment sur cette tête auguste. Cette princesse, lasse de contrarier la nature, semble vouloir s'y abandonner entiérement. Elle n'a plus qu'un chignon plat, terminé par une boucle en boudin, à-peu-près comme les perruques d'abbé; & déjà différentes femmes de la cour, empressées de se conformer au goût de leur souveraine, ont sacrifié leur superbe chevelure. On appelle cette coiffure, *à l'enfant*.

26 *Juin*. Tous les spectacles ont successivement leur moment de splendeur. C'est aujourd'hui celui de *Nicolet* qui attire la foule aux boulevarts: une actrice nommée *Forêt*, la plus jolie créature qu'il soit possible de voir, rentrée depuis peu à ce théâtre en fait les beaux jours & excite la verve des poëtes. M. Robineau, infatigable auteur de pieces foraines, en a composé une pour Mlle. Forêt: intitulée *Jeannette, ou les Battus ne paient pas toujours l'amende*; l'inverse de celle des *Variétés amusantes*, & l'on trouve *Jeannette* supérieure à *Jeannot*.

27 *Juin*. On a vu derniérement avec plaisir à l'opéra trois jeunes sujets en femmes pour la danse, doubler avec succès les premieres de leur genre. Ce sont mademoiselle *Torlé* éleve de Mlle. Heinel; Mlle. *Crépaux*, pour Mlle. Peslin, & Mlle. *Gervaise*, pour Mlle. Théodore. Elles ont paru dans le ballet du premier acte d'*Andromaque* & mérité le suffrage des connoisseurs, en obtenant les applaudissements du public moins difficile.

28 *Juin*. Depuis qu'on s'occupe plus particuliérement dans le public de la caisse d'escompte, des billets noirs & des suites funestes qu'ils peuvent avoir en recherchant ce qui a été écrit sur cette matiere, on parlé sur-tout des *Lettres sur l'emprunt & l'impôt, par Rillier de Saussure, citoyen de Geneve*. C'est un prôneur gagé que s'étoit ménagé M. Necker, sentant que l'apologie de cet établissement n'auroit pas eu dans la bouche de son instituteur tout le poids qu'elle reçoit de la part d'un étranger: mais cette brochure, pour ne pas donner matiere à la critique dans ce moment de fermentation, est fort rare, & peu de gens sont à même de se la procurer.

29 *Juin*. Extrait d'une lettre de Bordeaux du 24 juin.... Le prince de Condé & le duc de Bourbon arrivent ici mercredi prochain 28 du mois; toutes les fenêtres du Chartron sont déjà retenues pour les voir débarquer: il est question de spectacle & de fêtes qu'on doit leur donner; mais il n'est pas possible de faire rien de nouveau, on s'est épuisé pour le duc de Chartres, pour le comte d'Artois, pour *Monsieur*

29 *Juin*. Me. Linguet a encore triomphé du dernier embargo mis sur les feuilles 59 & 60, que n'ont point les souscripteurs, mais on a laissé passer les suivantes. Il est vrai qu'elles sont d'une innocence rare pour ce journaliste. Dans un court avertissement il n'ose avouer directement son échec, & il appelle cette suppression un *petit accident*. Il remplit les numéros 62 & 63 des *Observations de la cour de France sur le mémoire justificatif de la cour de Londres*, qui étant fort longues les occupent à-peu-près entiérement ; en sorte que chaque N°. revenant à 2 livres, il fait payer 4 livres à ses souscripteurs cette brochure, qui coûte trente sous complette ; & il la leur donne après trois mois, lorsque toutes les gazettes l'ont communiquée au public. Cela mécontente ses partisans, & beaucoup de gens se proposent de ne pas renouveller, lorsque le N°. 72 sera fini.

30 *Juin*. Ce qu'on avoit prévu est arrivé, & M. l'évêque de Rodez a en effet fait permettre à l'abbé de Portelance d'aller par-tout, excepté à Rodez & à Paris.

30 *Juin*. En recherchant la cause du prodigieux succès de *la Veuve du Malabar*, qui, remise pour la premiere fois le 29 avril, doit être jouée encore pour la derniere demain premier juillet, il est des gens qui croient la trouver dans l'acharnement violent avec lequel le poëte y décrie le sacerdoce, depuis le commencement de la piece jusqu'à la fin ; & ils appuient leur sentiment sur la nature de l'effet qu'elle produit : on n'y est point serré de douleur, on n'y pleure point, on n'y sanglotte point : au contraire, on y est tantôt ému d'indignation,

& tantôt agité d'un rire de satisfaction, en voyant les prêtres démasqués, honnis, bafoués; & ils remarquent quelque chose de plus singulier concernant la haine qu'on porte aujourd'hui au clergé; c'est qu'elle est telle, qu'elle fait passer même par-dessus la foiblesse des raisonnemens, par lesquels leurs adversaires les combattent; car rien de plus pitoyable que ceux du chevalier françois, qui est cependant le héros de la piece, qui y jette le peu de mouvement qu'il y a, & en opere le dénouement.

Sans doute, il y a déjà maintes tragédies où l'on trouve des morceaux contre le fanatisme, il en est même dont l'unique but est de le combattre; mais il y a toujours une action principale, dans laquelle sont enchâssées ces déclamations accessoires; au lieu qu'ici le drame porte à plomb sur les prêtres, & la fable est absolument subordonnée à la dissertation anti-religieuse qui en forme l'objet capital.

30 *Juin*. Il paroît une brochure concernant nosseigneurs du clergé, qui fait beaucoup de bruit, & dont ils s'efforcent d'empêcher la distribution; ce qui la rend très-rare & très-recherchée, suivant l'effet ordinaire des prohibitions.

1 *Juillet* 1780. L'académie royale de musique donne demain sur son théâtre des Fragments nouveaux : le premier est intitulé, *Laure & Pétrarque*, pastorale héroïque en un acte; & le second, *Damete & Zulmis*, intermede en un acte.

Les paroles de l'un sont de M. Moline, & la musique de M. Candeille. Ces deux auteurs peu renommés chacun dans le genre avoient déjà fait jouer leur ouvrage à Marly. La pastorale de *Laure & Pétrarque*, exécutée en ce lieu devant leurs majestés, n'y avoit produit aucune sensation; & il n'en fut fait dans le temps mention en aucun ouvrage périodique, ce qui est de mauvais augure pour aujourd'hui.

L'autre est, quant à la musique, d'un monsieur Mayer, compositeur, dont la réputation est encore à faire.

2 *Juillet*. M. l'abbé Raynal est actuellement occupé à préparer le manuscrit d'une nouvelle édition de son *Histoire Philosophique & Politique des établissements & du commerce des Européens dans les deux Indes*. Elle doit être in-4°, faite avec le plus grand soin & une magnificence rare pour la partie typographique, de superbe cartes, des planches de toute espece pour les plantes, les curiosités & tout ce qui est susceptible d'être rendu par le crayon pour la plus prompte intelligence.

L'auteur se propose d'élaguer de son ouvrage tous les morceaux oratoires, toutes les déclamations qui ont si fort scandalisé le clergé & les partisans du despotisme. Il veut, sans doute, avouer cette édition & jouir pleinement d'une gloire qu'il ne recueilloit qu'à la dérobée. Il espere par cette tournure se reconcilier avec les gens de sa robe, & que les prélats, qui l'ont si vigoureusement censuré en 1775, orneront désormais leur bibliotheque de son livre, ainsi purgé & réduit aux simples détails d'un voyageur.

3 *Juillet*. Messieurs d'Epremesnil & de Tolendal, ont enfin satisfait l'avide impatience

du public pour les lire ; ils ont tellement multiplié leurs plaidoyers de toute espece, qu'il en paroît chaque jour de nouveaux & qu'on en a jusques à la satiété, sur-tout pour ceux qui ont lu autrefois les mémoires du comte de Lally & tout ce qui fut publié dans le temps sur cette matiere.

Les partisans de M. Tolendal, se flattent que l'arrêt de Rouen dont est appel, sera cassé au conseil, & que par une suite de la faveur dont il jouit on évoquera le principal, afin de le renvoyer à un autre parlement mieux disposé.

3 *Juillet*. Les deux actes exécutés hier n'ont eu qu'un succès très-médiocre. On a remarqué du talent dans le second musicien, M. Mayer ; mais il faut que le goût le mûrisse.

3 *Juillet*. Tandis qu'on désole M. Necker par des pamphlets, ses partisans s'efforcent de calmer son humeur par des louanges de toute espece. Les charmes de la musique étant sur-tout très-propres à cet effet, un citoyen amateur vient de les employer en lui dédiant une *Scene lyrique* : elle est parodiée de l'Italien ; c'est une traduction libre de deux premieres strophes de l'ode d'Horace : *Justum & tenacem* &c. On y trouve ces vers remarquables & qui peuvent faire apprécier le talent du poëte :

    La gloire & la vertu dans un cœur magnanime
Ont-elles affermi quelque projet sublime :
Rien ne peut arrêter son essor courageux,
Ni d'un peuple en fureur l'audace téméraire,
Ni l'aspect menaçant d'un tyran sanguinaire,
Ni des vents & des flots le combat orageux.

Sa traduction, du reste, est composée d'un récitatif & d'une ariette; & ce n'a pas été une petite difficulté de rendre les principales idées du lyrique Romain, en les accommodant aux phrases de l'air Italien. La musique est du seigneur Borghi. L'ariette est un très-beau morceau de bravoure; mais Jupiter, armé de ses carreaux, & l'univers en éclats, semblent des images figurant mal au milieu des roulades & des autres prolations insipides de cette sorte de chant.

4 Juillet. Une ode de Pétrarque à la fontaine de Vaucluse, a fourni l'idée de la pastorale de M. Moline. Ce poëte, après le triomphe glorieux qu'il obtint à Rome, est censé revenir dans les lieux embellis par les divins attraits de Laure; les bergers d'alentour se rassemblent & s'empressent à combler ses désirs. *Chloé*, parente de *Laure*, la force de rompre le silence, en lui inspirant de la jalousie. Elle lui montre des vers de son amant, où elle a substitué un autre nom à celui de *Laure*. Il n'est pas difficile à *Pétrarque* de se justifier, & on célebre la victoire qui couronne l'amour constant.

Telle est l'esquisse de ce petit drame, ouvrage d'un homme qui connnoît l'opéra, & qui a rassemblé tous les lieux communs de la scene lyrique, sans commettre aucune faute essentielle contre le goût; mais aussi sans imagination, sans la moindre idée neuve.

On en peut dire autant de la musique ressemblant à tout & sans aucun caractere particulier. Les airs de danse ont fait plaisir: mademoiselle Allard, qu'on a revue dans le
dernier

dernier divertissement, n'a pas peu contribué à l'embellir.

L'intermede, joint à ce premier acte, ayant un caractere plus original de la part du poëte & du musicien, il faut attendre l'effet que produira la seconde représentation, avant de le juger en dernier ressort.

5 *Juillet.* Le procès intenté par l'abbé Beaudouin en réparation d'honneur contre l'abbé Sabbathier a été jugé hier. Le public & surtout les gens de lettres avoient suivi avec affluence les audiences pendant les plaidoieries des avocats des parties, d'autant qu'on étoit prévenu que déjà trop fâchées de se donner ainsi en spectacle, elles étoient convenues de ne pas faire imprimer de mémoires. On a trouvé que chacun des orateurs avoit tiré bon parti du sujet, que Me. de la Malle, jeune athlete au nom de l'abbé Beaudouin, avoit attaqué son adversaire avec la légéreté, la gentillesse, la fine ironie que sa cause exigeoit; que Me. Tronçon du Coudray, moins plaisant, mais plus nerveux, avoit vigoureusement riposté par une éloquence amere & pleine de fiel, mêlée souvent d'injures, où du moins de duretés grossieres.

Enfin, hier M. l'avocat du roi Haynault, déjà connu par un *Eloge de l'abbé Suger*, qui eut l'*accessit* du prix de l'académie françoise à la séance de la Saint-Louis derniere, a porté la parole & est resté pendant deux heures sur la matiere, avec un esprit, des graces, une gaieté qui ont enchanté l'assemblée. On peut inférer de son discours, qu'avec toute la bonne volonté qu'il avoit pour l'abbé Beaudouin,

Il n'a pu s'empêcher de le trouver coupable de s'être compromis par un zele indiscret pour son ami l'abbé Martin & pour les intérêts de la sœur de cet ami ; que d'un autre côté il a ravi à l'abbé Sabbathier une partie de sa gloire en paroissant convaincu qu'il n'étoit pas auteur en titre de l'ouvrage des *trois siecles de la littérature françoise*, & en rapportant à l'appui de cette assertion des aveux tirés des lettres de cet écrivain.

Le prononcé de la sentence est, que le *paradoxe littéraire* & la lettre de l'abbé Sabbathier insérée au *journal de Paris* seront supprimés ; qu'attendu la gravité de l'injure, ce dernier sera tenu de remettre au greffe un écrit, par lequel il reconnoîtra l'abbé Beaudouin pour un homme de probité & d'honneur ; que les dommages-intérêts demandés de part & d'autres, les parties seront mises hors de cours, les dépens compensés, sauf la sentence, dont le coût sera aux frais de l'abbé Sabbathier.

6 *Juillet*. Le sujet de l'intermede nouveau exécuté hier à l'opéra pour la seconde fois, est aussi simple que la pastorale & n'est pas plus ingénieux. La scene s'ouvre par des danses de Bohémiens rassemblés dans un bois. *Damete*, jeune berger, les interrompt. Il est devoré de jalousie; il voudroit lire dans le cœur de son amante : *Puisque la nature*, dit-il à une Bohémienne, *obéit à vos loix*,

Du berger *Florestan* pretez-moi la figure,
Le regard & la voix.

L'art de la vieille sorciere ne s'étend pas jusques-là. Cependant elle feint de consentir à ce que désire cet amant jaloux, qui croyant ressembler parfaitement à son rival, se rend auprès de *Zulmis* & s'abandonne au désespoir en voyant les transports qu'il fait naître ; il ne revient de son erreur qu'en se regardant dans un ruisseau : ce qu'il auroit été plus prudent qu'il fît avant de paroître devant sa maîtresse, pour bien s'assurer du prodige opéré en lui. Quoi qu'il en soit, alors il abjure sa jalousie & on le ramène aux pieds de *Zulmis* qui lui pardonne.

L'auteur de cet intermede, qu'on a cru d'abord être M. Pitra, qui a fait les paroles d'*Andromaque*, mais toujours anonyme, a pris, dit-on, son sujet dans une idylle de Gesner ; il s'est frayé une route nouvelle, qui pourroit donner lieu à des tableaux d'une espece particuliere ; mais son style rampant & trivial manque de correction & de douceur.

La musique de cet ouvrage est le premier essai en ce genre de M. Mayer, maître de harpe fort estimé. Son style a de la grace, du naturel, de l'énergie & une originalité piquante ; mais pour avoir eu un aussi méchant canevas, il manque du don de plaire ; il n'a pas eu plus de succès à la seconde représentation.

6 Juillet. Mardi dernier le parlement, grand chambre & tournelle assemblées, a statué sur la demande en liberté provisoire du sieur le Bel. Sa requête a été jointe au fond & il a été rendu plusieurs décrets, sur lesquels messieurs sont encore mystérieux.

6 Juillet. Les amateurs vont voir dans l'attelier de monsieur Pajon une statue en marbre blanc de dix pieds de proportion, représentant Mercure sous les attributs du Dieu du commerce. Comme elle avoit été ordonnée par l'abbé Terrai & qu'elle doit être enlevée bientôt par sa famille, le public n'en pourra jouir que pendant peu de jours.

7 Juillet. Extrait d'une lettre de Bordeaux, du premier juillet.... Le prince de Condé & le duc de Bourbon sont arrivés ici mercredi. Une affluence extraordinaire de peuple étoit sur le Chartron & toutes les fenêtres garnies des plus jolies femmes de la ville. Descendus dans un brigantin jusqu'à l'hôpital, ils sont remontés pour aborder à la rue de l'intendance, qu'ils ont traversée à pied. Le cortege étoit très-brillant, & ils ont été frappés de l'extérieur du nouveau bâtiment de la comédie. Après avoir reçu les visites, leurs altesses sont venues faire un tour aux allées de Tourni. Elles ont assisté le soir au concert dans la nouvelle salle qui tient à celle de la comédie; elles ont paru très-satisfaites de ce local, qui est tout-à-fait joli.

Le jeudi ces princes ont assisté à la comédie, où l'on a joué l'*Amoureux de quinze ans*. On y avoit ajouté beaucoup de couplets en leur honneur, dont il y en a de fort agréables. Il y a eu une idée très-heureuse; au dernier acte la décoration représentoit l'*isle d'Amour de Chantilly*, & on a chanté des couplets relatifs. Ils ont été étonnés de la beauté du spectacle. En sortant de-là ils ont été voir les illuminations, ensuite souper chez Bardineau, où il y avoit une fête charmante, que leur donnoit le colonel du régiment de Bourbon. Le jardin étoit illuminé, on y distribuoit du vin au peuple; des violons dans un endroit séparé, tous les soldats à table; en haut une salle charmante, où l'on dansoit. On a fait venir des comédiens pour exécuter une parade & chanter encore des couplets. Hier 30 juin, bal masqué à la comédie.

Ces princes ont été très-honnêtes avec tout le monde: aussi est-on fort content d'eux, & ils le sont, sans doute, autant des Bordelois.

7 Juillet. Les comédiens Italiens doivent donner incessamment *le Déguisement forcé*, comédie nouvelle en deux actes & en prose.

8 Juillet. Hier on a donné *par ordre* à la comédie italienne *le Déguisement forcé*. La reine devoit y venir; mais la nouvelle arrivée à Versailles, à deux heures, de la mort du prince Charles, oncle de S. M., ne lui a pas permis de remplir son projet.

Daphnis & Chloé sont menacés de plus grands malheurs, s'ils ressentent de l'amour avant d'avoir éprouvé un sentiment moins vif, celui de l'amitié: une Fée, leur protectrice, parvient à faire remplir les conditions qu'exige l'Oracle, en déguisant *Chloé* en homme & *Daphnis* en femme. Tel est le fond de cette féerie; ouvrage d'écolier, écrit sans goût & totalement dépourvu d'intérêt: elle a quelquefois excité le rire, mais ce n'étoit pas le rire du plaisir. On dit cette piece d'un M. le Tort, secrétaire de M. le duc de Fronsac.

9 Juillet. Des curieux impatients du silence qui regne depuis long-temps sur monsieur de Paradès, dont il a été tant parlé pendant quinze jours, ont été chez lui pour en apprendre des nouvelles. Ils ont trouvé sa maison bien meublée, comme à l'ordinaire, garnie d'un nombreux domestique, & une jeune & jolie personne, qu'on croit sa maîtresse. On a conclu qu'il étoit toujours enfermé & qu'il n'y avoit rien de décidé sur son sort. On n'a point remarqué une trop grande tristesse parmi son monde.

10 *Juillet*. Voici exactement ce qui s'est passé au palais dans l'affaire de le Bel.

MM. Radix de Sainte-Foy, Elie de Beaumont, Maboul, pere & fils, décretés d'assigné pour être ouï. Les deux Mabouls, pour avoir fait des recherches en Auvergne pour la justification de le Bel, & les autres pour fait de mauvaise administration & de déprédation des finances.

Nogaret, ci-devant trésorier de M. le comte d'Artois, qui n'a encore rendu aucun compte depuis sept ans, décreté d'ajournement personnel. On assure qu'il a volé plus de 1,200,000 livres.

La procédure réglée à l'extraordinaire.

Sursis à l'élargissement de le Bel jusqu'après la confrontation.

La requête de madame Bastard admise & jointe au fond.

Les décrets de Pyron & d'Audœau confirmés.

Le tout par arrêt du 5 juillet 1780, rendu à 11 heures du soir.

10 *Juillet*. Les comédiens italiens doivent donner demain une seconde représentation du *Déguisement forcé*, réduit en un acte.

Les François après trente représentations

ont retiré hier *la Veuve du Malabar* ; & monsieur Dudoyer, auteur d'une petite piece nouvelle intitulée : *Adélaïde*, ou *l'Antipathie pour l'amour*, impatient d'avoir son tour, va paroître enfin aujourd'hui sur la scene.

Du reste, les comédiens sont fort occupés du nouveau réglement que leur a adressé M. Amelot, & quoiqu'on leur ait déclaré que sa majesté n'écouteroit aucunes représentations, ils ont remis ce réglement entre les mains de leurs avocats chargés d'y faire une réponse en forme de mémoire.

11 *Juillet.* L'ouvrage qui alarme si fort nosseigneurs de l'assemblée du clergé a pour titre : *Requête des fidelles à nosseigneurs les évêques de l'assemblée générale du clergé de France.* C'est un écrit grave, où on leur témoigne l'effroi des fidelles à la vue des maux qui accablent ou menacent la religion, où l'on peint les ravages affreux de l'incrédulité, l'église de France, comme n'ayant jamais été réduite à un état aussi déplorable que celui où on le voit aujourd'hui, & pour comble à tant de maux l'insensibilité générale qui regne même parmi les chefs.

L'auteur établit que l'église de France porte dans son sein les deux principes funestes qui consommerent jadis la réprobation de la synagogue; qu'envain compteroit-on sur les promesses de Dieu, qui, quand même ce royaume perdroit la religion, n'en auroient pas moins leur accomplissement.

L'auteur va plus loin, il prétend que les malheurs de la religion retomberont infailliblement sur l'état; que les évêques, d'ailleurs, ont un intérêt personnel & pressant de venir à son secours.

Mais, quels sont les moyens pour rétablir l'église de France ? Le premier est de terminer les disputes qui la désolent depuis un siecle ; le second de rappeller la discipline dans le clergé. Ce dernier, qu'on croiroit le plus difficile, n'est pas impossible ; il faudroit rétablir les conciles.

En rétablissant les conciles, on prendroit des mesures efficaces pour faire cesser le scandale que donnent les prélats en violant la loi de la résidence ; ce qui est un aveuglement extrême de la part de ceux-ci, méprisés, honnis dans la capitale, respectés, honorés dans leur diocese.

L'éducation de la jeunesse cléricale, ordinairement vicieuse, est la source & le principe de tous les désordres. L'écrivain zélé veut qu'on réprime cet abus. Il veut encore que les évêques sentent & remplissent l'obligation où ils sont de venir au secours des corps réguliers : il reproche à ceux-ci la lâcheté de leur défense contre les attaques de la commission : il fait voir qu'elle n'est que supprimée en apparence & que la forme nouvelle sous laquelle on la reproduit, est encore une atteinte portée aux droits de l'épiscopat.

Au reste, le véhément orateur doute que son exhortation produise quelque effet ; parce que le clergé, livré aujourd'hui à un petit nombre de prélats rusés & entreprenants, est dans une servitude honteuse, dont il ne peut sortir que par des efforts vigoureux dont il semble incapable.

C'est ce morceau qui a sur-tout scandalisé l'archevêque de Toulouse, l'évêque d'Autun, l'évêque de Rodez, l'archevêque d'Aix, &c. Ils se sont reconnus aux portraits qu'on trace d'eux & ils se donnent tous les mouvements possibles pour empêcher la circulation de cette brochure, qui finit par annoncer qu'on n'attend que la mort de l'archevêque de Paris pour mettre le surplus des prélats & tout le clergé absolument sous le joug.

Le style de ce pamphlet est noble, sain, vigoureux : il est assez dans le ton de celui de M. de Montazet, qui, piqué au vif de n'être pas de l'assemblée, a voulu du moins lui donner ce coup de fouet.

12 *Juillet.* *Adélaïde* est une jeune personne pleine de vertu & de sagesse, qui craint d'aimer, qui aime cependant, mais qui se le cache à elle-même & qui fuit le mariage, jusqu'à ce que, pressée par son pere de faire un choix, animée par sa sœur qui en a fait un heureux, attendrie par son amant, dont la passion approuvée du pere ne peut plus se contenir, donne enfin sa main au grand contentement de toute la famille.

Tel est en substance le sujet de l'*Antipathie pour l'amour*, petite piece en deux actes & en vers de dix syllabes exécutée hier. C'est une vraie niaiserie, qui annonce peu de ressources dramatiques dans la tête du poëte, mais beaucoup d'honnêteté dans son ame. Les sentiments de cette espece, qu'on ne trouve plus guere qu'au théâtre, plaisent toujours. Du reste, des tableaux agréables, quoique cent fois répétés, ont été applaudis : en général, cette bagatelle est écrite avec pureté, élégance & délicatesse.

Mlle. d'Oligny, pour laquelle on connoît l'attachement de l'auteur depuis quinze ans, qui paroît être l'héroïne de la piece, en a fait le succès par son jeu naïf & enfantin : le sieur Mollé, s'est aussi surpassé pour faire le jeune amoureux.

12 *Juillet.* Le sieur le Bœuf de le Bret, notaire, qui avoit beaucoup de récépissés des dernieres rentes viageres, dont l'agiotage continue, après en avoir vendu pour 800,000 livres à différents particuliers, a disparu & depuis deux jours a enfin déclaré sa banqueroute, en écrivant à son maître-clerc qu'on ne comptât plus sur lui.

13 *Juillet.* On se rappelle M. Mesmer médecin de Vienne, qui a écrit sur le magnétisme animal, & prétend avoir découvert dans les corps vivants ce principe inconnu jusqu'à nos jours sans daigner en assigner ni le siege, ni la cause ; principe qu'il assure résider éminemment en lui & pouvoir communiquer à presque tous les hommes, sans même être obligé de les toucher. Les prodiges qu'il opere avec le bout de son doigt, sont de faire éprouver un sentiment de chaleur, de froid, de douleur, &c. comme le certifient ceux qui l'ont consulté. On ajoute que des maux anciens se sont renouvellés tout-à-coup par ce seul contact ; que des maux cachés se sont développés. Tout cela seroit plus merveilleux qu'utile ; heureusement le même moyen qui appelle, qui développe, qui renouvelle les douleurs, les guérit aussi : médecine universelle résidant dans

le seul attouchement, sans aucun agent intermédiaire, très-commode si elle étoit sûre & avérée.

Les médecins de la faculté & autres qui ont suivi les expériences de M. Mesmer, prétendent malheureusement que son talent n'est appuyé que sur des prestiges, sur la crédulité des initiés & qu'il n'y a pas un fait, un seul fait constant, pour lui donner quelque consistance: ils veulent qu'il opere ces prestiges, non par aucun principe résidant en lui, mais plutôt par un agent qu'il sait habilement emprunter des corps étrangers ; ils le présument d'autant mieux que ce n'est que dans ses appartements, sans doute préparés à cet effet, que le charlatan moderne produit des impressions marquées. On voit tout cela dans un écrit intitulé : *Réponse d'un médecin de Paris à un médecin de province, sur le prétendu magnétisme animal de M. Mesmer.*

14 *Juillet.* Le prince de Soubise, à l'occasion du mariage de Mlle. de Guemenée, a donné une fête avant-hier que, suivant l'usage fastueux de sa maison qui veut s'assimiler aux princes du sang, il a rendue publique. Elle consistoit sur-tout dans un feu d'artifice ; dans une pantomime & dans une illumination à son hôtel. Le premier, de la composition du sieur Briel, a été exécuté dans le jardin au dessus du bassin ; ce qui a fourni matiere à des feux sur l'eau, toujours plus agréables. La pantomime, imitée de celle de Torré, représentoit la fable de Vulcain, de Mars & de Vénus: ce qui est un choix assez bizarre pour un hymen, puisque c'est l'image du cocuage

la plus vive & la plus complette. L'illumination en feux de couleur, qui ornoit galamment la cour, très-propre à ce genre de décoration, l'hôtel & le jardin, a terminé le coup-d'œil qui a attiré tout Paris.

14 *Juillet.* On va donner incessamment un autre acte nouveau sous le nom d'*Amaryllis*: les paroles de cette pastorale sont de messieurs Boquet & Boutellier, la musique de M. Deformery.

14 *Juillet.* Les comédiens françois, après avoir bien discuté entre eux & leurs avocats le nouveau réglement, ont fait demander une conférence aux commissaires du bureau de législation dramatique, pour se concilier ; mais MM. de Beaumarchais & Sedaine leur étant désagréables, ils avoient engagé M. le Bret à déterminer ces messieurs de laisser agir seulement MM. Marmontel & Saurin. M. le Bret a refusé sa médiation & il y a apparence que les quatre commissaires ne se désuniront pas.

15 *Juillet.* M. l'abbé Batteux, chanoine honoraire de l'église métropolitaine de Rheims, de l'académie françoise, de celle des inscriptions & belles-lettres, professeur vétéran du college royal, vient de mourir. C'est un événement favorable pour monsieur le Miere, & s'il peut espérer de voir ses vœux exaucés pour s'asseoir dans le fauteuil, certes c'est aujourd'hui.

16 *Juillet.* Ceux qui se rappellent le *Mercure* exécuté pour le roi de Prusse, il y a trente ans, trouvent que M. Paon, en renouvellant ce Dieu aujourd'hui, avoit à lutter contre un

dangereux rival. Il a évité la comparaison, en le représentant sous les attributs du dieu du commerce, attributs d'ailleurs relatifs au ministre pour lequel il étoit destiné. Il a une main appuyée sur un ballot, & de l'autre il tient une bourse. On observe sur sa physionomie cette cupidité active, qui caractérise le négociant. Par son attitude un peu courbée, l'artiste s'est fourni le moyen de développer la partie suivante de l'anatomie qu'il possede supérieurement dans l'expression des muscles du dos & de la poitrine : les pieds, les jambes, les bras, tous les membres sont dans les plus belles proportions. Il est fâcheux que des veines noires, mal placées, gâtent le nu de cette figure, dont le marbre est d'ailleurs d'une blancheur éblouissante. Les héritiers de monsieur l'abbé Terrai ayant retiré cet ouvrage des mains de l'artiste, ne veulent point le garder, & se proposent de le mettre tout de suite en vente.

17 *Juillet*. La société & les lettres ont perdu en l'abbé Batteux un écrivain, aussi distingué par la douceur & l'honnêteté de son caractere, que par la pureté de son goût & l'élégance de son style, dont les *Beaux-Arts réduits à un même principe* sont un chef-d'œuvre ; *Les principes de la Littérature*, un livre devenu classique, & préférable, à une infinité d'égards, au *Traité des études de Rollin* ; les ouvrages philosophiques, des modeles de clarté, de précision & d'érudition choisie & sagement dirigée ; dont enfin tous les écrits respirent le bon goût, les bonnes mœurs, & sont propres à former des citoyens vertueux & des littérateurs habiles.

17 Juillet. Ceux qui ont lu le plaidoyer du comte de Lally Tolendal, capitaine de cavalerie dans le régiment de Cuirassiers, en réponse au mémoire de M. d'Epremesnil, du 16 février, le trouvent autant supérieur à ce dernier que l'est le personnage de l'un au rôle de l'autre. En effet, quelle différence entre un fils défendant la mémoire de son pere, & un neveu celle de son oncle; entre un fils représentant l'échaffaud où son pere a été égorgé innocemment, & un neveu ne voulant pas que cet oncle, mort comblé de biens, d'honneurs, dans son lit & rassasié des délices de la vie reçoive la plus légere flétrissure à sa réputation; enfin, entre ce fils, nourri dès le berceau du devoir sacré de la vengeance de son pere, s'en occupant depuis qu'il peut se connoître, ayant passé quatorze ans dans cette lutte pénible, arrêté tout-à-coup au moment où il croit toucher au succès de son entreprise héroïque, & un neveu ayant négligé pendant tout cet intervalle la défense de cet oncle, dont il a recueilli froidement l'opulente succession, & ne faisant que des efforts tardifs, qu'on a lieu d'attribuer plutôt à une impulsion étrangere, qu'à celle de l'honneur & du devoir!

Indépendamment de ce grand intérêt, infiniment plus pressant, M. de Tolendal est encore supérieur par la méthode, la clarté, la belle distribution de son ouvrage, par une foule de faits, d'anecdotes, de détails historiques, tous relatifs à son objet, dont il l'a enrichi; par un style noble sans enflure, abondant sans diffusion, en un mot, par toutes les qualités de l'orateur.

Le *Second Plaidoyer* de M. d'Epremesnil en replique à celui de son adversaire, ayant 339 pages, est encore plus inférieur que le premier; il est sur-tout d'un ennui mortel. C'est cependant sur cet écrit que, le 12 Mai, la cour a rendu arrêt conformément aux conclusions de l'avocat-général qui reçoit M. d'Epremesnil partie intervenante.

18 *Juillet*. Tout le monde savoit que le célebre Paul Jones étoit un marin, marchand sur les traces de nos plus grands hommes en ce genre; mais on ignoroit qu'il courtisoit Apollon avant de s'enrôler sous les drapeaux de Mars : c'est ce qu'on apprend dans un *Discours* qui lui a été adressé par le premier orateur de la loge des Neuf-Sœurs (M. de la Dixmerie) le lundi 1 mai 1780.

Dans ce discours, très-bien composé, serré de faits, & dénué de toute adulation basse & outrée, ce qui est fort rare dans les éloges, grace, il est vrai, au mérite rare & extraordinaire du héros, dont le panégyriste pour intéresser n'avoit besoin d'aucun merveilleux ; dans ce discours, en outre court & rapide, frere de la Dixmerie releve l'origine de la maçonnerie, qu'il rapporte à l'ancienne chevalerie, laquelle tiroit elle-même la sienne des anciens initiés. La loge des Neuf-Sœurs à voulu imiter cette mere illustre, qui accueilloit, avec autant de joie que d'appareil, celui d'entre ses Preux qui venoit de mettre fin à quelque grande aventure ; on a rassemblé les freres, & l'on a indiqué une loge solemnelle pour la cérémonie de l'adoption de Paul Jones.

Une anecdote précieuse à recueillir encore

de ce discours, c'est que le brave du Couëdic, cet officier de la marine du roi, mort en soutenant avec tant de gloire & de fermeté l'honneur du pavillon François, étoit aussi homme de lettres & poëte aimable.

Une adresse dont on doit savoir gré à l'auteur de ce petit chef-d'œuvre, c'est que résistant à l'esprit de dénigrement aveugle dont il est souvent animé contre les Anglois, il a senti qu'il releveroit mieux son héros en rendant à ces fiers insulaires la justice qui leur est due, & en faisant marcher de pair la valeur de Paul Jones & de son rival Pearson.

Après l'éloge on trouve un quatrain, aussi de M. de la Dixmerie, d'un goût original, qui le rend digne d'être conservé :

Jones dans les combats, en ressources fertile,
 Agit envers ses ennemis,
Comme agit envers nous une coquette habile :
 On croit la prendre & l'on est pris.

18 *Juillet. Le mémoire pour le sieur Roland, ancien receveur des tailles de l'élection de Chartres, ci-devant caissier du sieur Watelet, receveur-général des finances de la généralité d'Orléans,* fait beaucoup de bruit, moins à raison de l'accusé que de l'accusateur. Il faut se rappeller que ce Roland, le 15 octobre dernier, s'étoit rendu de son plein gré à la Bastille, où suivant lui le désir de conserver son honneur en perdant sa fortune l'avoit conduit; il y sollicitoit un ordre du roi, qui ne tarda pas à venir & l'y a retenu pendant cinq mois : mais ce qu'il ne cherchoit pas, c'est un nouvel ordre qui l'a fait transférer récemment

au petit Châtelet ; ce sont deux décrets de prise-de-corps lancés contre lui par la cour des aides & par la chambre des comptes. Enfin il vouloit éviter de se trouver compromis dans la banqueroute de son maître & c'est lui, au contraire, qui l'a faite. Le singulier, c'est que ce M. Watelet, d'une réputation au moins très-équivoque en finance, est un des douze conservés par M. Necker. Quoi qu'il en soit, le mémoire plaît à la malignité des lecteurs, par les anecdotes qu'on y révele sur les amours de ce Plutus, origine & cause de son dérangement. Tous les auteurs s'intéressent aussi à la querelle de ce confrere, accumulant sur sa tête plus de titres littéraires que n'en a jamais eu M. de Voltaire. Il est *membre de l'académie Françoise, de celles de Berlin, de la Crusca, de Cortone, de celles des arts & sciences de Florence & de Bologne, honoraire des académies de peinture, sculpture & architecture, de l'académie impériale de Vienne, de celles de Rome, de Madrid, de Parme, de Marseille & enfin associé libre de la société royale de médecine.*

D'un autre côté, le sieur Roland, très-inepte, est beau-frere de M. Laus de Boissy, déjà connu aussi dans la carriere des lettres, & qui vraisemblablement brûle de se mesurer avec l'académicien, en travaillant à la défense de son allié. C'est en cela que le combat intéresse la galerie.

Au reste, qui a raison au fond ? On n'en sait rien. Suivant une consultation du 10 juin, souscrite de sept jurisconsultes, dont plusieurs de réputation, le sieur Roland n'auroit pas tort. Il faut attendre la défense de son maître.

19 *Juillet.* Il passe pour constant qu'enfin le journal de Me. Linguet est dénoncé au parlement, & que cette cour va s'occuper sérieusement d'empêcher l'introduction de ce libelle périodique.

20 *Juillet.* Madame la comtesse de Balby, jeune & jolie femme d'un seigneur d'origine Genoise, colonel à la suite du régiment de Bourbon, est fille de madame de Caumont, gouvernante des enfants de madame la comtesse d'Artois & petite-fille de financier par sa mere. Cependant celle-ci l'a fait agréer dame pour accompagner *Madame*.

Il n'y a pas long-temps que madame de Balby, qui passe pour très galante, a été trouvée, suivant l'anecdote répandue parmi les courtisans, couchée avec un homme de la cour, par son mari, qui a voulu tuer sa femme, un enfant de dix-huit mois & l'adultere: afin d'éviter les suites d'un pareil éclat, on a pris le parti de supposer que cet époux infortuné étoit fou, de le saigner en conséquence malgré lui, & de le médicamenter comme tel. Cette mistification l'a outré, lui a même frappé réellement l'esprit; il est parti dans son désespoir, & s'est expatrié. On dit qu'il est errant depuis ce temps dans l'état le plus déplorable & le plus digne de pitié.

Madame de Caumont sentant la nécessité d'effacer encore mieux la tache répandue sur sa fille, en déterminant *Madame* à la couvrir d'une protection éclatante, a engagé cette princesse à lui donner la survivance de la place de dame d'atours, occupée par madame la duchesse de l'Esparre. *Madame* en a écrit à celle-ci une lettre affectueuse, pleine d'amitié & de considération: madame de l'Esparre n'en a pas été moins furieuse, elle est venue à Versailles remettre sa démission entre les mains de *Madame*, qui a eu beaucoup de peine à la recevoir; mais madame de l'Esparre a déclaré qu'elle ne pouvoit se voir associée une femme aussi décriée. Voilà l'anecdote de cette révolution récente dans la maison de *Madame* bien éclaircie; ce qui fait jeter les hauts cris à tous les Noailles, & prouve à quel point cette princesse est captivée & compromise. On veut que madame de Balby ait aujourd'hui sur sa maîtresse le même ascendant que madame Jules sur la reine.

21 *Juillet*. Me. Elie de Beaumont se dispose, à l'occasion de son décret d'assigné pour être ouï, à publier un mémoire pour sa justification.

21 *Juillet*. Hier l'affaire de M. de Créquy a été jugée aux requêtes du palais, après deux heures d'opinion.

MM. le Jeune sont maintenus dans les droits & possession des noms & armes de Créquy: la plainte du marquis de Créquy a été déclarée calomnieuse; la sentence imprimée & affichée au nombre de 200 exemplaires. M. le marquis de Créquy, condamné à tous les dépens.

Ce dernier a dû, dès le soir même, faire signifier son appel de la sentence.

21 *Juillet*. C'est monsieur d'Epremesnil qui a dénoncé aux chambres assemblées les *Annales Politiques, Civiles & Littéraires de Me. Linguet,*

Il l'a fait très-verbeusement, car son discours a occupé trois séances d'une heure & demie chacune. Bien des gens auroient cru que le parlement eût mieux fait de ne pas compromettre sa dignité en luttant ainsi contre un simple particulier ; mais ayant admis la dénonciation, on s'imaginoit qu'il s'en occuperoit sérieusement. Les avis, au contraire, ont été très-pusillanimes. Les uns ont eu peur de ce journaliste & ont dit que ce seroit un moyen d'aigrir sa bile & de lui donner plus de consistance : les autres, que ce seroit l'attirer en France, puisqu'il ne manqueroit pas de demander à être entendu & à plaider sa cause : quelques-uns ont fait valoir la protection auguste dont le couvre *Monsieur*, le plaisir qu'ont le roi & la reine à lire ses feuilles ; il en est qui n'ont pas voulu scandaliser le clergé, regardant Me. Linguet comme un de ses boucliers : enfin le grand nombre a été si mou, qu'on a renvoyé la délibération au premier jour, suivant la tournure qu'on prend dans les affaires où l'on ne veut rien statuer.

On se doute bien que Me. Linguet va prendre acte de ce silence pour en conclure la vérité de ce qu'il a dit ; qu'il n'en sera que plus insolent, plus hardi à répandre ses calomnies en profusion, & sur-tout à se moquer de messieurs, qui le méritent bien.

21 *Juillet*. On assure que les commissaires du bureau de législation dramatique, & les avocats du conseil des comédiens n'ayant pu se rapprocher & s'arranger, ils en ont référé au maréchal duc de Duras ; que le sieur de Beaumarchais a plaidé devant lui la cause

des auteurs, & Me. Gerbier celle des histrions; mais que ce dernier a absolument écrasé son adversaire : ce qui compromet beaucoup les intérêts des poëtes, ses confreres, par l'impression que l'éloquent orateur a faite sur l'esprit du gentilhomme de la chambre.

22 *Juillet*. M. l'abbé Duvernet n'étoit jusqu'ici connu dans la littérature que comme un espion de Voltaire, furetant dans la capitale pour lui ramasser des anecdotes, des nouvelles ; pour lui rapporter ce qu'on pensoit, ce qu'on disoit de lui ; pour suivre à la piste ses ennemis cachés. Il va bientôt s'ériger en auteur en titre : il annonce une histoire de son patron en un seul volume, & se flatte que dans ce court espace il aura réuni plus de faits intéressants que M. le marquis de Luché dans son ouvrage en cinq volumes, où il doit déployer la vie de ce grand homme. Les autorités du premier président Hainault, M. Cideville, ancien conseiller au parlement de Rouen, messieurs de la Condamine, Cheneviere, Tiriot, Berger, Moussinot, d'Arget, le sieur le Kain, &c. Voilà les témoins qu'il a consultés ; & quand ceux-ci étoient en contradiction ou ne le satisfaisoient pas, il remontoit à la source, & demandoit des éclaircissements à Voltaire même. On sent bien que celui-ci ne les donnoit pas à son désavantage.

23 *Juillet*. Les comédiens françois, pour convaincre les auteurs qu'ils peuvent se passer d'eux, vont chercher dans toutes leurs ordures, & se piquent de faire valoir les plus mauvais ouvrages. C'est ainsi qu'ils viennent de remettre *Pierre le Cruel* de Dubelloy, qui

n'avoit eu aucun succès de son vivant. Aujourd'hui qu'on est moins difficile que jamais sur le plan d'une piece, pourvu que les détails en soient éblouissants, cette même tragédie, dont presque toutes les situations sont forcées, presque tous les incidents romanesques, a réussi par beaucoup de vers qu'on a jugé forts, parce qu'ils sont durs ; sublimes, parce qu'ils sont boursoufflés ; & par quelques autres heureux, mais souvent déplacés ; par des caracteres fiérement dessinés, quoique hors de nature ; enfin, par les absurdités même dont elle est remplie, elle a monté aux nues.

14 *Juillet.* M. l'abbé de la Fage, chanoine de Notre-Dame, transporté d'un saint zele pour la décoration de cette cathédrale, l'a fait reblanchir à ses frais. On profite de cette circonstance pour y faire plusieurs changements qui révoltent le bon goût, tels que les tableaux placés dans la nef, & cachant l'ordre d'architecture & les ceintures des arcades.

M. de la Fage avoit eu la foiblesse de se prêter aux vues de M. l'archevêque & d'accepter une place au tribunal Maupeou. Il veut expier cette iniquité & se remettre bien avec ses confreres.

14 *Juillet.* Les comédiens françois ont fait faire le décompte de M. le Miere pour les trente représentation de *la Veuve de Malabar.* Son neuvieme se monte à près de 8000 livres, que les histrions lui donnent à regret. En conséquence ils lui ont envoyé copie d'une délibération de la société, où ils marquent qu'ils ont bien voulu déroger pour cette fois à l'article du réglement, qui les rend propriétaires

abſolus de toutes pieces tombées dans les regles, &c.

M. le Miere a dû leur faire une réponſe ſur cette prétention, où il établira celle des auteurs contraire.

24 *Juillet*. M. d'Epremeſnil eſt d'autant plus furieux de la puſillanimité de ſes confreres, qu'il avoit pris plus de ſoin à donner toute la vigueur poſſible à ſa denonciation : il avoit d'abord établi les qualifications de Me. Linguet, médiſant, calomniateur, fauſſaire, ſéditieux ; il l'avoit peint comme attaquant tous les principes de la ſociété politique & civile, comme tendant à ſoulever les peuples contre l'autorité, comme cherchant à avilir la magiſtrature de France, & notamment le parlement de Paris, comme diffamant les corps, les miniſtres, les particuliers, &c. Il avoit prouvé tout cela article par article, en citant les paragraphes du journal de ce libelliſte ; & il avoit tellement éclairci la vérité de ſes aſſertions, qu'il regardoit comme infaillibles d'accumuler ſur ſa tête les châtiments dus à ce moderne Aretin. On ne ſait s'il fera imprimer ſon diſcours ; on voudroit bien que, par quelque heureux larcin, on pût le rendre public, en cas qu'il eût la délicateſſe de le garder dans ſon portefeuille.

25 *Juillet*. Suivant un récit plus circonſtancié de ce qui s'eſt paſſé dans la conteſtation élevée entre les commiſſaires du bureau de légiſlation dramatique & les avocats des comédiens, ces meſſieurs n'ayant pu ſe concilier, l'affaire avoit été portée devant meſſieurs les gentilshommes de la chambre & ſon impor-

tance exigeant toutes les lumieres de ce tribunal réuni, ils s'étoient assemblés chez le maréchal de Richelieu, où la séance a eu lieu, comme chez le plus ancien, & non chez le maréchal de Duras.

Avant, le maréchal de Richelieu avoit passé chez le sieur de Beaumarchais, & l'avoit prié de vouloir bien se rendre chez lui à un jour indiqué pour la conférence dont il s'agissoit.

En conséquence le sieur de Beaumarchais, pressé par le temps, avoit envoyé des billets de convocation aux auteurs dramatiques pour tenir une assemblée préalable chez M. Rousseau, demeurant sur la route. La précipitation avec laquelle tout cela s'est fait, a été cause que peu de poëtes se sont rendus à l'invitation. Les plus fins ont vu qu'il n'y avoit aucun vœu à donner à leurs commissaires, jugeant, puisque l'on revenoit sur un réglement arrêté, que les comédiens avoient déjà le dessus : on a en général invité les commissaires à tirer le meilleur parti possible des circonstances.

Le sieur de Beaumarchais convient qu'en effet, dans la discussion élevée devant les gentilshommes de la chambre, Me. Gerbier l'a battu à platte-couture ; parce que lui n'avoit que des calculs à opposer à l'éloquence de cet orateur. Il a donc emporté tout ce qu'il a voulu. Les comédiens ont obtenu qu'on retireroit le réglement qui leur déplaisoit & qu'on en feroit un nouveau, qui est entre les mains du ministre de Paris pour recevoir la forme convenable.

Sur l'interpellation que le sieur de Beaumarchais

chais a faite au maréchal de Duras de soutenir son ouvrage, il a répondu que ce réglement lui avoit paru bon ; mais que les cinq autres, ses confreres, (les deux survivanciers compris) pensant différemment, il étoit obligé de revenir de son opinion.

Une chose qui a sur-tout démonté le sieur de Beaumarchais, c'est le reproche que lui a fait son adversaire, que lui & les auteurs, qui ne devoient travailler que pour la gloire, s'occupassent si essentiellement & si constamment d'argent, n'insistassent que sur cet objet, & ne fissent des difficultés que relativement à un intérêt sordide.

Le sieur de Beaumarchais a fini par protester au nom du bureau de législation dramatique contre le retrait du réglement annullé & contre celui qu'on vouloit dresser : les gentilshommes de la chambre paroissant offensés de cette audace, il leur a répondu qu'ils devoient, au contraire, lui savoir gré de cet hommage, puisqu'ils ne pouvoient ignorer qu'il avoit ce droit de protester en justice.

Tout ce récit fait voir à quel degré d'avilissement sont tombés ces auteurs, si grands dans leurs ouvrages & si bas dans leur conduite !

25 *Juillet*. Les comediens italiens ont donné hier la premiere représentation de *Rosanie*, comédie nouvelle en vers & en trois actes, mêlée d'ariettes. Les paroles sont d'un troisieme de Vismes, le frere de l'ex directeur de l'opéra, ainsi que d'Alphonse de Vismes, & la musique d'un M. Rigel, jeune homme plein de modestie & de talent. Il paroît qu'on attribue le succès de cette nouveauté à ce dernier, pour lequel on étoit favorablement disposé, plus que pour le poëte ; il

faut attendre la seconde représentation pour prononcer plus en connoissance de cause.

26 *Juillet.* Après plusieurs épreuves de l'important *secret de fixer le pastel*, inventé par M. Loriot, faites avec succès sous les yeux de l'académie royale de peinture & de sculpture, cet habile artiste avoit obtenu du feu roi une pension de 1000 livres, à la charge néanmoins que son procédé seroit déposé dans un écrit cacheté, pour n'être donné qu'après sa mort au public.

Depuis, le comte d'Angiviller, chargé par S. M. de l'administration de ses bâtiments, a désiré qu'un secret si utile fût rendu public. Il l'a témoigné à M. Loriot, qui, consultant plus le bien général que son utilité personnelle, s'y est prêté avec un désintéressement digne d'éloges. Il a communiqué à l'académie de peinture tous les détails de son opération ; & cette compagnie a cru ne pouvoir mieux faire, pour contribuer à les répandre, que de faire imprimer à ses frais le mémoire où ils sont consignés.

27 *Juillet.* Les chambres assemblées se sont occupées de l'affaire des libraires, suspendue depuis près d'un an. M. de Chavannes, conseiller de grand'chambre très-accrédité, a parlé si chaudement sur la matiere, que le zele de messieurs s'est échauffé & qu'on est convenu, après avoir employé les représentations amicales envers le garde-des-sceaux, afin de l'engager à retirer ses arrêts du conseil ; que si cette démarche ne produisoit pas son effet, on adresseroit au roi de vigoureuses remontrances.

27 *Juillet.* MM. du Rosoy & Dubuisson, deux auteurs qui n'ont point été appellés aux conférences du bureau de législation dramatique,

n'ayant encore eu rien de joué sur le théâtre françois, mais qui ont des pieces reçues sur le repertoire, ont imaginé de capter la bienveillance des comédiens en écrivant à la troupe chacun une lettre, où ils désavouent toutes les démarches de leurs confreres, & ils les improuvent hautement & lui vouent, au contraire, l'attachement le plus aveugle. Rien de plus plat & de plus bas, à ce qu'on assure, que ces épîtres. Le bureau en est furieux.

28 *Juillet*. *Rosanie* est dans le genre de la féerie, & avec tout l'appareil du merveilleux ne présente qu'une intrigue très-commune & un dénouement barroque, dénué de sens commun. Ce qui en résulte de plus propre au succès de l'ouvrage auprès de la multitude, c'est beaucoup de spectacle, ce sont de jolies décorations, de beaux habits ; on assure que les Italiens ont fait 10000 livres de dépense pour mettre la piece au théâtre. Tout le monde s'accorde sur l'agrément de la musique, où l'on trouve en même temps de la force ; les gens difficiles prétendent seulement y remarquer sans cesse des réminiscences. Il y a un mélange de musique françoise & italienne assez bizarre. Madame Trial brille dans la premiere & mademoiselle Colombe dans la seconde.

28 *Juillet*. La translation des Quinze-Vingts de la rue Saint-Honoré dans le fauxbourg Saint-Antoine à l'ancien hôtel des Mousquetaires Noirs, est enfin consommée. M. le cardinal de Rohan, en sa qualité de premier aumônier, supérieur de cette maison, est allé le 21 juillet vérifier si tous les arrangements étoient faits. Après la visite, le prince a trouvé la premiere cour illuminée, où il a été reçu par le corps des officiers capitu-

dants & le doyen, qui lui ont adreſſé les remerciments de la maiſon avec des cris de *Vive le roi!* Ce qui a été ſuivi d'un concert d'aveugles & de couplets remarquables par la circonſtance & les acteurs : ils ſont ſur l'air : *Ah! le bel oiſeau, maman!*

> Pour nous prodiguer ſes ſoins,
> Malgré ſa haute naiſſance,
> Du détail de nos beſoins
> Lui-même prend connoiſſance :
> Chantons, chantons tous en chœur,
> Ce Dieu de la bienfaiſance ;
> Chantons, chantons en chœur,
> Les vertus de Monſeigneur.
>
> Venez nous voir tous heureux
> Et recevez notre hommage,
> Que votre cœur généreux
> Jouiſſe de ſon ouvrage :
> Chantons, chantons tous en chœur,
> Et chantons de grand courage ;
> Chantons, chantons en chœur,
> Les bontés de Monſeigneur.
>
> Nos ames par vos bienfaits,
> Vont ſe trouver conſolées,
> Et ſe fermer aux regrets
> De nos triſtes deſtinées :
> Chantons, chantons tous en chœur,
> Des heures ſi fortunées ;
> Chantons, chantons en chœur,
> Les bienfaits de Monſeigneur,

Sa touchante humanité,
En soulageant nos miseres,
Nous rappelle avec bonté
Que tous les hommes sont freres :
Chantons, chantons tous en chœur,
Ces vertus douces & cheres :
Chantons, chantons en chœur,
Vive à jamais Monseigneur.

29 *Juillet.* Extrait d'une lettre de M. Cypierre, intendant d'Orléans, aux officiers municipaux & syndics des paroisses de cette généralité.

« Les intérêts des communautés, souvent peu
» à portée d'être instruites de leurs droits, ou mal
» défendues, ont excité l'attention du conseil ;
» & je m'empresse de vous prévenir de l'établis-
» sement à Orléans d'une commission d'avocats,
» dont la mission sera d'examiner & de discuter
» gratuitement les droits des communautés de
» mon département & de les guider dans les
» procès qu'elles auront à intenter ou à soute-
» nir, &c. »

29 *Juillet.* Madrigal de M. le Grand, à une dame, dont le mari cultive la poésie :

C'est le plus grand des infidelles
Que vous avez pris pour époux ;
Je lui connois, je le dis entre nous,
Neuf maîtresses au moins qui ne sont pas cruelles :
Mais, Aglaé, point de courroux ;
Vos rivales sont neuf pucelles.

30 *Juillet.* Avant-hier, 18 de ce mois, on a vu une aurore boréale très-remarquable, qui a été observée par M. le Fevre, au college royal, dans l'observatoire de M. de la Lande. Elle commença vers dix heures ; elle ressembloit d'abord à une belle flamme qui s'étendoit depuis l'horizon jusqu'au zénith, déclinant beaucoup vers le couchant. A dix heures & un quart elle occupoit du Nord-Est au Sud Ouest plus de 100 degrés ; des flammes blanches, jaunâtres, rougeâtres s'élançoient de la partie occidentale ; il y avoit plus de cinquante rayons d'une rapidité singuliere. A dix heures & demie sa base étoit depuis Arcturus jusqu'au Scorpion ; & au zénith elle formoit une espece de cercle blanchâtre frangé.

A dix heures trois quarts elle formoit un dôme superbe, dont le sommet étoit au zénith, & dont les jets sembloient s'élancer vers l'horison ; d'abord ils étoient blancs, ensuite il y en avoit d'un verd tendre, & ils devenoient rouges ; on eût dit qu'ils étoient noués au zénith.

A onze heures tous les jets qui se réunissoient au zénith formoient un espace rond, couleur de rose ; leur couleur augmentoit en s'éloignant du zénith ; ils ne descendoient pas fort loin au midi ; mais ils touchoient l'horizon vers les trois autres côtés. On ne peut rien voir de plus beau que ce mélange de nuages colorés, qui se développoient en roulant.

A onze heures un quart le météore étoit fort diminué. Il paroît par cette observation que les émanations électriques qui forment les aurores boréales, ne fortent pas toujours par les points de la terre qui avoifinent les poles.

31 *Juillet*. *Rosanie* n'est point un sujet d'imagination ; beaucoup de gens se rappeloient avoir lu quelque chose de ressemblant, & l'on cherchoit où l'auteur auroit honnêtement dû épargner cet effort de mémoire aux spectateurs : quoi qu'il en soit, on a trouvé que la fable étoit tirée d'un des contes que Brunel, menestrel du roi Richard, Cœur-de-Lion, faisoit à la fille du geolier, chez lequel étoit prisonnier ce monarque. M. de Vismes a cru, sans doute, ne devoir pas changer le nom de *Ricdin*, *Ricdon*, qui est employé dans l'original.

C'est avec plaisir que les mêmes amateurs de l'antique, qui ont fait cette découverte, y ont admiré un air qui a près de 600 ans d'antiquité. C'est celui que chante l'enchanteur au troisieme acte, & qui commence par ces mots : *Si jeune & tendre femelle*, &c. La musique & les paroles sont du roi Richard lui-même, & M. Rigel n'a fait qu'y ajouter des accompagnements.

31 *Juillet*. M. le baron de Grimm, toujours en relation avec l'impératrice des Russies, a reçu une lettre de cette souveraine, dont il a fait part au sieur Philidor. Dans cette lettre sa majesté impériale annonce, qu'elle se propose de faire exécuter à sa cour le *Carmen saeculare* d'Horace, mis en musique par ce musicien, avec tout le cérémonial & toute la pompe antique. Afin de pouvoir mieux réussir

dans le costume, sa majesté impériale ajoute qu'elle a fait venir deux des plus célebres antiquaires d'Italie pour y présider. Il paroît que la nouvelle de cette fête sera répandue plusieurs mois d'avance pour une époque indiquée, afin que les amateurs de tous les pays, qui voudront la voir, aient le temps de faire le voyage & l'on ne doute pas qu'il n'y ait une foule d'étrangers qui accourent à ce spectacle unique.

Premier Août 1780. En conséquence de l'article du nouveau réglement conservé, on a déjà commencé la relute des pieces reçues au théâtre françois. Le comité des juges doit être de quinze personnes ; savoir, huit choisies entre les acteurs & actrices par les gentilshommes de la chambre, à perpétuité, le secrétaire, les deux semainiers, deux sujets, qu'aura la liberté d'appeller l'auteur, & deux autres nommés par les comédiens restants. Malgré l'indignation que doit leur causer l'injustice de cet article, ainsi que le triomphe des comédiens à l'égard de ceux qu'ils ont fait supprimer comme trop avantageux aux auteurs, plusieurs poëtes se sont déjà soumis à cette revision plus sévere, & il y en a eu d'exclus. On nomme entre autres M. de Fontaine-Malherbe, qu'on trouve sur le repertoire pour une petite comédie intitulée *le Cadet de famille*.

2 *Août*. Il paroît qu'un des sujets de la lettre de l'impératrice des Russies, étoit de demander à M. Philidor la partition de son *Carmen saeculare*; & l'on assure que préalablement cette

souveraine lui a fait remettre un présent de 5000 livres. Quoi qu'il en soit, il est actuellement occupé à ce travail & à faire les changements qu'il se propose pour son ouvrage. On croit que cela pourroit retarder les représentations de son opéra de *Persée*, qui devoit s'exécuter cette automne.

Du reste, à cette occasion on exalte la munificence de S. M. impériale, qui ayant demandé un petit acte au sieur Sedaine, lui a fait compter 12000 livres.

3 *Août*. La requête présentée par le sieur Allen à l'instigation du comte de Tolendal, pour faire casser l'arrêt du parlement qui reçoit M. d'Epremesnil partie intervenante, a été admise au bureau des cassations. Il y a été statué lundi dernier au conseil & l'arrêt a été cassé *de plano*, en conséquence le fond évoqué pour être renvoyé à un autre tribunal ; & voilà tout l'immense travail de M. Mouchard le rapporteur anéanti. Il n'y a encore aucun lieu indiqué pour le renvoi.

3 *Août*. Il y a environ un mois qu'un cordonnier de la rue de la Lingerie, dont la maison est contiguë au cimetière des Innocents, ayant été dans sa cave chercher du cuir, se trouva frappé d'une telle odeur qu'il n'osa avancer : après différentes tentatives d'autres personnes plus hardies, il fut reconnu que le mur avoit cédé à l'impulsion des terres & qu'il s'y trouvoit mêlé des cadavres intacts. La police, pour empêcher que cet événement n'alarmât le public & sur-tout le peuple de ces cantons, a tâché d'en dérober le plus qu'il

a été possible la connoissance par une interdiction sévere aux gazettes & journaux d'en parler. Cependant la faculté a été invitée d'y descendre & d'examiner la chose. On espere qu'un pareil événement va déterminer l'administration à s'occuper sérieusement de cet objet, sur lequel le parlement a déjà rendu un arrêt, il y a plusieurs années, qui ne s'exécute point.

4 Août. M. Necker, pour compenser dans l'esprit du public la mauvaise opinion que les pamphlets répandus contre lui y auroient introduite, n'a pas manqué de faire insérer très-promptement dans la gazette de France le préambule des dernieres lettres-patentes, dont on a parlé. Les préambules, en général, sont très-séduisants, mais sur-tout ceux de ce directeur-général des finances, habile dans l'art du prestige oratoire, qu'il est en état d'opérer lui-même, quand il veut s'en donner la peine, mais au moins de revoir, de rectifier & d'embellir, d'après les Thomas, les Suard, les Chatellux & autres académiciens à ses ordres.

L'on voit dans celui dont il s'agit, qu'un des soins du réglement nouveau est de débarrasser l'Hôtel-Dieu de la surcharge d'environ 4000 malades par an, que lui envoient les maisons de la Salpêtriere, Bicêtre & la Pitié; on épargne en outre les déplacements & les transports de ces malheureux, trop propres à aggraver leur état, sur-tout dans les saisons rigoureuses.

En conséquence, ces diverses maisons doivent consacrer une partie de leur local à des infirmeries proportionnées au nombre des malades, & il est respectivement assez étendu, pour que chacun soit seul dans un lit.

En outre, on doit construire à la Salpêtriere les loges nécessaires, pour que les fous n'y soient plus exposés aux injures de l'air.

Enfin on sépare à l'hôpital de Bicêtre les personnes qui n'ont que des maux ou accidents particuliers & qui ne peuvent se communiquer, d'avec celles qui ont des maladies pestilentielles ou dégoûtantes, & l'on ne veut plus qu'elles soient confondues, & souvent resserrées dans le même lit.

On passe ensuite aux dépenses, que, malgré le zele pur des administrateurs, on juge excessives sur-tout dans les constructions, & on leur défend d'en entreprendre aucune sans approbation & qui ne soit adjugée au rabais.

On veut que leur comptabilité dorénavant soit publique, afin d'honorer, est-il dit, par cette publicité, une administration sage & éclairée, & dans le fait pour la contenir s'il est possible.

Du reste, on annonce qu'on s'occupe de l'Hôtel-Dieu, & l'on espere pouvoir ordonner incessamment d'autres améliorations intéressantes pour l'humanité & cheres à la bienfaisance du monarque.

4 *Août.* Il y a une nouvelle fermentation dans l'ordre des avocats qui pourroit amener une scission avec le parlement: Messieurs de la premiere chambre des enquêtes ont supprimé un mémoire de monsieur Manoury, ci-devant procureur, & aujourd'hui, suivant le barreau

comme injurieux à plusieurs membres de cette chambre qui y sont très-maltraités, & ont renvoyé le coupable, pour le surplus, pardevant son ordre. Celui-ci, qui vraisemblablement ne juge pas l'accusé si coupable, a peine à se prêter à la radiation que MM. exigent, sous prétexte que cela devient abusif, que MM. se piquent bien légérement, & que l'ordre ne seroit plus juge, mais seulement l'instrument des vengeances de la cour, s'il se prêtoit aveuglément à tout ce qu'elle désire.

Il s'est déjà vu avec peine obligé de rayer l'abbé Borde de Charmois, qui dans une affaire personnelle s'est trouvé derniérement condamné à une peine infamante, quoique très-injustement au gré de tous ses confreres.

5 *Août*. M. de Marville, toujours assidu courtisan de Mlle. Arnoux, ne cesse d'enfanter des madrigaux en son honneur. Voici un quatrain pour mettre au bas du buste de cette actrice, qui a été fort goûté de la société :

Ce buste nous enchante, ah ! fuyez mes amis,
Fuyez : que de périls on court près du modele !
Je n'ai jamais vu d'homme en sa présence admis
Qui n'entrât inconstant & ne sortît fidele !

6 *Août*. Les dévots regrettent beaucoup un Recollet, le père Hubert Hayer, mort depuis peu & connu d'eux par différents ouvrages en faveur de la religion.

6 *Août*. On écrit de Bordeaux que M. Dupaty y est arrivé le mardi 29 juillet, avec monsieur

Fretot, conseiller au parlement de Paris, son beau-frere; que ce magistrat persistant à se faire recevoir président à mortier de ce parlement n'avoit pas obtenu de lettres de jussion, mais une lettre du roi qui ordonnoit à tous les membres du parlement de se trouver aux assemblées, & obligeoit chacun des opposants de donner par écrit les motifs de son refus.

M. Dupaty revient contre ce qui a été fait, par requête civile, ce qui est une marche extraordinaire & sans exemple. C'est le mercredi 2 Août que doit commencer la premiere assemblée des chambres.

C'est M. Dupaty lui-même, qui doit plaider pour demander l'admission de sa requête civile.

7 Août. Pour se reconnoître un peu dans toutes ces feuilles hebdomadaires, ou autres périodiques, qui nous arrivent de province dans la capitale, il est bon d'en faire l'énumération.

1°. *Affiches de Dauphiné, annonces, &c.* feuilles in-4°. de quatre pages qui paroît le vendredi de chaque semaine.

Cette feuille en est à la septieme année. Elle est aussi littéraire; on y trouve des énigmes.

2°. *Affiches de Bordeaux, annonces, &c.* feuilles in-4°. de quatre pages, qui se publie tous les jeudi.

Elle est des plus mal-faites; on n'y trouve rien de ce qu'on attendroit d'une aussi grande ville de commerce touchant les mouvements du port.

3°. *Annonces, affiches & avis divers de la généralité de la Rochelle*: feuille in-4°. de quatre pages, qui se publie le vendredi de chaque semaine.

Elle est très-mal faite, relativement au commerce & aux mouvements du port; elle est aussi littéraire: on y trouve des énigmes.

4°. *Annonces, affiches & avis divers de la haute Normandie*: feuille in-4°. de quatre pages, qui paroît le vendredi de chaque semaine. Elle s'imprime à Rouen: mal faite aussi sur l'objet capital, copie beaucoup les autres.

5°. *Affiches générales de Bretagne*: feuille in-4°. de huit pages, qui se compose une fois par semaine, & paroît le vendredi: bien faite & intéressante dans son genre.

6°. *Affiches d'Angers*, capitale de l'apanage de *Monsieur*, fils de France, frere du roi: feuille in-4o. de quatre pages, qui s'imprime une fois par semaine; utile pour le lieu, mais point intéressante pour les étrangers.

7°. *Journal de la généralité de Montpellier*, paroît le jeudi de chaque semaine.

Cette feuille in-4°. de quatre pages, est aussi littéraire & pille beaucoup les autres.

8°. *Affiches du Maine, annonces, &c.*: feuille in-4°. de quatre pages, qui se publie chaque lundi; peu intéressante, s'imprime au Mans.

9°. *Affiches, annonces & avis divers, &c. de la ville & bailliage d'Auxerre*: feuille in-8o. de huit pages, qui paroît chaque quinzaine, purement utile pour le pays. Elle a pour devise: *Sparsa colligit, collecta dispargit*.

10°. *Annonces, affiches & avis divers pour la ville de Marseille*: feuille in-8°. de huit pages, qui paroît une fois par semaine; bien faite;

elle est aussi littéraire, & sur-tout très-détaillée pour les mouvements du port.

11°. *Affiches de la Touraine & pays Saumurois*: feuille in-8°. de huit pages, qui s'imprime à Tours, & qui est aussi littéraire.

8 *Août*. Monsieur le duc de Bourbon ayant témoigné de l'humeur à l'occasion de quelque réforme faite par le prince de Condé son pere, il s'est élevé de la discorde dans la famille, & ces deux princes se séparent. Elle est telle qu'elle embarrasse fort ceux qui voulant conserver les bonnes graces des deux altesses, craignent de ne pouvoir faire leur cour à l'une sans offenser l'autre.

On dit que monsieur Beaujon cede son superbe hôtel au duc de Bourbon; mais ce Plutus tombé de nouveau en apoplexie, suspend l'arrangement.

8 *Août*. M. l'abbé de Condillac, de l'académie Françoise, vient de mourir en province. C'est une seconde place vacante, qui donne encore plus de marge à M. le Miere.

8 *Août*. Aux onze *Affiches* dont on a parlé, il faut joindre:

12°. *Feuille hebdomadaire pour la province d'Auvergne*, qui paroît tous les quinze jours, de quatre feuilles d'impression in-4°.; elle est aussi littéraire.

13°. *Feuilles du marchand*, de deux pages in-4°. paroît tous les quinze jours à Paris, & remplit exactement son titre.

14°. *Affiches des évêchés de Lorraine*, in-4°. de huit pages, qui paroît le jeudi de chaque semaine, avec cette devise: *Cogimur ipsius comoditate frui*. Cette feuille, qui s'imprime à Metz, est littéraire aussi, & assez bien faite.

15°. *Affiches de Poitou*, in-4°. de quatre pages, qui paroît chaque semaine le jeudi. Cette feuille n'est point mal faite, quelquefois littéraire.

16°. *Annonces, affiches & avis de l'Orléanois*, in-4°. de quatre pages, qui se publie le vendredi de chaque semaine : il y a constamment une énigme pour les amateurs.

17°. *Feuille hebdomadaire de la généralité de Limoges*, in-4°. de quatre pages, qui se publie le mercredi de chaque semaine. Cette feuille a un article de littérature ; elle en est à sa sixieme année.

18°. *Affiches de Lyon, annonces*, &c. in-4°. de quatre pages, qui se distribue le mercredi de chaque semaine.

19°. *Affiches, annonces & avis divers de Picardie, Artois & Soissonnois*, in-4°. de quatre pages, qui paroît le samedi de chaque quinzaine. Cette feuille est littéraire aussi & s'imprime à Amiens.

20°. *Celles de Besançon*, sont une feuille in-4°. sans titre, qui paroît le vendredi de chaque quinzaine. Elle a quatre pages & contient des objets littéraires, des vers, &c.

21°. *Affiches de Sens*; feuille in-4°. de quatre pages, qui paroît le jeudi de chaque quinzaine, avec cette épigraphe : *Quid dem ? quid non dem ? renuis tu quod petit alter*. Elle est un peu littéraire.

A cette foule de feuilles on peut joindre le *Journal Breton*, commencé depuis le premier juin. Il doit paroître deux fois par mois : il est de trois feuilles d'impression in-8°. & ne montre encore aucune physionomie caractérisée.

9 *Août.* Monsieur le Baron de Tschudy, auteur des paroles d'*Echo & Narcisse*, aidé de M. le Bailly du Rollet, a travaillé de nouveau le poëme, qui a reparu hier avec ses changements. On peut dire que, s'ils ne nuisent pas à la marche de l'action, ils n'ajoutent rien à l'intérêt du sujet. Le plus considérable tombe sur le rôle de l'Amour, qu'on a retiré du corps de l'ouvrage pour le placer dans un prologue qui en est aujourd'hui l'un des actes les plus agréables. On n'a point touché aux scenes principales : il n'a fallu que quelques vers pour les lier entre elles. La transposition du rôle de l'Amour rendoit ces légeres aditions indispensables, mais il n'étoit pas nécessaire d'ajouter aux plaintes d'Echo : la monotonie de ses accens n'en deviendroit que plus fatiguante, sans le charme qu'y répand Mlle. la Guerre par sa voix touchante & sensible. Si, au lieu de distribuer ce drame en quatre actes, comme il est maintenant, on l'avoit réduit à deux, (& c'étoit le vœu du public) peut-être aurions-nous un bon ouvrage de plus. Ce n'est pas que la musique de cet opéra ne soit aussi riche, aussi expressive que celle des autres productions de son célebre auteur ; mais elle est si peu contrastée & l'uniformité des voix est telle, que la plupart des airs qui attirent l'admiration du connoisseur, ne produisent que très-peu d'effet sur le général des spectateurs. Il faut en excepter quelques morceaux isolés, entre autres *l'hymne à l'Amour*, qui a été redemandé & qu'on a applaudi avec transport.

10 *Août.* Les colporteurs annoncent qu'ils ont reçu les mémoires de Jean - Jacques

Rousseau tant attendus ; mais comme il n'y a qu'un volume, & que le prix n'en est que médiocre, 4 livres 10 sous, bien des gens suspectent cet ouvrage & craignent que ce ne soit une supercherie des libraires avides. En lisant ces mémoires, il sera aisé de reconnoître le génie & le style du véritable auteur.

11 *Août*. M. Boyer étoit ici le correspondant du *Courrier de l'Europe*, & quoique l'article de France, le seul de son travail, y fût des plus médiocres, souvent arriéré, quelquefois faux & presque toujours incorrect, il ne laissoit pas que de tirer un grand relief de cette correspondance, & d'en prendre un air important.

Comme il avoit été attaché à M. le duc de Guines, lors de son ambassade en Angleterre, en qualité de violon, il prétendoit avoir acquis durant ce voyage de grandes connoissances en politique.

Enfin, au moyen des éloges outrés qu'il avoit prodigués à l'*Essai sur la musique* de M. de la Borde, il s'étoit fait classer par cet auteur au rang des harmoniphiles distingués.

Tout cela, plus propre à imprimer du ridicule qu'à exciter des ennemis, avoit cependant aiguillonné la jalousie de ces rivaux & ce n'est pas sans la plus grande joie qu'ils ont lu la note affligeante du numéro du mardi premier août qui le concerne, & où, en annonçant qu'on lui a retiré sa confiance, on lui reproche de n'avoir pas rempli l'honnêteté & la noblesse des intentions des entrepreneurs de cette feuille.

Comme cette gazette, la plus intéressante à

cette époque pour l'article de Londres, est très-répandue par cette raison chez les amateurs de la politique, & qu'elle l'est aussi chez les gens de lettres, dont elle adopte les productions quand elle n'a rien de mieux ou de plus pressé à dire dans l'autre genre, il en a résulté sur le champ une diffamation violente contre monsieur Boyer, & d'autant plus répandue qu'il affectoit davantage de se faufiler même chez les grands seigneurs, d'être l'oracle des cafés, des spectacles & autres lieux publics ; de façon qu'il ne sait trop où se retirer & se cacher aujourd'hui.

11 *Août*. Il est fort heureux pour monsieur le Miere qu'il soit venu à vaquer une seconde place à l'académie françoise ; car, malgré les promesses qu'il avoit reçues de monsieur d'Alembert, il étoit décidé qu'il ne remplaceroit pas l'abbé Batteux. On étoit convenu dans le comité de nommer le comte de Tressan, qui, plus que septuagénaire, n'avoit pas le temps d'attendre.

Il n'est pas même sûr aujourd'hui que monsieur le Miere ait la place de l'abbé de Condillac ; M. de Champfort la lui dispute ; & comme ce dernier a beaucoup d'intrigue & de manege, qu'il a eu l'honneur d'appartenir au prince de Condé, & que madame la duchesse de Bourbon le porte, ce concurrent n'est pas sans espérance & fait trembler les amis du premier, qu'on s'est trop accoutumé à refuser.

12 *Août*. Les comédiens italiens ont donné hier la premiere représentation d'une piece, dont le titre seul étoit fait pour piquer la curiosité : *Aristote amoureux*, ou *le Philosophe bridé*, opéra-comique en un acte & en vaudevilles.

Aristote amoureux est un de nos vieux fabliaux, dont M. Imbert a fait un conte assez agréable, & qui a fourni le sujet de la petite piece à vaudevilles arrangée par M. Auguste & compagnie, les mêmes auteurs de *Cassandre oculiste*.

Alexandre, dans le cours de ses conquêtes se livre à toute la passion que lui inspire une jeune Indienne, & sans les remontrances de son précepteur, qui combat son amour, il seroit parfaitement heureux. Sa maîtresse lui promet d'imposer silence à cet orgueilleux philosophe ; elle le voit, lui parle & l'enflamme au point que le grave Aristote se laisse atteler au char de la favorite. Son éleve le surprend dans cet état humiliant, & son pédagogue est obligé d'avouer que rien ne peut résister au *plus puissant des Dieux*. Cette bagatelle a eu un succès décidé.

12 *Août*. Extrait d'une lettre de Bordeaux du 8 août.... Le célebre juif Gradix, négociant de cette ville, très-estimé, vient de mourir. Malgré les reproches faits à sa nation, il s'étoit toujours comporté en homme d'honneur. C'est lui qui fit baisser le ton à monsieur Berryer, ce ministre dur & hautain : il lui reprochoit de ne pas tenir les engagements qu'il avoit pris avec lui au nom du roi pour la subsistance de nos colonies, & sur-tout du Canada, durant la derniere guerre ; il lui disoit pour le déterminer, qu'il le mettroit dans le cas de manquer aux siens : « Hé bien ! » lui répliqua le secrétaire d'état goguenard, « il » n'y aura pas grand mal à cela : vous au- » tres commerçants y êtes accoutumés : c'est

« ce qui vous enrichit. » M. Gradix furieux le rembarra d'importance sur ce propos malhonnête, lui déclara que son nom, plus connu que le sien dans les quatre parties du monde, n'avoit jamais reçu de pareille tache, & le menaça d'aller au roi, s'il ne lui faisoit donner de l'argent sur le champ. M. Berryer décontenancé par sa vigueur fut obligé de le satisfaire.

M. Gradix laisse à son neveu une succession immense, dont il a légué une portion à distribuer aux pauvres. Il avoit obtenu pour environ 90,000 livres de condamnations contre divers particuliers; il en avoit les pieces en bonne forme, & il a ordonné de les renfermer toutes dans son cercueil pour être enterrées avec lui; ce qui s'est exécuté à la grande satisfaction de ses débiteurs.

13 *Août.* Quoiqu'on ait déjà rendu l'esprit de la sentence intervenue en la chambre criminelle du Châtelet de Paris le 4 juillet dernier, contradictoirement entre l'abbé Beaudoin, grand-maître du college du cardinal le Moine, & l'abbé Sabatier de Castres, pensionnaire du roi au département des affaires étrangeres, cette piece curieuse est bonne à connoître en son entier, d'autant que dégagée de toutes les formules barbares de ces sortes d'oracles de la justice, elle est un morceau presque purement littéraire, comme la contestation. Il y est dit..... « Nous, » attendu la preuve résultante des enquêtes » & autres pieces du procès, que l'abbé Beau- » doin a fait rédiger, imprimer sans per- » mission & distribuer un écrit anonyme, » tendant à prouver que le feu sieur abbé

» Martin a composé la totalité ou la meilleure
» partie du livre des *Trois siecles de la Littérature
» françoise*, imprimé sous le nom du sieur
» Sabatier *seul*, à réclamer à ce titre au nom
» de l'héritier dudit abbé Martin, une portion
» dans le produit de la nouvelle édition du
» livre en question, & que cette discussion,
» soumise, ainsi par l'abbé Beaudoin, au seul
» jugement des lecteurs, sans avoir été même
» présentée au tribunal des magistrats compé-
» tents pour statuer sur la réclamation de l'hé-
» ritiere de l'abbé Martin, ne présente qu'une
» *envie de nuire au sieur abbé Sabatier, en
» l'inculpant publiquement, & sans aucun intérêt
» légitime de plagiat littéraire & de retention du
» bien d'autrui.*

» Que de son côté le sieur Sabatier a, entre
» autres réponses audit écrit, fait insérer dans
» le *Journal de Paris*, partie d'une lettre à lui
» adressée, par le rédacteur dudit écrit, conte-
» nant retractation de sa part des injures gra-
» ves contre l'abbé Beaudouin, injures que
» non-seulement le sieur abbé Sabatier a rendues
» publiques, mais qu'il a encore aggravées en
» insérant dans le commentaire de sa lettre
» des réticences insidieuses, propres à faire
» naître les soupçons les plus fâcheux sur le
» compte dudit sieur abbé Beaudouin, qu'il
» désigne par ses qualités de prêtre & princi-
» pal d'un college de Paris, *sans cependant
» le nommer* ; enjoignons à chacun desdits
» sieurs *Sabatier & Beaudouin* d'être plus cir-
» conspects ; leur faisons défenses de récidiver,
» tenus de se reconnoître l'un & l'autre pour
» gens d'honneur, qu'un zele outré d'un côté & un

» amour-propre d'auteur d'autre, a écartés du vrai.

» Tenu singuliérement ledit sieur abbé Sa-
» batier de reconnoître l'abbé Beaudouin pour
» homme de probité, incapable de manquer
» aux devoirs de son caractere & de son état;
» de lui en passer acte au greffe ; sinon que
» notre présente sentence vaudra ledit acte:
» supprimons les injures insérées dans les écrits
» & imprimés respectifs ; *permettons à chacune*
» *des parties de faire imprimer notre présente*
» *sentence, & de la faire insérer dans tels journaux*
» *qu'elles aviseront* ; sur le surplus de leurs de-
» mandes, les mettons hors de cours, dépens
» compensés, fors le coût de la sentence, qui
» sera supporté par le sieur abbé Sabatier, s'il
» convient la lever. »

14 *Août*. On a vérifié ce dont on se doutoit, que les prétendus mémoires de Jean-Jacques étoient une supercherie de quelque libraire. Ceux qui les ont parcourus n'y ont pas trouvé ce qu'ils cherchoient.

14 *Août*. Tous les amateurs des spectacles forains sont dans l'attente d'une pantomime à grand spectacle, entremêlée de dialogues, que le sieur Audinot promet, elle a pour titre: *Le Géant désarmé par l'Amour*, & ce qu'il y aura de plus curieux & de nouveau sur tout, c'est que le personnage du géant sera rempli par un véritable géant, bien fait, bien proportionné & haut de sept pieds deux pouces, tandis que le rôle de l'Amour sera joué par un enfant de trois pieds un pouce.

15 *Août*. Avant-hier monsieur le prince de Condé a déclaré à sa cour sa réunion avec le duc de Bourbon, son fils. On ne dit point que

personne s'en soit entretenu : ces deux princes se sont rapprochés d'eux-mêmes, & dans une effusion de tendresse se sont ouvert leur cœur ; en sorte qu'ils sont meilleurs amis que jamais : ils ne se quittent plus, & continuent à vivre ensemble au palais Bourbon.

D'un autre côté, mademoiselle de Condé a demandé à sortir du couvent ; ne voyant aucune apparence d'être mariée, elle dit qu'à vingt-trois ans elle peut vivre dans le monde; & en même-temps, comme il se passe au palais-Bourbon bien des choses qui ne sont pas convenables à son âge & à son innocence, elle désire habiter ailleurs : en conséquence on lui fait sa maison, sans qu'on sache encore où elle résidera.

15 *Août*. Tous les efforts des Gluckistes n'ont pu soutenir *Echo & Narcisse*, pastorale héroïque tombée pour la seconde fois. Envain le premier jour avoient-ils poussé l'adulation jusqu'à faire répéter deux fois un chœur : la recette a été très-bonne ce jour-là, parce qu'ils s'y étoient rendus en foule ; mais elle n'a été que de 1500 livres à la seconde représentation, & elle est tombée à 600 livres dimanche, qu'on donnoit la troisieme. On ne peut pas faire de plus triste oraison funebre.

16 *Août*. On ne sait point encore où sera portée la revision du procès du comte de Lally ; mais dans l'arrêt de cassation de ceux de Rouen, on a pris une tournure qui tend à écarter toute intervention de la part de M. d'Epremesnil. Celui-ci furieux cherche à multiplier de diverses manieres sa défense, pour la répandre du moins & la mettre à portée de diverses

sortes

fortes de lecteurs. En conséquence, il l'a d'abord abrégé sous ce titre: *L'intervention de M. d'Epremesnil réduite à sept raisonnements*; & il faut avouer que cet écrit en vingt pages est infiniment préférable à son gros volume.

M. d'Epremesnil l'a ensuite transformée en une *Lettre au Rédacteur du Courrier de l'Europe*, datée de la mi-juillet 1780. Cet écrit est meilleur que le premier. Ce n'est plus lui qui parle, c'est un ami, ou plutôt c'est un étranger, un sectateur de la vérité, un personnage impartial, qui invite le gazetier à faire usage de son analyse & à la publier. Il prétend avoir avec M. de Serres de la Tour le triple rapport des goûts littéraires, de la profession des armes & sur-tout d'une naissance françoise. On doute que tout autre que l'auteur eût voulu ou pu quintessencier aussi parfaitement les mémoires de M. d'Epremesnil. Quoi qu'il en soit, son chevalier invite le rédacteur du *Courrier de l'Europe*, après avoir fait usage des observations de M. de Tolendal, à ne pas négliger les siennes, & son cri est: *Audi alteram partem*.

17 *Août*. La femme du sieur Vanhove a débuté lundi dans le rôle de *Phædre*. C'étoit une grande entreprise, dans laquelle elle a échoué. Ses partisans l'excusent & lui trouvent de l'intelligence, des entrailles, un débit raisonné dans les morceaux tranquilles & le don des pleurs dans ceux où il en faut répandre; ils attribuent au tumulte & aux mauvaises dispositions d'une cabale animée contre elle les huées qu'elle a éprouvées. Elle n'a pas cependant perdu la tête & dans la sixieme scene

du quatrieme acte, où se trouve cette apostrophe à *Minos* :

Pardonne ! un Dieu cruel a perdu ta famille :
Reconnois sa vengeance aux fureurs de sa fille.

Elle a osé dire :

Reconnois sa vengeance *aux fureurs du Parterre*.

Ce témoignage de la sensibilité, qui auroit pu passer pour une impudence punissable, étoit un coup de partie ; il a réussi & de nombreux applaudissements l'ont encouragée & humilié ses détracteurs.

17 *Août*. On est surpris, sans doute, de ne voir M. le comte de Tressan se mettre sur les rangs pour entrer à l'académie françoise que plus que septuagénaire. Un lieutenant-général des armées du roi, membre de l'académie des sciences & de plusieurs autres compagnies savantes, homme de lettres, ayant depuis nombre d'années fait ses preuves suffisantes pour un homme de qualité, favori du feu roi de Pologne Stanislas, auroit pu avoir cette prétention plutôt & la réaliser. L'anecdote est qu'il n'a jamais osé du temps de Louis XV, dont il avoit été le courtisan intime, mais qui n'avoit pu lui pardonner deux couplets contre la duchesse de Châteauroux. Ce royal amant étoit d'autant plus outré contre le comte qu'il lui avoit fourni l'occasion de le nier, en disant qu'il ne pouvoit croire que cette méchanceté fût de lui, parce qu'elle étoit trop bête. L'amour-propre aveugla l'auteur sur toute autre consi-

dération, & sans avouer les vers il les défendit avec une chaleur qui le trahissoit. On sait combien Louis XV étoit rancunier, & le disgracié, s'il eut été nommé, eût craint de recevoir de S. M. une exclusion formelle. Aujourd'hui, l'apathie de l'âge le rend personnellement assez indifférent sur cet honneur ; mais ses amis de l'académie l'excitent & veulent l'avoir, d'autant qu'il ne peut faire long-temps tort aux autres aspirants.

17 *Août.* Extrait d'une lettre de Bordeaux, du 12 août.... L'affaire de M. Dupaty continue à tracasser le parlement, qui a tenu déjà plusieurs assemblées à son sujet & sans avancer davantage. Il y en a encore une mercredi pour décider si sa requête civile sera portée aux chambres assemblées, ou seulement à la grand'chambre. Il demande toutes les chambres assemblées & il a raison : mais il y a à parier qu'ils se moqueront de la requête civile. Cette voie-là paroît insuffisante à ceux qui connoissent l'acharnement de ses ennemis. Il répond à cela que des lettres de jussion n'entrant point dans sa maniere de penser, il ne veut employer cette voie qu'à défaut d'autre.

Huit magistrats se sont recusés : le premier président, son fils, son gendre, le président de Virosel, MM. Prune, Dumas-Laroque, Poissac, & Reniac : restent cinquante-six magistrats.

M. Fretteau, conseiller au parlement de Paris, beau-frere de M. Dupaty, l'a accompagné à Bordeaux pour le soutenir & en imposer à ses ennemis ; c'est un magistrat très-estimé dans sa compagnie, très-chaud, très-intact, très-parlementaire ; mais on doute qu'il produise un grand effet.

18 *Août*. M. l'abbé de Condillac avoit eu l'art de se faire une réputation dans un genre si peu à la portée du commun des lecteurs, que parmi ses confreres même de l'académie, il en est peu qui eussent lu de ses ouvrages. Il étoit de ces auteurs qu'on admire sur parole, faute de les entendre, ou pour éviter l'ennui de leurs savantes productions. Ses principales sont un *Essai sur l'origine de nos connoissances* & un *Traité des sensations*. Il avoit voulu s'humaniser dans son *Cours d'Etudes*, composé pour l'éducation de l'infant duc de Parme, actuellement régnant, & il échoua dans ce volumineux traité, également funeste à son amour-propre & à sa fortune.

18 *Août*. Le procès de mademoiselle la chevaliere d'Eon avec MM. de Kercado & Mollac recommence. Elle a demandé la permission de revenir à Paris pour suivre cette affaire & l'a obtenue indéfiniment. Elle est reportée au même tribunal du Châtelet : Mlle. d'Eon, reproche à ses adversaires d'avoir falsifié la sentence.

18 *Août*. Les comédiens françois jouent enfin lundi pour la premiere fois une grande nouveauté, attendue depuis long-temps. C'est une piece héroïque en quatre actes, intitulée : l'*Héroïsme françois*, ou *le siege de Saint-Jean-de Lône*, par M. Dussieux.

Les Italiens toujours féconds donnent aujourd'hui la premiere représentation de l'*Officieux*, comédie nouvelle en trois actes & en prose du marquis de la Salle.

19 *Août*. Enfin il pénetre dans ce pays les Tomes *XIII* & *XIV* des *Mémoires Secrets pour*

servir à l'histoire de la République des Lettres en France, & la crainte qu'on avoit que la mort de l'auteur auquel on les attribuoit n'en empêchât la continuation, cesse : l'on conçoit l'espoir, au contraire que cet ouvrage utile se perfectionnera de plus en plus. C'est ce qu'on remarque dans les deux nouveaux volumes, auxquels on a joint un recueil de *Lettres sur le Salon, depuis 1767 jusqu'en 1779*, inclusivement. On auroit, sans doute mieux fait de les imprimer séparement, comme étant dans une forme qui sympathise peu avec le reste de l'ouvrage, & comme pouvant composer seules un traité convenable aux peintres, sculpteurs & graveurs, qu'elles concernent spécialement. Il est vrai qu'elles sentent moins l'artiste que l'homme de lettres & que ceux qui les ont lues assurent y avoir trouvé un intérêt & une variété auxquels ils ne s'attendoient pas.

Les premieres lettres, ainsi que le commencement du recueil, sont attribuées à monsieur de Bachaumont, à qui son *Essai sur la Peinture, la Sculpture & l'Architecture* avoit mérité une place distinguée parmi les amateurs de ces beaux arts (1).

19 Août. Ce n'est que depuis peu qu'on a éclairci la maniere dont est mort M. Marquet, conseiller au parlement de la premiere des enquêtes : elle est d'un genre qui ne de-

---

(1) Cet article est tiré d'une gazette manuscrite très-accréditée dans Paris & attribuée à un abbé de qualité : les tomes *XIII* & *XIV* embrassent toute l'année 1779.

vroit pas être celui de la mort d'un magistrat : il a été tué en duel par un de ses confreres, M. de Cotte; & la cause n'en est pas moins extraordinaire, c'est une affaire de fille.

On assure que le pere du dernier travaille à le faire enfermer, moins pour le soustraire aux suites de cette affaire, assoupie, que pour dérangement & autres faits déshonorants, comme lettres de changes fausses : on veut que son second, officier aux gardes, soit coupable des mêmes bassesses & mérite une même punition. Il lui reste heureusement encore deux garçons, peut-être meilleurs sujets.

20 *Août.* Extrait d'une lettre de Bordeaux, du 15 août.... L'affaire de M. Dupaty fait fermenter ici toute la ville & aigrit les esprits. L'assemblée de mercredi a été des plus tumultueuses. Le président Lavit, qui est intime ami de M. Dupaty & qui conséquemment met le plus de chaleur pour sa cause, a été sifflé vingt fois par ses confreres, car le public n'assiste point à ces séances secrettes.

Il est arrivé hier un courrier, qui a apporté un paquet au parlement & a fait assembler les chambres. Ce paquet contient des ordres exprès du roi de juger M. Dupaty, toutes les chambres assemblées, d'écrire aux absents, de réunir la compagnie entiere, & de ne se recuser que conformément aux ordonnances. Ce qui avoit déjà été décidé autrement par messieurs.

21 *Août.* Il faut ajouter aux feuilles de province, les *Annonces, affiches & avis divers de la haute & basse Normandie.* Celle-ci in-4°. de

quatre pages, paroît le vendredi de chaque semaine à Rouen. Elle est aussi littéraire.

21 *Août*. Jeudi dernier grand concours au palais pour l'affaire des Crequy, dont est appellé à la grand'chambre. Le marquis furieux de la sentence des requêtes du palais, presse son adversaire à outrance & voudroit ne lui laisser aucun relâche.

Me. de Bonnieres, l'avocat du comte, a demandé la remise de la cause : 1°. parce qu'ayant déjà parlé dix-huit heures dans cette affaire naguere aux requêtes, il en étoit excédé & avoit besoin de repos : 2°. parce que l'affaire étant portée devant un tribunal qui devoit juger en dernier ressort, il ne pouvoit y apporter la même précipitation que la premiere fois : 3°. parce que son adversaire pouvoit produire quelque nouvel acte ou titre important, qui exigeroit un examen long, une discussion approfondie : 4°. enfin il a pris les juges par un motif d'humanité attendrissant, il a articulé que madame la comtesse de Crequy étant grosse & à son neuvieme mois, étoit dans un état qui exigeoit un ménagement que ne lui refuseroit pas la cour ; que, quel que fût l'événement de la cause, il ne pouvoit que lui faire une révolution funeste, & elle souhaitoit qu'on la lui évitât.

Me. Treillard, l'avocat du marquis, s'est levé alors & a prétendu que toutes les objections de son confrere étoient des faux-fuyants misérables ; qu'un usurpateur ne méritoit aucun repit & devoit être toujours prêt à répandre & à combattre ; qu'à l'égard de la comtesse, son mari pouvoit user envers elle du même procédé dont il ne s'étoit que trop servi, lui dissimuler le jugement rendu, comme il lui avoit caché son nom ; comme il s'étoit fait à ses yeux un mestre-de-camp, lorsqu'il n'étoit que capitaine de cavalerie ; comme il lui avoit fait son pere colonel, lorsqu'il n'avoit jamais servi.

L'avocat-général Séguier, n'a pu tenir à cette diatribe, & a dit à l'avocat : « Me. Treillard, voilà des propos bien indécents, bien malhonnêtes »…. L'avocat a pris feu, lui a reproché à son tour de se mêler d'une cause où il le recusoit, puisqu'il étoit parent. Une rixe s'est élevée entre eux, & M. Séguier a demandé à la chambre de le venger. Messieurs déliberoient pendant ce temps & ont arrêté que l'affaire seroit renvoyée à la Saint-Martin.

A l'égard de la plainte immédiate de monsieur l'avocat-général, M. Paquier protecteur de Treillard, voyant qu'il alloit s'engager une affaire sérieuse, a dit : « Messieurs, c'est une chaleur à la Séguier, à laquelle il ne faut pas faire attention : » & les juges ont levé le siege.

M. Séguier, outré s'en est allé en déclarant à Me. Treillard qu'il ne vouloit plus avoir rien de commun avec lui & qu'il ne porteroit jamais la parole dans les causes où il plaideroit : « Tant mieux a répondu l'avocat, mes parties ne pourront qu'y gagner. » On s'est séparé là-dessus, & le public de rire.

Cependant les magistrats amis de Me. Treillard ont voulu empêcher cette querelle d'avoir des suites, ils ont déterminé cet avocat à venir avec eux sur le champ chez M. Séguier & à lui faire des excuses; & tout est fini.

Voilà une ample matiere aux commentaires de Me. Linguet.

22 Août. *L'Officieux*, comédie en trois actes & en prose de M. le marquis de la Salle, a passé les espérances de ceux qui connoissent l'auteur. Il y a beaucoup de choses à dire contre le caractere principal, mais au moins en est-ce un bien soutenu, toujours en action, & ne se démentant point jusques à la derniere syllabe de son rôle. Il est fâcheux que les autres ne répondent pas à celui-là, qu'il soit trop question de procès, de procédure & des termes barbares du palais. Du reste, il y a plus de gaieté aussi qu'on ne comptoit en trouver; & si ce spectacle n'est pas extrêmement intéressant pour le cœur, il occupe l'esprit, il exite une curiosité continue & sur-tout n'ennuie point; ce qui est la grande maladie de nos comiques modernes.

Aristote amoureux, ou *le Philosophe bridé*, se continue avec succès, & malgré l'indécence de voir ce grand homme aussi sottement travesti en ridicule, la gaieté de l'ouvrage fait passer par dessus; la scene sur-tout, où la maîtresse d'Alexandre rend Aristote épris d'elle & docile à tout ce qu'elle en exige, est filée avec beaucoup d'adresse, & même avec une gradation qui annonce dans l'auteur d'une facétie aussi futile une grande connoissance du cœur humain.

23 *Août*. Le nouvel ouvrage qu'on donne du citoyen de Geneve a pour titre: *Rousseau*

juge de Jean-Jacques ; il se vend publiquement & il est aisé de conclure de là qu'il ne contient rien moins que ses fameux mémoires. Cependant on croit cet écrit authentique, mais c'est un mauvais service qu'on rend à ce grand homme; c'est le délire d'une imagination noire, d'un philosophe atteint de la fievre chaude.

24 *Août*. Après l'exemple de monsieur du Belloy, M. Dussieux avoit droit de s'attendre à un grand succès, à un enthousiasme fou. Cependant tel est le charme de la poésie, ou l'habitude du public, que le drame du dernier, malgré tout l'imposant du spectacle & le titre brillant de l'héroïsme françois, a foiblement remué les cœurs, & n'a approché en rien du triomphe de son devancier, dont les vers plats & barbares ont été jugés préférables en tragédie à la prose la plus noble & la plus harmonieuse.

Les trois premiers actes sont très froids : la cheville ouvriere de la piece est un personnage détestable, un traître, dont les crimes ne portent aucune empreinte héroïque, ou grande, ou du moins tragique. Le bruit du canon, celui des cloches, un embrasement général ont enfin ébranlé le spectateur ; & le nom du prince de Condé survenant pour terminer heureusement l'action, a relevé la tragédie qui tomboit.

25 *Août*. La famille de M. de Clugny a bien de la peine d'obtenir du roi qu'il revienne de son exil, & même qu'il ne perde pas son état, car on dit toujours sa charge de maître des requêtes à vendre. C'est la suite d'une folie de jeunesse, qui lui est arrivée il y a deux mois,

& qui lui a été commune heureusement avec deux fils de ministres ; ce qui devoit le sauver.

Un des beaux jours de cet été ils avoient fait la partie de souper au bois de Boulogne avec des filles : une des trois, la seule dont il soit question, est une demoiselle Ville, dont monsieur de Clugny étoit passionnément épris. Cette demoiselle Ville avoit pour amant en sous-ordre le sieur Nivelon, joli danseur de l'opéra, & qu'elle préferoit infiniment au fils de l'ancien controleur-général. Le danseur non moins amoureux, instruit de la partie ne perd point de vue l'infidelle, l'atteint au bois de Boulogne, où elle s'étoit déjà rendue avec la demoiselle Orbain, & l'autre courtisane qui devoient figurer au souper, & la harangue si bien qu'il la détermine à ne point aller au rendez-vous : il avoit de son côté avec lui Vestris & un autre de ses camarades, qui n'avoient pas voulu l'abadonner dans son désespoir : on trouve très-plaisant de faire croquer le marmot aux trois fils de ministres, (les deux autres étoient messieurs de Sartines & Amelot) tandis qu'on soupera & s'amusera dans le bois. La gaieté renaît, & voilà les histrions qui engagent aussi la demoiselle Urbain & sa compagne de rester avec eux. On commande le souper à Passy, pour n'être pas en concurrence avec les robins qui s'étoient arrêtés à la porte Maillot, & après le repas on se rend dans le bois & l'on se met à folâtrer sur l'herbe.

Cependant messieurs de Clugny, de Sartines & Amelot, s'impatientoient, sur-tout l'amoureux : les deux autres voyant l'heure passée ont faim & font toujours servir ; ils cherchent à distraire le premier & se moquent de lui. Le souper fait, les convives vont prendre le frais dans le bois : tout en cheminant, ils entendent des éclats de rire qui excitent leur curiosité ; ils approchent de l'endroit : quel coup de poignard pour M. de Clugny ! il croit reconnoître la voix de mademoiselle Ville ; il ordonne à son laquais, & aux autres qui suivoient d'aller chercher & allumer leurs flambeaux, puis cernant bien le lieu de la scene on enveloppe & l'on reconnoît les trois groupes : M. de Clugny furieux, apostrophe Mlle. Ville des termes les plus durs & les plus méprisants. Nivelon veut s'en mêler & faire l'insolent ; le robin ordonne à ses gens de le saisir, & lui casse sa canne sur le corps..... Messieurs de Sartines & Amelot applaudissent, tandis que Vestris & l'autre restent dans le tremblement d'en éprouver autant ; mais les deux membres du parlement n'étoient pas amoureux, & ne s'embarrassoient guere des filles. Nivelon ne perd pas la tête ; tout éreinté il remonte en voiture avec ses camarades : il vient faire sa déposition chez un commissaire, & Vestris & l'autre servent de témoins. Affaire grave, qu'on assoupit cependant à force d'argent ; mais qui fit tant de bruit qu'elle parvint aux oreilles du roi, & a eu les suites dont on a parlé. Quant aux deux camarades de M. de Clugny, moins coupables, les ministres, leurs peres, parent le coup, & les semoncent vigoureusement. Ces deux-ci sont conseillers au parlement, & la compagnie auroit trop à faire si elle prenoit garde aux étourderies scandaleuses de tous ses membres, dont il y en a soixante environ de cette espece; il y en a bien quarante parmi les maîtres des requêtes. Qu'on juge à l'échantillon de la gravité de tous ces magistrats & du bonheur d'avoir de pareils arbitres de la fortune, de la liberté & de la vie des citoyens !

26 Août. Depuis que la reine est allée visiter le château d'Ermenonville, le lieu est devenu plus fréquenté que jamais. Entre les hommes qui y ont été, plusieurs se sont distingués pour les vers qu'ils y ont laissés ; fruit d'une verve excitée par la vue de tant de morceaux délicieux du même genre qu'on y trouve. Voici ceux du duc de Nivernois :

>Je ne traiterai plus de fables
>Ce qu'on nous dit de ces beaux lieux :
>Où les mortels devenus presque Dieux
>Goûtent sans fin des douceurs ineffables.
>De l'Elysée où tout est volupté,
>Je regardois le favorable asyle
>Comme un beau rêve à plaisir inventé :
>Mais je l'ai vu, ce séjour enchanté,
>Oui, je l'ai vu, je viens d'Ermenonville.

26 Août. Extrait d'une lettre de Grenoble du 15 août... Voici l'histoire des avocats, dont vous êtes curieux, elle remonte déjà loin.

Le 27 juin un avocat de ce parlement plaidant une requête civile, fut interrompu par quelques magistrats; il acheva son plaidoyer & retrancha une grande partie de ses moyens. Cette scene ayant jeté le découragement dans le barreau, l'ordre, ensuite d'une délibération, crut devoir députer ses syndics au chef de la compagnie, pour le supplier de vouloir bien interposer ses bons offices, afin qu'à l'avenir les avocats pussent se flatter d'être écoutés avec tranquillité. La députation fut accueillie; & les objets de supplications rapportés à la grand'chambre ; mais la priere des avocats ayant été prise pour une révolte de leur part, les chambres s'assemblerent : les syndics furent mandés & interrogés sur le but de leur démarche & sur les moteurs de la délibération, & eurent ordre de se tenir à la suite de la cour. Le 2 juillet à sept heures du soir, arrêt du parlement, les chambres assemblées « qui déclare la délibération dont il s'agit, mal fondée, téméraire, contraire au respect dû à la cour & aux droits de ses officiers; fait très-expresses inhibitions & défenses à l'ordre des avocats d'en prendre de pareilles à l'avenir, ni aucune délibération autrement que par écrit, sous telles peines qu'il appartiendra ; ordonne que le présent arrêt sera transcrit sur les registres de délibérations dudit ordre, à la diligence du procureur-général, &c. »

Les chambres assemblées ne consistoient réellement que dans quatorze juges, dont six n'étoient pas de l'avis de l'arrêt, & huit, au contraire, étoient d'avis d'interdire à perpétuité les deux syndics.

Le lendemain à six heures du matin, les avocats s'assemblerent & d'une voix unanime déclarerent sur le registre *qu'ils ne pouvoient plus continuer leurs fonctions d'avocats*. Le registre fut remis au greffe de la cour.

27 *Août*. L'Académie Françoise a tenu avant-hier sa séance publique pour la distribution du Prix. Le sujet intéressant donné au concours cette année, excitoit l'attente du public; mais M. l'abbé de Lille, directeur, a appris à l'assemblée que la compagnie n'ayant trouvé aucune piece y répondant avoit remis le prix à l'année prochaine. Il a fait mention de deux qui avoient cependant attiré l'attention des juges, & de deux autres où il y avoit quelques passages remarquables; il n'a indiqué que les devises, afin que leurs auteurs pussent corriger leur ouvrage & rentrer en lice.

Il faut se rappeller que le sujet du prix étoit *la servitude abolie dans les domaines du roi, sous le regne de Louis XVI.*

M. Gaillard est parti de là pour lire, *sur l'esclavage & la servitude*, un discours qui auroit été mieux placé à l'autre académie dont il est membre, en ce que c'étoit plutôt une dissertation qu'un morceau historique ou oratoire.

Une traduction en vers du premier acte du Philoctete de Sophocle, par M. de la Harpe, a succédé à cette lecture; & ce qui a dû prouver au poëte combien on en étoit satisfait, c'est qu'on lui a demandé le second, & qu'après celui-ci on désiroit encore le dernier, & on l'eût écouté avec la même attention, si son organe fatigué lui eût permis de répondre à l'empressement du public.

M. d'Alembert n'a pu clore la séance aussi gaiement que de coutume; il s'apperçoit depuis quelque-temps que sa poitrine ne lui permet plus de lire en public, & se fatigue à ce service.

28 *Août*. Monsieur Thomas est dans un état fâcheux, & l'on craint qu'il ne laisse une place bientôt vacante : il lui est défendu de parler, & même d'entendre parler. Ces jours derniers son ami Barthe l'étant allé voir & l'ayant trop affecté par sa conversation, M. Tronchin qui traite le malade, a défendu qu'on lui laissât voir personne. On dit cependant qu'il lui a prescrit un régime, & qu'il ne désespere pas de le tirer de cet état d'épuisement absolu, s'il se conforme scrupuleusement à son ordonnance.

29 *Août*. La fille d'un ancien procureur au Châtelet, nommé Satis, ayant épousé un monsieur de Châtillon, reconnu de la maison de ce nom, avoit été nommée sous-gouvernante des enfants de M. le comte d'Artois, par le canal du prince de Montbarrey, à qui elle avoit accordé ses faveurs. Depuis, la rumeur de son inconduite étant parvenue aux oreilles du comte d'Artois, il a exigé qu'on fît des informations, & se voyant trompé cruellement, il a ordonné qu'on renvoyât cette dame de sa maison de la maniere la plus humiliante.

29 *Août*. La société royale de médecine a tenu aujourd'hui sa séance publique, & entre autres lectures M. Vicq d'Azir a fait part au public des éloges de MM. le Roi & Bucquet, deux médecins de ses membres que la société a perdus. Ce secrétaire a traité la matiere en orateur, & a singuliérement intéressé le public. Il paroît avoir un talent particulier pour ce genre d'ouvrages, & être le digne émule des d'Alembert & même des Condorcet.

29 *Août*. Extrait d'une lettre de Metz du 17

août..... Le sieur Crux, acteur de cette ville, avoit donné ici pour la premiere fois une comédie nouvelle, ayant pour titre : *N'importe laquelle*. Comme l'auteur avoit eu l'adresse de ne pas l'annoncer pour une nouveauté, on crut qu'elle avoit déjà été jouée ailleurs ; on l'écouta sans prévention & on la trouva fort bonne. L'amour-propre du sieur Crux, ne pût tenir aux applaudissements & il avoua la supercherie. Il faillit se repentir d'être sorti trop tôt de l'incognito. On s'arma de rigueur à la seconde représentation ; un silence morne glaça d'effroi les acteurs pendant les deux premiers actes ; heureusement que le troisieme dérida le front des spectateurs : les scenes agréables dont il est rempli, arracherent tous les suffrages & le triomphe du sieur Crux fut incontestable.

Le sujet de la piece est tiré des *contemporaines*, nouveau recueil d'historiettes par monsieur Retif de la Bretonne.

30 *Août*. La femme de M. Marmontel, dont on a annoncé le mariage dans le temps, ayant fait une fausse couche, l'épigramme a suivi sur le champ :

>Marmontel se flattoit enfin
>De porter le doux nom de pere :
>Sa femme devoit en lumiere
>Mettre incessamment un Dauphin.
>Mais, espérance mensongere !
>Hé bien ! Quoi.... Vous le devinez,
>Depuis long-temps il ne peut faire,
>Hélas ! que des enfants mort-nés !

31 *Août*. L'ordre des avocats est toujours agité de troubles, toujours forcé de condescendre au différentes plaintes contre ses membres que lui renvoie le parlement.

Derniérement Me. Manuby, dans un *Mémoire pour le comte de Lusignan & consorts*, &c. ayant parlé avec la plus grande force des injustices qu'éprouvoient ses parties depuis dix ans dans un procès porté à la premiere chambre des enquêtes, l'abbé Barbier d'Ingreville, le rapporteur, sentant qu'il y étoit spécialement inculpé, en a demandé justice à ses confreres, & ceux-ci ont déféré à l'ordre l'accusé, qui a été interdit pour six mois.

Me. Elie de Beaumont, inculpé dans l'affaire de le Bel, & décrété d'assigné pour être ouï vient de répandre son *Mémoire contre le procureur-général*, signé Me. Target.

1 *Septembre* 1780. M. Soufflot vient de mourir : il étoit chevalier de l'ordre du roi, architecte de sa majesté, intendant-général de ses bâtiments, contrôleur-général des bâtiments de la ville de Lyon, &c. Il laisse la fameuse église de Sainte-Geneviève imparfaite, & le problème de la solidité de la coupole, élevé par son confrere, M. Patte, non-résolu. On ne dit point qui doit suivre ce bâtiment après cet artiste célebre.

1 *Septembre*. M. du Buisson est un des deux auteurs dramatiques dont on a parlé, comme s'étant détachés de la société de leurs confreres, & ayant écrit aux comédiens une lettre d'adhésion au dernier reglement. En conséquence il a fait lecture d'une piece nouvelle, intitulée : *Nadir* ou *Thamas Kouli-Kan*, tragédie en

cinq actes & en vers. Il s'est trouvé ainsi le premier sur le repertoire depuis la relute ordonnée ; & les comédiens pour reconnoître sa bassesse & exciter les autres à l'imiter, ont mis un zele prodigieux à le servir ; en sorte que sa tragédie a été jouée hier.

On se doute bien que les autres poëtes n'ont point assisté à cette représentation bien disposés pour lui, & il leur a prêté matiere à critique par de grands & nombreux défauts. Cependant il y a des endroits qu'ils n'ont pu s'empêcher d'applaudir, comme très-beaux, comme d'un genre neuf, comme annonçant de la chaleur & du génie. En général, c'est un ouvrage d'écolier qui promet, & si monsieur du Buisson est jeune & dans l'âge de se former, il peut aller loin.

2 *Septembre.* Le convoi de M. Soufflot, qui a eu lieu jeudi 31 août, étoit très-nombreux & composé de beaucoup de gens de distinction, entre lesquels étoit l'évêque de Saint-Brieux ami du défunt ; il y avoit aussi une députation de MM. de Sainte-Génevieve, dont ce fameux architecte construisoit la superbe église. Le prélat leur communique son idée, de réclamer le corps de M. Soufflot pour l'enterrer dans la *Basilique*, son ouvrage. Les religieux saisissent avec empressement cette imagination heureuse, suggérée à leur reconnoissance. En conséquence la réclamation faite au nom de l'abbé & des chanoines réguliers de ladite abbaye, le corps n'a été que présenté à l'église de Saint-Germain-l'Auxerrois, sa paroisse : il a été renfermé ensuite dans un cercueil de plomb, & transféré à celle de l'abbaye

de Sainte-Genevieve, pour y rester jusqu'à ce que la nouvelle église soit en état de le recevoir.

3 *Septembre*. Le sieur de Beaumarchais a tenu samedi 26, chez lui, une assemblée, où il avoit invité les différents auteurs du théâtre qui le composent ordinairement, pour y entendre le compte qu'il avoit à rendre de la maniere dont il avoit défendu leurs intérêts, assisté des autres commissaires du bureau de législation dramatique, ainsi que des incidents qu'éprouvoit cette affaire.

On a déjà parlé des principaux : un plus récent c'est que M. le maréchal duc de Richelieu, a prié le sieur de Beaumarchais de passer chez lui ; lui a fait des reproches sur l'embarras qu'il occasionnoit dans les nouveaux réglements dont il s'agissoit ; sur sa protestation au nom de ses confreres contre la décision donnée par le tribunal des gentilshommes de la chambre ; sur la maniere dont il avoit compromis le maréchal duc de Duras, en se prétendant autorisé par son approbation dans tout ce qui avoit été fait. Il l'a sommé de lui déclarer s'il en avoit des preuves authentiques, s'il possédoit les lettres signées de ce maréchal, sur lesquelles il s'appuyoit, de lui en donner la signature.

Le sieur de Beaumarchais persistant dans tout ce qu'il avoit dit, n'a point hésité à signer le certificat demandé ; mais en même-temps, pour qu'on ne pût lui faire dire ce qu'il n'avoit pas dit, ou altérer son écrit d'une maniere ou d'autre, il a exigé que M. le maréchal de Richelieu signât le même écrit & lui en fournît un double, dont lecture a été faite aux poëtes assemblés.

Tout le monde a applaudi au zele de l'orateur & des commissaires, & l'on attend la décision du conseil, auquel M. Amelot doit faire son rapport des tracasseries survenues dans ce procès bizarre.

On parle beaucoup d'une petite brochure intitulée : *Lettre de M. Necker à M. le premier président d'Aligre.* On dit que c'est une critique assez vive & mordante des épices que MM. du Palais étendent & augmentent avec une cupidité indigne & révoltante.

4 *Septembre.* Tours, le 14 août..... Suivant le rélevé de cette généralité, il y a eu en 1779, naissances 51352; mariages 12839; morts 61209.

5 *Septembre.* Extrait d'une lettre de Rouen, du 25 août.... Le parlement a rendu le 5 de ce mois, un arrêt qui ordonne que dans quatre mois, à compter de sa publication, il soit établi aux environs & hors l'enceinte de cette ville, cinq cimetieres, clos de murs de sept pieds d'élevation hors de terre, y compris le chaperon ; au pourtout de chacun desquels il sera reservé un espace, de quinze pieds de largeur à l'effet de pouvoir y établir sous des galeries couvertes, des caveaux pour toutes les personnes qui ont droit de sépulture dans les différentes églises & cimetieres, ou qui voudroient s'en faire affecter, conformément à la déclaration du roi du 29 décembre 1776, régistrée en la cour le 24 mars 1778.

5 *Septembre.* Quelques éclaircissements donnés par l'auteur de *Thamas Kouli-Kan*, rendent

parfaitement raison de certains défauts prétendus reproché à sa piece, qui devoit être d'une nature extraordinaire, comme son héros. *Nadir* naquit avec une grande tache de sang sur une main, qui fit dire qu'il seroit un jour le plus sanguinaire des hommes. Il joignoit à ses grandes qualités la superstition qui accompagne toujours l'ignorance : de là son caractere formé sur ces traits établis, de là cette imprécation sur lui même qui a révolté & qui avoit pour fondement réel une tradition populaire long-temps subsistante en Perse. Enfin, si la catastrophe est aussi sanglante, c'est que le poëte n'a pas cru qu'il lui fût permis d'altérer un événement historique, qui s'est passé le 8 juin 1747.

Quant au style, figuré, métaphorique, emphatique de cette tragédie, qui pourroit dans une autre piece passer pour bouffissure & galimatias, il faut se rappeller que c'est le langage du pays, le langage oriental.

5 Septembre. Aux affiches de province déjà désignées il faut ajouter celle de Maux, feuille in-4°. de quatre pages, qui ne se distribue que par quinzaine : elle est aussi littéraire.

6 Septembre. Le sieur Pyron, agent des affaires de M. le comte d'Artois, entendu comme témoin dans l'affaire du sieur le Bel, dans sa déposition a inculpé M. Elie de Beaumont, d'abus, d'autorité, de vexations & de malversations dans l'Angoumois, & notamment à Coignac, dans une affaire d'échange.

En conséquence, M. le procureur-général a rendu plainte, & d'après une information ordonnée par un arrêt du 4 juillet dernier, la cour a prononcé contre lui un décret d'assigné pour être ouï.

C'est ce qui a donné lieu à cet avocat, intendant des finances de monseigneur le comte d'Artois, de publier un *Mémoire*, signé de Me. Target, qui est bien la plus platte chose, la plus ennuyeuse, la plus obscure & la plus propre à faire croire que Me. Elie de Beaumont seroit coupable, puisque ni son art, ni celui de son éloquent défenseur ne peuvent l'innocenter aux yeux des lecteurs.

6 Septembre. La troisieme partie du mémoire du comte de Lally-Tolendal, qui contient ses moyens, n'est point indigne des deux premieres. Malgré l'aridité de cette discussion, il y a su répandre un intérêt qui attache le lecteur le plus superficiel, & sur tout une clarté continue de raisonnement, qui, sans entraîner une conviction absolue, est au moins très-satisfaisante & bien supérieure aux argumens embrouillés de son adversaire: mais c'est principalement dans la péroraison qu'il a rassemblé toute sa sensibilité, & que par une prosopopée d'un genre infiniment plus naturel & plus noble que celle qui termine le premier factum de M. d'Epremesnil, il laisse en scere l'ombre de son pere évoquée par cet accusateur, & le fait parler comme il eût parlé lui-même. Sa réponse est superbe, & le cœur le plus ulceré contre la mémoire du coupable est saisi d'attendrissement à cette lecture. Quel que soit un jour le succès de la cause, ces mémoires, monuments d'une piété filiale poussée au plus haut dégré, feront toujours infiniment d'honneur à monsieur de Tolendal & le rendront cher à toutes les ames susceptibles d'éprouver un pareil sentiment.

7 Septembre. La *Lettre de M. Necker à monsieur d'Aligre* qui est datée du 22 août, est un pamphlet de quelques pages seulement bien propre à désoler messieurs de la grand'chambre, dont elle révele la turpitude. Il y a ce qu'on appelle au palais, des *appointements sommaires*, c'est-à-dire, des affaires portées à l'audience, lesquelles ne pouvant y être jugées sur le champ par quelque difficulté qu'éprouve la discussion des pieces, on nomme un rapporteur pour les examiner & en rendre compte. Jusqu'ici ces *appointements sommaires* s'étoient jugés sans épices. MM. de grand'chambre ne voyant aucun bénéfice à ces rapports, ne vouloient pas s'en charger ou les laissoient en arriere. Le garde-des-sceaux informé de cet abus, & d'après les insinuations du premier président & d'autres magistrats avides, étoit à la veille de rendre une déclaration où, pour encourager le zele de Messieurs, le roi ordonnoit des épices d'un louis pour le rapporteur de ces sortes d'affaires, & de 6 livres pour le président.

Messieurs des enquêtes & des requêtes, qui se sont déjà si souvent recriés contre les brigandages de la grand'chambre, se sont élevés encore plus fort dans cette occasion, & ont offert, pour soulager leurs anciens, de se charger de ces rapports, & de les faire à l'ordinaire sans frais. Ce n'est point-là ce qu'ils vouloient ; ils ont donc poursuivi l'obtention de la déclaration. Heureusement est venue à la traverse la lettre dont il s'agit, où l'on badine Messieurs de façon à les faire rougir

rougir de chercher à grever les sujets du roi de nouveaux impôts, lorsqu'une administration bienfaisante cherche à les alléger. C'est sous ce point de vue qu'on fait intervenir M. Necker, qui, au premier coup-d'œil, semble fort étranger dans cette scene.

Quoi qu'il en soit, ce pamphlet a produit le bon effet de contenir les juges & le garde-des-sceaux, qui n'a osé envoyer la déclaration, qu'on assure retirée.

8 *Septembre*. Mardi dernier les comédiens italiens ont encore donné une comédie nouvelle en un acte, intitulée *la Comédie à l'impromptu, ou les Dupes*. Le plan & les détails n'en sont ni bien neufs ni bien piquants. Un bourgeois sot & crédule, un provincial imbécille y sont trompés par un valet intrigant, qui, sous prétexte de leur faire jouer une comédie, obtient en faveur de son maître, la signature des uns, le désistement des autres; & la fille de la maison se trouve mariée à celui dont son cœur a fait choix. Cette piece est de M. Dorvigny.

8 *Septembre*. On commence à parler de la suite des *Observations du citoyen*, nouvelle brochure critique, où l'on continue l'examen de la suite des opérations de M. Necker.

9 *Septembre*. Suivant une déclaration du roi, portant établissement de nouvelles prisons, en date du 30 août, enrégistrée au parlement le 3 septembre, c'est à *l'hôtel de la Force*, rue Saint-Antoine que l'on doit transférer tous les prisonniers du Fort-l'Evêque & du petit Châtelet.

On prétend que la totalité de ce terrain

étant dix fois plus grande que celle des deux autres réunis, on pourra y préparer des habitations & des infirmeries particulieres, ainsi que des préaux séparés, pour les hommes, pour les femmes, pour les différents genres de prisonniers. La modicité des fonds demandés pour cette distribution, a déterminé le directeur-général à en faire l'acquisition, & il assure que les travaux nécessaires seront consommés en peu de temps.

Ces établissements formés on abattra le petit Châtelet: ce qui rendra plus facile les abords d'un quartier de la ville extrêmement fréquenté & procurera à l'Hôtel-Dieu un plus grand volume d'air.

On fera vendre le Fort-l'Evêque, & l'on prétend que le capital qui en proviendra, pourra suffire à la nouvelle dépense, dans laquelle on se constitue.

Le grand Châtelet restera, destiné seulement aux prisonniers poursuivis en matiere criminelle; mais plus de cachots pratiqués sous terre, & l'on arrangera l'intérieur de cette prison d'une maniere convenable.

9 Septembre. Mémoire de J. J. Rousseau. On juge aisément que ce premier titre a été mis exprès pour faire prendre le change au public: suit le véritable *Rousseau juge de Jean-Jacques, Dialogue*, d'après le manuscrit de Rousseau, laissé entre les mains de M. Brooke Boothby, avec cette épigraphe: *Barbarus hic ego sum, qui non intelligor illis.*

Dans un avertissement, l'éditeur annonce que cet ouvrage lui fut confié par son auteur au mois d'avril 1776.

Vient après un paragraphe isolé, sans titre, qu'on doit supposer de Rousseau ; il porte : « Qui que vous soyez, que le ciel a fait arbitre » de cet écrit, quelque usage que vous ayez » résolu d'en faire & quelque opinion que vous » ayez de l'auteur, cet auteur infortuné vous » conjure par vos entrailles humaines & par les » angoisses qu'il a souffertes en l'écrivant, de » n'en disposer qu'après l'avoir lu tout entier. » Songez que cette grace que vous demande un » cœur brisé de douleur, est un devoir d'équité » que le ciel vous impose. »

Autre préface en regle, où l'auteur rend compte *du sujet & de la forme de cet écrit* ; c'est-à-dire, pourquoi il a imaginé un dialogue entre un François & Rousseau, & s'est introduit, en tiers sous le titre de *Jean-Jacques* seulement.

Enfin suit le dialogue fort long, où il y a peu de faits, où l'on remarque une imagination noire, exaltée jusqu'au délire, & en même-temps une dialectique de la tête la mieux organisée & la plus foible.

A la fin est un *postscriptum* sans titre, comme le paragraphe du commencement, où Rousseau dit qu'il avoit résolu de déposer à la seule garde de la providence son manuscrit sur le grand autel de l'église de Notre-Dame de Paris ; qu'il s'y transporta à cet effet le 24 février 1776 ; mais qu'ayant trouvé que par une précaution toute nouvelle on avoit fermé les grilles des bas côtés qui environnent le chœur, il n'avoit pu pénétrer jusqu'à l'autel.

Après quoi est une priere à Dieu sous ce titre : *Dépôt remis à la providence*. Un dernier avis de l'éditeur termine ce livre ; il y apprend que depuis que l'impression est finie, le manuscrit original, tout très-proprement écrit de la main de Rousseau, a été déposé dans le *British Musæum*.

9 Septembre. Depuis long-temps on s'éleve contre la *Question Préparatoire*, c'est-à-dire, celle qu'on fait subir à un accusé avant la conviction de son crime : déjà le Châtelet s'abstenoit depuis long-temps d'en user ; par un édit enrégistré au parlement le cinq de ce mois, le roi la supprime tout-à-fait.

10 Septembre. La brochure intitulée : *Suite des observations du citoyen*, ne se vend pas plus que les premieres & s'est distribuée *gratis* ; ce qui annonce toujours, ou un ennemi puissant du directeur-général des finances, ou un patriote bien enflammé de zele. Quoi qu'il en soit, on traite dans ce pamphlet critique, 1°. des fiacres & messageries : 2°. de la caisse de Poissy : 3°. des emprunts : 4°. des économies de la maison du roi : 5°. des ressources & procédés de M. Necker. Chaque article est accompagné de l'énoncé des faits, dont il faudroit d'abord arguer la fausseté pour détruire les fâcheuses conséquences qu'on en tire.

11 Septembre. La requête civile de M. Dupaty présentée aux chambres assemblées du parlement de Bordeaux & plaidée devant elle avec solemnité, n'ayant pas produit l'effet qu'il en attendoit, il a été de nouveau exclus à la pluralité des voix. On assure qu'en conséquence le roi, pour témoigner à cette cour son mécontentement, a fait expédier une lettre de cachet pour chacun de ses membres, qui lui enjoint de ne point sortir de la ville & de continuer l'administration de la justice, même dans ce temps de vacance. On ne se seroit pas attendu qu'un défenseur aussi zélé de la magistrature eût provoqué contre elle un pareil orage.

11 *Septembre*. Les jugements sots ou iniques rendus depuis quelque-temps ont enflammé tellement le zele des avocats, qu'il en a résulté des mémoires où les juges ont été très-maltraités. Ceux-ci, de leur côté sont fort mécontents de l'irrévérence qu'on témoigne pour leurs oracles ; & il en a résulté une ligue de la magistrature contre l'ordre généreux chargé de la défense des parties. On a déjà vu dans plusieurs affaires des effets de cette fermentation : elle vient d'éclater plus fortement par un arrêt rendu le 7 de ce mois à la grand'chambre. Le réquisitoire de l'avocat-général Seguier est remarquable.

« Nous apportons à la cour un imprimé
„ ayant pour titre : *Observations pour la dame
„ le Feron Dubreuil*. Nous voyons avec douleur
„ qu'on s'est servi de cet imprimé pour répan-
„ dre une sorte de diffamation contre un des
„ membres de la cour ; &, non-content des
„ injures consignées dans cet imprimé, on n'a
„ pas craint d'y joindre la copie d'une lettre
„ signée de la dame le Feron Dubreuil, qu'elle
„ avoit écrite à ce magistrat, dans l'idée, sans
„ doute, de justifier aux yeux du public les
„ observations qu'elle se permettoit, & d'en
„ constater de plus en plus la vérité par la gra-
„ vité des outrages renfermés dans cette même
„ lettre.

« C'est un mal qui commence à se répandre ; on se permet d'injurier les magistrats dans des écrits rendus publics, & lorsqu'on a aucun motif pour les recuser on veut en quelque sorte les forcer à se recuser eux-mêmes, par les imputations secretes ou publiques qu'on ne craint pas de hasarder contre leur honneur & leur intégrité. Notre ministere nous oblige de nous élever contre un abus aussi dangereux : il semble que jusque dans le temple de la justice, on oublie le respect dû à la magistrature, & ceux-mêmes qui devroient en être le plus pénétrés, parce qu'ils approchent de plus près des ministres de la loi, sont souvent les premiers à oublier ce qu'ils doivent aux magistrats, que le souverain a rendus dépositaires de son autorité ou les organes de ses volontés & de ses droits.

» L'honneur d'un magistrat appartient tout entier au corps auquel il a le bonheur d'être attaché ; c'est à nous à le défendre lorsqu'il est attaqué : cette fonction est trop précieuse à notre ministere pour ne pas en faire usage en ce moment, & contre la distribution d'un imprimé aussi téméraire qu'il est scandaleux, & contre la distribution de la copie d'une lettre qui seroit demeurée dans les ténébres, si la personne qui l'a écrite ne s'étoit pas permis de la distribuer avec affectation dans tout le public. Cette lettre est un vrai libelle, elle présente une diffamation ; & nous osons espérer que la cour voudra bien entrer dans nos vues, & par un exemple de sévérité prévenir un pareil scandale à l'avenir. »

En conséquence la cour a supprimé cet imprimé comme scandaleux, téméraire, injurieux à la magistrature ; a donné acte au procureur général du roi de sa plainte contre les auteurs & distributeurs de cet imprimé & ordonné une information, même en temps de vacations, &c.

Le conseiller de grand'chambre dont il s'agit, est l'abbé Pommier, magistrat fort ignorant, fort partial, fort peu délicat, & le toutou du premier président, dont il est le compagnon de plaisir.

12 *Septembre*. *L'espion François à Londres*, ou *Observations critiques sur l'Angleterre & sur les Anglois*, par M. *le chevalier de Goudar* : cet ouvrage destiné à servir de suite à l'*Espion Chinois* du même auteur, que nous avons déjà annoncé, ne satisfait nullement la curiosité des amateurs ; c'est le véritable bavardage d'un homme qui écrit pour écrire, qui bat la campagne & ne sait rien de ce qui se passe autour de lui. Nuls faits, nulle anecdote particuliere, même peu d'idées ; il voudroit être méchant & ne peut y parvenir. Au lieu de rendre compte des événements de la capitale, où il est censé résider, sur-tout à une époque aussi intéressante, il parle continuellement de Paris & de ses aventures triviales. La gaieté assez continue de l'observateur est la seule chose qui le fasse supporter. Son livre est divisé en numéros, dont le premier commence au 17 février 1778, & le quinze & dernier au 6 juin de la même année.

12 *Septembre*. La brochure intitulée, *Rousseau juge de Jean Jacques*, est une espece d'introduction à ses *Confessions*. Quelques faits répan-

dus çà & là très-rarement dans cet écrit, ne peuvent qu'augmenter le désir d'en apprendre davantage sur l'origine, les instigateurs & les instruments des persécutions éprouvées par ce grand homme.

Il paroît d'abord que Rousseau avoit fort à cœur de détruire le bruit accrédité par ses ennemis qu'il n'étoit pas l'auteur de la musique du *Devin de village*, & qu'il attribuoit principalement ce bruit à M. d'Alembert, ayant intérêt de le faire croire ; il paroîtroit que ce dernier auroit beaucoup mis à contribution le dictionnaire de musique du premier dans ses *Elémens de musique*.

Rousseau réclame encore la musique d'un *Salve regina*, qu'il avoit composée pour Mlle. Fel & que l'envieux M. d'Alembert vouloit être de Pergoleze.

Rousseau se plaint qu'on lui attribuoit en 1772 des sorties violentes contre le parlement Maupeou, qu'on l'accusoit de se louer à outrance dans l'*An deux mille quatre cent quarante*, ouvrage avoué aujourd'hui par monsieur Mercier.

L'éditeur dans une note dit, que M. Rousseau étoit si bien revenu de ses préjugés contre l'Angleterre, que peu de temps avant sa mort il lui donna commission de lui chercher un asyle dans ce pays pour y finir ses jours : fait précieux ! en ce qu'il confirmeroit les soupçons que ce philosophe inconstant commençoit à se déplaire à Ermenonville, & sur-tout celui que dans un accès de son humeur noire il avoit accéléré la fin de ses jours.

Rousseau s'imaginoit que le prince de Conti

avoit rendu le château de Trye inhabitable, parce qu'il y avoit logé ; ce qu'il trouvoit inconféquent avec l'empreſſement que ſon alteſſe avoit mis pour l'y attirer, & à celui avec lequel on engageoit le prince de Ligne à l'accueillir par une belle lettre qui a couru tout Paris.

Rouſſeau regardoit comme dériſoire de vouloir à toute force lui envoyer le vin d'honneur à Amiens, faire battre le tambour des gardes à la porte de Londres ; enfin il nous apprend qu'au Temple le prince de Conti lui envoya ſa muſique à ſon lever.

Il nous apprend qu'on avoit détenu long-temps à la Baſtille un libraire & un Génevois, pour les endoctriner ſur ſon compte.

La femme d'un reſtaurateur établi rue de Grenelle, enthouſiaſmée des ouvrages de Jean Jacques, pour avoir l'honneur de le ſervir & qu'il continuât à lui donner ſa pratique, lui vendoit ſes denrées à meilleur compte : il le découvrit & en fut très-mauvais gré à cette femme, qu'il regarda comme gagée par ſes ennemis pour l'humilier.

Rouſſeau prétend qu'on étoit parvenu dans la retraite où l'on l'avoit attiré en Dauphiné, à écarter de lui toute encre liſible : malgré toute ces précautions il trouva à écrire ſes *Confeſſions* avec de l'encre de la Chine.

Enfin il parle beaucoup d'une faute grave, qu'il avoua dans le temps de ſes liaiſons avec les philoſophes modernes, pour les empêcher de le croire meilleur qu'il n'étoit & dont ils abuſerent. Il ne dit point ici ce que c'eſt que cette faute grave : mais on voit qu'il en veut beaucoup à ces philosophes & qu'il les regarde comme ses plus cruels ennemis & comme les auteurs du dénigrement général qu'il a éprouvé depuis.

13 *Septembre. Quatrain de M. l'abbé de Launay à M. Germain, au château de Ville-Fargeau le 15 août.*

Dix lustres & quatre ans aujourd'hui révolus
Font le terme complet de ton anniversaire :
A cet âge l'amour nous est moins nécessaire ;
Mais la douce amitié nous l'est de plus en plus.

Réponse de M. Germain.

Près de toi, cher abbé, j'ignore la vieillesse ;
En vain s'apprête-t-elle à décrépir mes traits ;
Mon cœur pétille encore du feu de la jeunesse.
Mon amitié pour toi ne vieillira jamais.

13 *Septembre.* L'académie de Marseille propose pour prix de l'éloquence de 1780, l'*Eloge du célèbre voyageur Cook.*

14 *Septembre.* Me. Linguet qui depuis qu'il fait imprimer à ses frais, entend à merveille tous les revirements typographiques les plus utiles & les plus propres à retenir ou amorcer les souscripteurs, pour se conserver les anciens, annonce qu'il ne continuera plus qu'une année & qu'il fait une nouvelle édition qu'ils auront *gratis*, s'ils veulent lui apporter encore les deux louis pour la quatrieme. Quant aux nouveaux, il leur donne au rabais les années qui leur manquent, c'est-à-dire, moyennant un louis pour chaque année précédente : il est encore question du fameux portrait de cet ora-

teur tant attendu ; tout le monde aura cette gravure gratuite aussi, quand il plaira à M. de Saint-Aubin, l'artiste fameux qui s'en est chargé.

Les amis de Me. Linguet, désolés qu'il interrompe aussi-tôt ses annales, esperent pourtant que ce ne sera pas son dernier mot & qu'il se laissera vaincre par leurs instances & sur-tout par leur argent ; & ses ennemis, qui ne croient pas davantage à cet adieu, redoutent fort que ce ne soit qu'une tournure de charlatan pour se faire désirer

Quant à l'édition de ses œuvres annoncée depuis plusieurs années, il paroît que les souscripteurs ne sont pas venus en assez grand nombre & Me. Linguet abandonne ce projet ; mais sous le prétexte plus imposant de ne pouvoir suffire à tant de travaux, par l'excessive attention qu'il veut apporter à cette immense entreprise, il se réserve de la reprendre dans un temps plus convenable. Du reste, il promet fort honnêtement de rendre l'argent.

15 *Septembre.* Les courtisans prétendent qu'il y a un schisme entre la reine & *Madame.* Sa majesté, par considération pour la maison de Noailles, a voulu faire des représentations à sa belle-sœur, sur l'indécence de substituer pour sa dame d'atour madame la comtesse de Balby à madame la duchesse de l'Espar, que c'étoit une préférence trop marquée ; on veut que *Madame* ait répondu sechement à la reine, *qu'elle devoit être maîtresse d'avoir aussi une favorite, une madame Jules.* On ajoute que madame la comtesse d'Artois prend fait & cause pour sa sœur & les maris aussi.

15 *Septembre*. Extrait d'une lettre de la Rochelle, du 16 septembre..... Il y a eu en 1779, dans cette généralité 16847 naissances, 4421 mariages, 15825 morts.

Extrait d'une lettre de Valenciennes, du 12 septembre..... Il y a eu dans cet généralité en 1779, 10515 naissances, 2557 mariages, 7820 morts.

Le dénombrement de cette généralité fait au commencement de l'année a donné le total de 267749 personnes de tout sexe, de tout âge & de tout état.

15 *Septembre*. On parle beaucoup d'une facétie nouvelle, intitulée: *Dictionnaire à l'usage de ceux qui lisent les Annales de Me. Linguet*. Comme cet écrivain est fort néologue &, à l'exemple du marquis de Mirabaud, fait autant de mots qu'il s'en présente sous sa plume, on sent qu'il peut réjaillir sur le journaliste beaucoup de ridicule de cette critique, si elle est bien faite.

16 *Septembre* Il paroît que le sieur Hamelin, cet ancien premier commis des finances, adopté par certains contrôleurs-généraux comme un aigle dans la matiere, & rejeté par d'autres comme un fripon, est revenu sur l'eau depuis M. Necker, & est aujourd'hui l'un de ses coopérateurs les plus écoutés. On parle beaucoup d'un *Code nouveau des parties casuelles*, ouvrage monstrueux de ce génie fiscal, accablant pour la magistrature inférieure, subversif de tous les réglements connus & avoués jusqu'ici, & réunissant tous les vices de l'ignorance, de la perfidie & de la vile bursalité. On l'avoit dénoncé au parlement. Le directeur-général

effrayé a promis de mettre de la douceur dans l'exécution ; & cette compagnie qui n'y est pas personnellement intéressée, a laissé tous les tribunaux inférieurs en proie aux exactions que ce code étrange autorise.

17 *Septembre*. Extrait d'une lettre de Grenoble du 8 septembre.... J'ai pris de meilleures informations sur l'affaire des avocats de cette ville ; & il faut rectifier les détails que je vous ai envoyés, qui ne sont point exacts pour les dates, les circonstances, & même les faits.

La délibération de l'ordre sur l'événement du 27 juin & du 2 juillet ; la démarche des syndics du lendemain ou du sur-lendemain : ils furent mandés le 10, & l'arrêt sortit le même jour vers six à sept heures du soir. Les juges étoient au nombre de vingt-six, au lieu de quatorze ; ce qui est confirmé par l'observation, fausse d'ailleurs, que six n'étoient pas d'avis de l'arrêt, & huit, au contraire, étoient d'avis d'interdire à perpétuité les syndics. S'il n'y avoit eu en effet que quatorze juges, ce dernier avis auroit passé à la pluralité de huit contre six.

D'ailleurs, suivant le procès-verbal qu'il faut lire en entier, on verra que l'ordre des avocats, par la délibération de ne pouvoir continuer ses fonctions, ne mérite point le reproche d'avoir fait une démission combinée, tandis qu'elle n'étoit qu'une discontinuation occasionnée par l'arrêt du 10 juillet au soir, & les trois arrêts du 11 au matin, d'après lesquels elle fut arrêtée.

Cette précision devient sur-tout nécessaire, depuis que Me. Linguet, qui mentoit déjà si impudemment sur les lieux, écrit en pays étrangers sur toutes ces matieres, & à la faveur de cet éloignement présente les choses sous le point de vue qui prête plus à sa méchanceté ou à ses sarcasmes & aux erreurs involontaires où l'induisent ses correspondants, semble autorisé à joindre plus facilement celles où il veut bien donner de gaieté de cœur.

« Du lundi matin 10 juillet 1780, les chambres assemblées, présens MM. d'Ornacieux, de Barral, de Vaulx, de Barral de Montferrat, de la Coste, présidents, de Barral-Roche-Chinard, de Sauzin de Syées, d'Agoult de Charconne, de Chaléon, de Longpra, de Blosset, de Montal, de Garcin, de Loulle, Dupui, de Ravel, de Trivio, de Sinnard, de Berulle, le Clet, de Bourcet, de Vignon, Anglés, de Rocheblave, conseillers.

» La cour a mandé Chanel & Lemaître syndics des avocats, & étant à la barre, M. le président d'Ornacieux leur a dit:

« 1°. Dans les démarches que vous avez fai-
» tes chez moi, il y a quelques jours, avez-
» vous été autorisés par quelque délibération
» de votre ordre, ou les avez-vous faites de
» votre propre mouvement? »

Les syndics des avocats ont répondu par le moyen de Chanel, l'un d'eux: « Notre usage
» est, lorsqu'il arrive des affaires qui concer-
» nent l'ordre, qu'on les défere aux syndics;
» ils les déliberent entre eux si elles doivent être
» portées dans l'assemblée générale; c'est ce
» qui a été fait dans l'affaire présente, & il
» a été délibéré presque unanimement que

» Me. Lemaître & moi ferions de très humbles
» supplications à M. le président, tendantes
» à prévenir des événements qui ne pourroient
» avoir que de grands inconvénients : nous
» avons rempli notre commission suivant le vœu
» de l'ordre. »

2°. M. le président a demandé aux syndics :
« Si cette délibération est écrite sur le régistre
» de l'ordre ? Répondu qu'elle n'a pas été écrite,
» parce que l'ordre n'a entendu que faire une
» simple supplication, il n'a pas prévu qu'elle
» pût avoir des suites.

» 3°. M. le président a observé aux syndics :
» qu'au lieu des termes de supplication, ils
» avoient parlé de sensibilité douloureuse &
» pénible de la part de l'ordre, & de prendre
» des mesures pour éviter que de pareils événe-
» ments n'arrivent plus. —— Ont répondu que
» l'ordre assemblé témoigna qu'il avoit vu
» ou été instruit avec douleur, avec peine,
» & qu'il avoit été très-sensible à l'événement
» dont il s'agit ; qu'il chargea les syndics de
» témoigner ses sentiments à M. le président ;
» ce qu'ils ont fait, & de suite la supplication
» tendante à prévenir les événements de cette
» espece. »

4°. M. le président a demandé au syndics ;
» comment, & sur les plaintes de qui les déli-
» bérations ont été prévoquées, & quels en ont
» été les objets principaux ? —— Ont répondu :
» qu'ils ont eu l'honneur de représenter à la
» cour que, lorsqu'il y avoit des affaires con-
» cernant l'ordre, on les déféroit aux syn-
» dics, qui délibéroient entre eux ; c'est ce
» qui s'est passé dans l'affaire présente : les

» répondants ne peuvent point nommer ceux
» qui les premiers se sont adressés à eux ; c'est
» un dépôt qu'ils ne doivent pas violer. L'objet
» précis qui leur fut porté, fut l'événement
» dont il s'agit, avec prière de délibérer sur
» le parti le plus sage, qu'on croiroit devoir
» prendre. Nous avons eu l'honneur de faire
» part à M. le président dans son temps, &
» à présent à la cour, de la délibération qui
» a été prise, & de la maniere dont nous
» l'avons exécutée. »

5°. M. le président a demandé aux syndics :
» ce qu'ils entendent par le mot d'*événement* ?
» —— Répondent qu'ils entendent ce qui s'est
» passé à une audience de relevée, & que
» Revol plaidant, & étant dans le sein de sa
» cause, il fut interrompu par un magistrat &
» successivement par deux autres ; c'est sur quoi
» ils ont porté les délibérations & supplications,
» dont ils viennent rendre compte à la cour.

» 6°. La cour ordonne auxdits syndics de
» nommer ceux qui ont provoqué la déli-
» bération. —— Répondent qu'ils supplient très-
» humblement la cour de vouloir les en dis-
» penser : l'honneur, la probité, la délicatesse
» ne permettent jamais de trahir un secret confié,
» sur-tout en matiere gracieuse & telle que
» celle dont il s'agit ; la violation du secret
» feroit que les syndics ne seroient jamais ins-
» truits, & par-là seroient hors d'état de veiller
» à la discipline de l'ordre.

» 7°. Vous devez savoir qu'en refusant de
» nommer ceux qui vous ont fait des dénon-
» ciations, vous vous en rendez responsables.
» —— Répondent, que la nomination des dé-

» nonciateurs est exigée par les ordonnances
» vis-à-vis de MM. les gens du roi qui tien-
» nent des livres à ce sujet ; mais qu'il y a
» de la différence de ce cas à celui dont il s'agit,
» que d'un côté il n'y a point de secret confié
» & qu'il y en a de l'autre.

8°. Interrogés lesdits syndics " qu'en refu-
» sant de nommer les dénonciateurs, c'est con-
» venir qu'ils ont tort ? — Répondent, qu'ils
» n'entendent point convenir ou disconvenir,
» mais seulement garder le secret confié, que
» mille motifs pressants ne permettent pas de
» violer. „

Après cela, la cour a ordonné auxdits Chanel
& Lemaître de se retirer dans la salle à côté,
& qu'elle alloit délibérer. Lesdits Chanel & Lemaître s'étant retirés & ensuite rentrés, M. le
président d'Ornacieux leur a dit : « La cour
» vous ordonne d'être à sa suite à cinq heures
» de relevée de ce jour ».

Du lundi de relevée 10 juillet 1780, les
chambres assemblées ; — les gens du roi mandés, ouïs, & eux retirés, la matiere mise en
délibération ; — lesdits Chanel & Lemaître,
syndics des avocats, de nouveau mandés à la
barre, M. le président d'Ornacieux a prononcé :
" La cour, les chambres assemblées, a dé-
„ claré la délibération dont il s'agit, mal
„ fondée & téméraire, contraire au respect dû
„ à la cour & aux droits de ses officiers ; fait
„ très-expresses inhibitions & défenses à l'ordre
„ des avocats d'en prendre de pareilles à l'avenir,
„ ni aucune autre délibération autrement que
„ par écrit, sous telle peine qu'il appartiendra.
„ Ordonne que le présent arrêt sera transcrit

» dans le régiftre des délibérations dudit ordre ;
» à la diligence du procureur-général du roi,
» qui en certifiera la cour dans trois jours. »

Du mardi 11 juillet 1780, à l'audience, après une étiquette récitée.

La cour, attendu l'abfence des avocats, a autorifé les procureurs à conclure & plaider les caufes de leurs parties.

Dudit jour le matin, les chambres affemblées.

La cour a mandé maîtres Chanel, Lemaître & Chenevas, fyndics de l'ordre des avocats, & étant à la barre, M. le préfident leur a dit : « Pourquoi les avocats ont-ils manqué à l'au-
» dience ? Ledit Chanel, l'un d'eux, a ré-
» pondu que les avocats étoient affemblés
» depuis fix heures du matin, & qu'ils n'étoient
» pas encore féparés. „

Les gens du roi mandés, ouïs, & eux retirés, la matiere mife en délibération, M. le préfident a prononcé :
« La cour défapprouve fort cette conduite,
» & vous défend expreffément de vous affem-
» bler aux heures des audiences ; ordonne
» que le préfent arrêt fera tranfcrit fur le régiftre
» des délibérations de l'ordre des avocats, à la
» diligence du procureur-général. »

Dudit jour mardi matin.

La cour ayant fait rentrer l'audience, M. le préfident a prononcé :
» La cour, de l'avis des chambres, vu les
» circonftances, déclare que l'arrêt qu'elle a
» rendu pour autorifer les procureurs à con-
» clure & plaider, fera exécuté dans toutes

» les chambres, sauf à pourvoir à l'audience
» de relevée de ce jour, à l'égard des affaires
» où les avocats ont donné parole. »

Du 12, les chambres assemblées, M. J. Antoine Boisset, greffier en la cour, étant entré à la grand'chambre, a mis sur le bureau le régistre des délibérations de l'ordre des avocats, qui fut remis le jour de hier, à deux heures de relevée, au greffe civil de la cour, par M. Froment, secrétaire dudit ordre, qui en le remettant dit, qu'il faisoit ladite remission par ordre dudit ordre. Lecture faite par un de MM. de la délibération prise par l'ordre des avocats: « Nous
» soussignés déclarons, que nous ne pouvons
» plus continuer les fonctions d'avocats, &
» avons signé ». La matiere mise en délibération, les gens du roi présents, M. Colaud de la Salsette, avocat-général, portant la parole, ont dit:

« Nous requérons acte de la déclaration faite
» par le secrétaire de la cour de la rémission à
» lui faite par M. Froment, secrétaire de l'or-
» dre des avocats, du régistre contenant la
» déclaration des avocats, dont lecture vient
» d'être faite ; qu'il soit inhibé au secrétaire
» de la cour de s'en dessaisir, jusqu'à ce que
» par la cour soit ordonné. Au surplus, nous
» requérons que les arrêts de la cour des 10
» & 11 de ce mois soient transcrits dans les
» régistres des délibérations des avocats par
» un des secrétaires, en exécution desdits
» arrêts ».

La cour a donné acte de la rémission faite au greffe dudit régistre, ensemble du contenu en la déclaration du 11 de ce mois par les signataires de la délibération dudit jour, contenu audit régiftre. Ordonne que ledit régiftre reftera dépofé au greffe de la cour, jufqu'à ce qu'autrement par la cour foit ordonné : ordonne au furplus, que les arrêts des 10 & 11 de ce mois feront tranfcrits dans ledit régiftre par l'un defdits fecrétaires en la cour.

18 *Septembre*. M. le comte d'Artois, pour humilier davantage madame de Châtillon, remplacée auprès de fes enfants, a ordonné qu'on lui donnât 150 livres de penfion.

18 *Septembre*. M. Soufflot étoit né en 1714 près d'Auxerre. Il commença à fe faire connoître à Lyon, où il fut appellé pour conftruire l'Hôtel-Dieu ; il y a bâti fucceffivement la Bourfe, le Théâtre, la Salle de concert & plufieurs autres édifices. Ayant été connu de M. le marquis de Vandieres alors, depuis marquis de Marigny, & aujourd'hui marquis de Menars, il en fut choifi pour l'accompagner dans fon voyage d'Italie. M. de Menars, devenu directeur-général des bâtiments du roi, fit nommer M. Soufflot pour conftruire la nouvelle bafilique de Sainte Genevieve, dont les fondations ont été jetées en 1756. La poffibilité de la conftruction du dôme ayant été mife en doute par M. Patte, cet habile homme fut étourdi de cette attaque de l'envie, & quoique fa critique ait été pulvérifée par les calculs plus exacts de M. Ganthey, ingénieur des ponts & chauffées, & par M. l'abbé Boffut, de l'académie des fciences, quoiqu'il parût la dédaigner, il en fut lui-même très affecté & ce chagrin n'a pas peu contribué à abréger fes jours.

Il cultivoit aussi les lettres, & a traduit en vers plusieurs morceaux de Metastase.

Il avoit quelque chose de brusque & de tranchant, par son habitude à commander à des ouvriers dès le plus jeune âge; mais il se repentoit de ses vivacités, en demandoit excuse le lendemain. Il aimoit la gloire; mais noblement & étoit incapable d'aucune bassesse pour l'obtenir.

19 *Septembre.* Les éleves de la danse pour l'opéra n'ont pu se soutenir plus long-temps; les entrepreneurs n'étant point en état de satisfaire leurs créanciers & même ayant beaucoup de peine à payer les sujets, il est venu un ordre du roi de fermer ce spectacle. Il est même défendu à ces chefs de s'arranger avec d'autres & de vendre leur fonds. Il paroît qu'ayant égard aux plaintes des grands spectacles, on est disposé à laisser éteindre ceux des boulevarts à mesure; ce qui seroit bien à désirer pour arrêter la corruption du goût, ainsi que l'a fait voir monsieur Rochon de Chabannes dans sa brochure judicieuse, sur la nécessité d'une seconde troupe.

20 *Septembre.* La reine, qui aime beaucoup le spectacle, encouragée par l'exemple de M. le comte d'Artois, qu'on a dit être devenu très-habile à danser sur la corde, a essayé de jouer la comédie avec ce prince au petit Trianon. Madame Jules, madame Diane de Polignac secondent sa majesté, qui, lasse de la représentation, a choisi les rôles de soubrette. Outre le comte d'Artois, M. Dillon, M. de Beuzenwald & d'autres jeunes seigneurs sont choisis pour composer l'illustre troupe. Le public

n'est point admis à ces représentations ; il n'y a que des gens de l'intérieur & attachés à la famille royale. On assure que le roi très complaisant, mais peu content de ce genre d'occupation de son auguste compagne, se trouvant à un de ces spectacles, à sifflé la reine ; sans doute la chose s'est tournée en plaisanterie. Cela n'a pas empêché sa majesté de continuer.

20 Septembre. M. de Caraccioli, l'auteur des prétendues *Lettres de Ganganelli*, fait aussi des vers ; il a célébré par ceux-ci la déclaration du roi portant établissement de nouvelles prisons :

Je l'ai baisé dix fois cet édit précieux,
Qui sur les malheureux étend la bienfaisance,
Et des torrents de pleurs ont inondé mes yeux,
Et de Necker mon ame a béni l'existence.
    On ira plus parmi les morts
Chercher, en gémissant, des bons rois un modele ;
Dans l'ardeur des plus vifs transports
On dira *Louis XVI*, au lieu de Marc-Aurele.

21 Septembre. L'opéra devoit donner incessamment *le Bon Seigneur*, espece de drame lyrique en trois actes de M. Rochon de Chabannes, & musique du sieur Floquet. Des tracasseries survenues dans le tripot ont jeté de la mésintelligence entre les auteurs, & de l'embarras dans l'exécution.

Le poëte regardant le rôle de son actrice principale, comme exigeant plus de jeu que de chant, avoit choisi Mlle. Durancy, & l'en avoit prévenue.

Le musicien, quoique d'accord à cet égard

avec M. Rochon, & plus flatté d'avoir une cantatrice qu'une actrice, l'avoit proposé à mademoiselle la Guerre.

Enfin cédant ensuite à des considérations de faveur & de protection, il s'étoit laissé aller à écrire à Mlle. Rosalie pour le lui offrir.

Voilà donc trois actrices en concurrence, qu'il n'est pas aisé de concilier, & M. Rochon très-piqué avec raison de se trouver compromis, qui ne veut pas manquer à sa parole, ni se mettre à dos les demoiselles la Guerre & Rosalie, il en coûtera peut-être plus de temps pour faire l'arrangement, qu'il n'en a fallu pour composer le poëme.

22 Septembre. Le sieur Baudron, premier violon de la comédie françoise, s'est avisé de refaire la musique de *Pygmalion*, scene lyrique de Jean-Jacques Rousseau. Il a déclaré ne s'être permis cette tentative, que parce que la musique n'étoit pas de ce grand homme, mais d'un M. Coignet, négociant à Lyon, contre lequel il s'est cru permis de lutter. Il a conservé scrupuleusement le seul morceau de Jean-Jacques. Il paroît que son essai n'a pas eu de succès & sa musique n'a été jouée qu'une fois, le lundi 11 de ce mois.

Fin du quinzieme Volume.

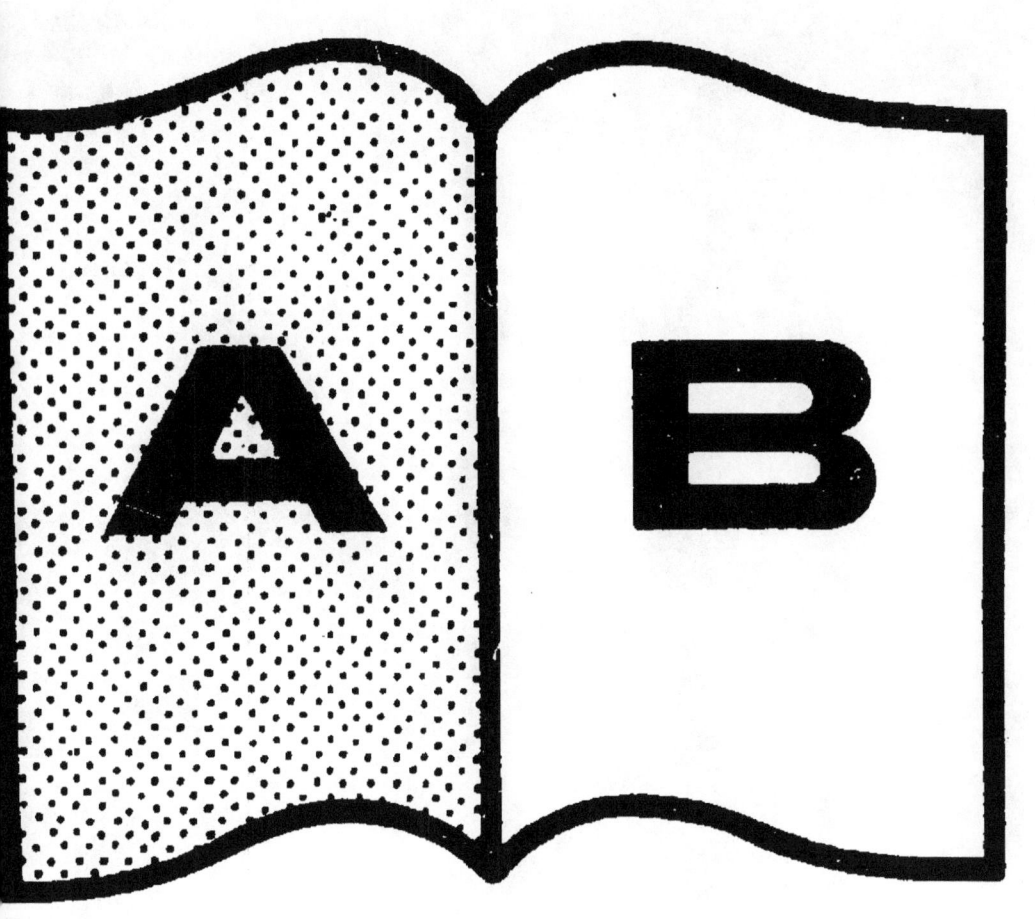

Contraste insuffisant

NF Z 43-120-14

www.ingramcontent.com/pod-product-compliance
Lightning Source LLC
Chambersburg PA
CBHW071522160426
43196CB00010B/1623